适应航空研制项目生命周期的财务控制

潘立新　于颖　周宁　谢晓霞　编著

北京航空航天大学出版社

内 容 简 介

本书在内部控制、项目管理和风险管理理论的指导下，以面向航空研制单位相关人员的半结构式调查为基础，确定了项目生命周期各阶段财务控制的目标，识别了财务控制风险，研究了多组织、单项目结构下的财务控制主体及其关系。结合上述研究，按照航空研制项目生命周期和重要的财务活动两个维度，分别设计了可行性研究的财务控制、预算与成本费用管理的财务控制、采购与供应商管理的财务控制以及研制结束的财务控制。

关于航空项目管理，尤其是关于项目财务控制的知识积累和经验总结的书籍十分稀缺，本书能够为工商管理和项目管理专业的研究生、本科生提供教学和科研参考，并为航空项目和其他大型复杂项目的管理人员提供理论和实务指导。

图书在版编目(CIP)数据

适应航空研制项目生命周期的财务控制 / 潘立新等编著. --北京：北京航空航天大学出版社，2012.1

ISBN 978-7-5124-0648-3

Ⅰ.①适… Ⅱ.①潘… Ⅲ.①航空工业—科学研究—财务管理 Ⅳ.①F407.567.2

中国版本图书馆 CIP 数据核字(2011)第 243261 号

适应航空研制项目生命周期的财务控制

潘立新　于 颖　周 宁　谢晓霞　编著

责任编辑　刘晓明

*

北京航空航天大学出版社出版发行

北京市海淀区学院路 37 号(邮编 100191)　http://www.buaapress.com.cn

发行部电话：(010)82317024　传真：(010)82328026

读者信箱：bhpress@263.net　邮购电话：(010)82316936

涿州市新华印刷有限公司印装　各地书店经销

*

开本：787×1 092　1/16　印张：11.25　字数：288 千字

2012 年 1 月第 1 版　2012 年 1 月第 1 次印刷　印数：1 000 册

ISBN 978-7-5124-0648-3　定价：35.00 元

若本书有倒页、脱页、缺页等印装质量问题，请与本社发行部联系调换。联系电话：(010)82317024

前　言

随着经济实力的增强和科学技术水平的提高，我国航空工业出现了前所未有的繁荣，已经成为了拉动国民经济发展的新的增长点之一。但是，与在复杂技术和复杂工艺上取得的成就相比，我国航空项目在复杂管理上还刚刚起步，项目的财务控制能力尤其薄弱。本书选择航空研制项目为研究对象，根据航空研制项目生命周期各阶段的运行特点和风险特点，设计相应的财务控制，以满足我国航空企业和航空项目亟待提升财务控制能力和风险防范能力的需要，增强我国航空企业的竞争力。

在内部控制理论、项目管理理论、风险管理理论和方法的指导下，本书作者对航空工业集团、航空研制项目主体、航空研制项目的设计和试生产单位的项目管理人员以及财务管理人员进行了半结构式调查。在此基础上，划分了航空研制项目的生命周期，确定了研制项目生命周期各阶段财务控制的目标，识别了各阶段的财务控制风险，研究了多组织、单项目结构下的财务控制主体，分析了各财务控制主体之间的关系。结合上述研究，按照航空研制项目生命周期和重要的财务活动两个维度，分别设计了可行性研究的财务控制、预算与成本费用管理的财务控制、采购与供应商管理的财务控制以及研制结束的财务控制。在每一部分的财务控制设计中，我们首先确立了控制的目标，然后详细展示了各部分财务控制的设计思路，绘制了每一类财务控制的流程图，并根据流程图确定的关键控制点总结出风险控制文档。

在本书的研究和设计中，两个理念贯穿始终。其一，类似航空研制这样的大型、复杂、高度创新、在质量和技术上有严格要求的项目，财务控制的立足点不仅仅要强调“控制”，更要强调“财务支持”。各项财务控制政策和程序都要确保相应的项目活动的顺利完成，最终推动项目价值的提升。其二，与一般大型民用项目相比，航空研制项目具有独特的风险。项目财务控制的设计和关键控制点的提出，一定要切合研制项目生命周期各阶段的风险特点，满足其管理要求。研制项目的财务控制必须有针对性和可操作性。

本书的研究成果，有利于丰富和充实我国企业内部控制和项目管理的研究，有助于形成我国“本土化”、“特质化”的航空研制项目管理的理论和方法；研究成果对于提升我国航空工业企业内部控制和防范风险的能力也有借鉴作用。因而，本书既可以作为项目管理、财务管理和企业管理专业的硕士研究生和本科生的辅导教材，也可以为置身于项目管理和企业风险管理第一线的人们提供学习参考。

作　者

2011 年 8 月

目　录

第1章　绪　论

1.1　研究背景与意义

航空工业是集新材料、新工艺、新技术为一体的国家支柱型产业，是衡量一个国家综合国力和科技实力的标尺。随着我国国民经济建设的高速、健康发展，国家投入和各项政策支持力度的加大，我国航空工业出现了前所未有的繁荣，已经成为我国经济发展中至关重要的领域，成为了拉动国民经济发展的新的增长点之一。

我国航空企业是最早引入项目管理的行业之一。20世纪80年代以来，航空企业军品和民品的科研与生产，多采用以“型号办公室”为领导的项目管理办法。为了适应现代航空项目投资主体多元化、项目参与单位众多、市场需求不断变化等特点，近年来我国航空企业率先在民用飞机的研制上改进了项目管理的运营方式。比如，原航空一集团在2002年启动的国家重点项目“新支线A项目”中，与合作方成立了具有独立法人资格的商业飞机项目公司，并改变了型号办公室只负责产品研制的做法，将项目范围向前扩大到产品的市场调研与开发，向后延伸到销售、产品支援以及客户服务。A新支线飞机在其首飞之前即已获得国内外206架的订单。2008年11月4日，在珠海航展上，中美签署了一份涉及金额近8亿美元的25架新支线飞机A—700的购机协议。这是中国民机首次进入美国高端市场，是西方发达国家首次向中国集中采购民用飞机这样的高技术产品，也是中国迄今最大的飞机外销协议。到2010年11月，A新支线飞机已经拿到340架的订单。由此可见，新型的项目管理方式在我国航空企业中已经体现出前所未有的管理效益。类似的项目管理方式，已进一步运用到“十一五”规划中，被列入我国《中长期科技发展规划纲要》的16个高技术重大专项中的大型飞机工程。在我国航空企业的运营管理中，项目管理及其创新将成为主流。

航空项目作为一项先进而又复杂的系统工程，与一般项目相比，具有科技含量高、生命周期长、投资金额大、涉及人员多、管理难度大等特点。这使航空项目蕴含着巨大的风险，包括设计、工艺、设备、原材料等技术方面的风险，也包括计划、组织、协调、财务等管理方面的风险。要确保以最短的时间、有限的人力、物力和投资，按质、按量地完成航空项目并获取最大的效益，就需要航空企业加强项目管理，采取有效措施控制风险。然而，总体来说我国航空企业现有的项目管理水平比较低，还不能满足控制航空项目如此复杂的风险控制的要求。其中，财务管理和控制尤其薄弱，存在着诸多的问题，表现在：

① 在航空项目的立项阶段，具有经济、尤其是财务知识背景的专业人员参与的程度低，在强调项目技术上的可行性的同时，没有充分关注项目在经济上的可行性，有些项目甚至是为立项而立项，造成项目一上马就面临亏损或者越干越亏损的尴尬局面。

② 在航空项目的计划阶段，预算管理没有得到充分重视。现行的航空项目预算内容不完整，缺少详细的预算编制，预算不能反映项目的实际需求，难以保证项目的顺利实施。

③ 在航空项目的实施过程中，财务控制的力度不够，不能与项目的进度控制、质量控制等

并行，促进项目目标的实现。随着项目的实施，财务控制薄弱的问题往往导致项目成本失控和项目资金链条断裂。

④ 航空项目财务管理制度不规范，项目财务活动的流程不清楚，财务控制的授权体系不科学，管理权限失控，不相容职务没有有效分离。职责不清、越权行事，给滥用职权、贪污舞弊造成了可乘之机。

项目的财务控制问题本身就是企业财务管理的难点。一方面，项目组织具有临时性、开放性等特点，项目团队一旦组建，其内部运转就会相对脱离企业的日常管理，临时的组织和流动的人员将给企业财务控制带来风险；另一方面，项目流程具有一次性和非循环性的特点，每一个项目都具有特殊的运营方式，很难将项目财务控制的程序制度化；加之项目的目标仅仅是完成某一特定任务，它与企业的目标之间可能出现脱节，从根本上引发项目的失控。

本书的研究将按照项目的生命周期，深入分析航空项目在立项、计划、实施和结束各阶段的财务风险，确定关键控制点，对风险点有针对性地设计财务控制的政策与程序，以适合航空项目的财务信息流、资金流和实物流，改进航空项目的财务管理效率。

航空项目的全生命周期包括飞机及其零部件的设计、试生产、试验和批生产直至退役处理的全部过程，限于篇幅和研究能力，本书将研究对象限定为“航空研制项目”，研究飞机及其零部件的设计、试生产和实验过程的财务控制，即航空项目本身而非其产出物的生命周期的财务控制。现实中大部分航空项目也是以“研制项目”状态存在的，因而如此限定并不会影响本书研究成果的实践价值。

航空项目的财务控制是项目管理的重要内容，而从整个企业角度，项目的财务控制更是企业内部控制的重要内容。而不论是项目管理还是内部控制，在我国都属于引入和发展阶段，真正适合我国企业的“本土化”的、“特质化”的项目管理和内部控制远远没有形成。因而，本书的理论意义体现在：

① 研究成果将有助于形成适合我国企业，尤其是形成实施项目化管理的企业的内部控制理论与方法。这种类型的企业在组织结构、经营运作流程、授权体系等方面不同于一般企业；内部控制风险也不同于一般企业。对这类企业内部控制的研究将丰富我国本土企业内部控制的知识体系。

② 研究成果将充实和丰富我国项目管理的研究，有助于形成具有我国特色的航空项目管理的理论和方法。目前，项目的财务管理要么被狭义地认定为项目成本管理，要么被分散在项目运作的各项活动中，没有形成系统的程序。本书框定航空研制项目这一个特定的应用领域，研究项目的财务控制的机理和方法，有助于我国和我国航空企业形成和发展自身的项目管理理论。

本书的研究成果将为我国航空企业建立和健全项目的财务控制提供行动指南。研究成果的推广不仅有利于提高航空研制项目的管理水平，促进项目的顺利完成，而且更有利于航空企业改善财务管理和内部控制，提高企业的市场竞争能力，因而，本书具有十分重要的现实意义和应用前景。

1.2　国内外现有研究综述

1.2.1　财务控制与内部控制

财务控制是以企业董事会为主体，以企业财务价值最大化为目标，对企业内、外部财务关系以及财务资源（资金、技术、人力、信息）实施的激励和约束的管理活动。从风险管理和内部控制角度来看，财务控制是企业内部控制的重要组成部分，财务控制应该融于企业资金流、信息流和实物流的内部控制之中。财务控制思想的形成与发展蕴含在内部控制理论和实践的发展变革之中。

1. 内部控制理论的发展变革

内部控制是企业为管理的需要，保证经营目标的实现而建立的一种相互联系、相互制约的控制制度和体系。内部控制的思想早在19世纪末期的西方国家产生，在其发展过程中大致可以分为四个阶段，即“内部牵制阶段”、“内部控制制度阶段”、“内部控制结构阶段”和“内部控制整合框架阶段”。20世纪40年代前属于“内部牵制阶段”，该阶段形成了内部控制的基本思想。“内部控制制度阶段”是从20世纪40年代到20世纪80年代，以1949年美国注册会计师协会（AICPA）发表的《内部控制：一种协调制度要素及其对管理当局和注册会计师的重要性》为标志而开始，也就是所谓的“AICPA审计技术导向的内部控制”阶段，这一阶段将内部控制划分为“会计控制”和“管理控制”。会计控制由保护资产、保证会计记录可靠性的相关方法和程序构成，管理控制由提高经营效率、保证政策贯彻执行的相关方法和程序构成。“内部控制结构阶段”以1988年AICPA发布的《审计准则公告第55号》为起点，将“内部控制结构”取代原有的“内部控制”，首次提出了内部控制结构的三要素：控制环境、会计系统和控制程序。“内部控制整合框架阶段”是内部控制的最新发展阶段，开始于1992年，以美国国会的“反对虚假财务报告委员会”（NCFR）下属的发起组织委员会（COSO）发布报告《内部控制——整体框架》为起点，该报告提出了内部控制整体结构的概念，并将其分为控制环境、风险评估、控制活动、信息与沟通、监督五个要素，确立了内部控制的三大目标；2004年COSO报告《企业风险管理——整合框架》中进一步将内部控制要素发展成内部环境、目标制定、事项识别、风险评估、风险反应、控制活动、信息与沟通、监控八个相互关联的要素，并在内部控制的三大目标的基础上，发展成为四大目标。经过长期的理论研究和实践发展，内部控制逐渐从单纯的岗位分离、防止错弊的内部牵制，发展成为企业风险管理和整体经营的重要手段。

2. 内部控制的核心理论

第一，内部控制的目标。内部控制的目标是内部控制存在的根本，也是构建、考核和评价内部控制的指导性标准。1992年COSO提出的《内部控制——整体框架》中提出的内部控制的三大目标是：保证财务报表的可靠性、经营的效率和效果、法律法规的遵循。2004年COSO报告《企业风险管理——整合框架》将“保障企业战略目标的实现”加入，扩充为内部控制四大目标，进一步强调了内部控制对企业长远发展的重要作用。

第二，内部控制的要素。内部控制的要素实质上是内部控制的构成与分解。1992 年 COSO报告提出的内部控制要素得到广泛认同，即控制环境、风险评估、控制活动、信息与沟通、监督五要素；到 2004 年的 COSO 报告中将五要素发展到八要素，增加了事项识别、风险评估、风险反应三要素，突显了内部控制的风险管理的作用。

第三，内部控制与企业风险管理的关系。内部控制同企业风险密切相关。1996 年 COSO 发布的名为《衍生产品适用中的内部控制问题》的报告中创建的模型表明，COSO 对内部控制关注的焦点逐渐转向风险管理。2002 年美国颁布《萨班斯——奥克斯利法案》(*Sarbanes—Oxley Act*)，为了防范企业整体风险，扩充了公众公司长期保持内部控制制度的规定，要求管理当局证实并由独立审计师鉴证这些制度。COSO 更在 2004 的报告《企业风险管理——整合框架》中明确了内部控制、风险管理和管理过程之间的关系，指出内部控制是企业风险管理的一个重要组成部分。

3. 我国学者对内部控制的研究

直至 20 世纪 80 年代我国学术界才开始对内部控制进行探索和研究。文献集中于对内部控制的内涵、目标与定位、内部控制的内容与结构、内部控制的评价与报告的研究。对企业内部控制，尤其是会计控制的理论研究和实际推广，则更多地来自于我国政府的推动。1999 年修订的《会计法》，第一次以法律的形式对建立健全内部控制提出原则性要求。财政部自 2001 年起连续发布了《内部控制会计规范——基本规范》等多项内部会计控制规范，审计署、国资委、证监会、银监会、保监会，以及上海、深圳证券交易所，也从不同角度对加强内部控制提出了明确要求。2006 年 7 月 15 日，财政部联合国资委、证监会、审计署、银监会、保监会发起了内部控制标准委员会，2007 年 3 月发布了内部控制规范征求意见稿，包括一项基本规范和 17 项具体规范，这是我国政府联合学术界、实务界进行内部控制研究的一个里程碑。2008 年 6 月 28 日，财政部、证监会、审计署、银监会、保监会联合发布了我国第一部《企业内部控制基本规范》，要求自 2009 年 7 月 1 日起首先在上市公司范围内施行。该基本规范有机地融合了世界主要经济体加强内部控制的做法和经验，提出了企业建立与实施有效内部控制的要素，即构建以内部环境为重要基础、以风险评估为重要环节、以控制活动为重要手段、以信息与沟通为重要条件、以内部监督为重要保证，相互联系、相互促进的五要素内部控制框架。该基本规范还开创性地建立了以企业为主体、以政府监管为促进、以中介机构审计为重要组成部分的内部控制实施机制，要求企业实行内部控制自我评价制度，并将各责任单位和全体员工实施内部控制的情况纳入绩效考评体系；明确企业可以依法委托会计师事务所对本企业内部控制的有效性进行审计，出具审计报告。2010 年 4 月 26 日，财政部会同证监会等多部委又联合发布了《企业内部控制配套指引》，为企业内部控制的建立提供了更具体的指导。

4. 现有研究的局限性

目前对财务控制以及内部控制的研究还存在一些问题，表现在以下方面。

(1) 对内部控制的定位、结构、评价标准未达成统一意见

虽然内部控制的理论发展逐渐完善，但是在内部控制的定位、结构、目标以及评价体系上仍然没有形成一个大家都认可和接受的标准，尤其缺乏一个对内部控制进行正确设计和评估的统一标准。《企业内部控制基本规范》及其《配套指引》虽然在一定程度上弥补了上述不足，

但是对于内部控制设计实务的具体操作程序仍然缺乏参考模板。

(2) 内部控制的本土化不足

虽然COSO制定的内部控制框架结构为公司评价其内部控制的有效性提供了一个参照标准，得到了美国注册会计师协会(AICPA)、证券交易委员会(SEC)和公众公司会计监督委员会(PCAOB)等组织的广泛认可，但是我国企业在法制意识、制度基础、风险理念、经营风格方面与欧美企业还存在较大的差异，不能照搬COSO的内部控制框架，真正适用于中国企业的内部控制，尤其是特殊行业、特殊生产组织方式的企业的内部控制，亟需深入的、有针对性的研究。

1.2.2 项目管理与航空项目管理

1. 项目管理及其知识体系

项目管理是由一个临时性的专门组织，综合运用各种知识、技能、工具和方法，对项目进行有效的计划、组织、协调和控制，以实现项目目标的过程。20世纪初，人们已开始探索管理项目的科学方法。第二次世界大战前，甘特图和里程碑系统成为计划和控制军事工程与建筑项目的重要工具，而真正意义上的项目管理概念是美国在第二次世界大战后期实施曼哈顿计划时提出的。20世纪50—70年代是项目管理的传播与现代化阶段，重点是对项目的范围、时间、质量等方面进行管理。进入70年代，随着各类项目的日益复杂、规模扩大，以及外部环境的变化，人们更加重视人力资源、沟通、风险和整体管理，这极大地推动了项目管理的发展。1987年，美国项目管理协会出版了《项目管理知识体系指南》，可以视为现代项目管理形成的里程碑。现代项目管理中，需要开展各种管理活动，使用各种理论、方法和工具，这些内容按照多种方式去组织，就构成了项目管理知识体系。在这个体系中，以下三个内容占据了重要地位：

① 项目生命周期。项目是分阶段完成的一项独特性任务，项目的各个阶段构成了项目的生命周期，一般包括项目启动阶段、计划阶段、实施阶段和收尾阶段。各个阶段之间有一事实上的顺序，并且往往有循环和反复。划分项目生命周期的目的是为了更好地将项目日常运作与项目管理结合在一起。

② 项目管理的知识领域。项目管理的知识领域是项目管理知识体系的主体，是项目管理在各种特殊应用领域中都会涉及的知识，分为九个部分，包括项目整体管理、范围管理、时间管理、费用管理、质量管理、人力资源管理、沟通管理、风险管理和采购管理。

③ 项目应用领域的特性。项目分类众多，应用领域非常广泛，基本上可以分为技术改造项目、科研项目、军事项目、新产品研发项目等。不同应用领域项目有各自的复杂性和难点，在时间、费用等方面的投入都会有所差别。因此，需要针对其特殊要求，在项目管理中予以应用。

2. 航空项目管理的研究

航空项目管理是项目管理在航空领域的应用。国内外航空项目管理方面的研究主要集中在根据九大知识领域划分的相关内容上，包括航空项目可行性研究、项目的计划与技术管理研究、项目运行进度控制研究、项目运行过程中的风险识别、应对及评价等。具体研究内容主要体现在以下几个方面。

(1) 航空项目的计划与技术管理研究

根据航空项目的性质和特点，研究如何准确定义项目范围、编制计划并对其进行有效考核，设计控制、实施技术状态管理。

(2) 航空项目运行进度控制研究

研究航空项目在整体运行过程中，如何运用适当的方法，及时地识别项目运行阶段的进度偏差，采取合理的方式对原有的进度计划实施调整，以改变工期、成本以及质量等各种影响因素，使项目最终达到预期的整体目标。

(3) 航空项目风险管理研究

主要研究航空项目进行过程中的各种不确定性，以及与航空项目风险有关的各种范畴、管理模式和分析方法；研究与项目风险对应的各种经济利益，以及社会、政治、经济、科技、心理、法律等诸方面对航空项目的影响等。

3. 现有研究的局限性

(1) 项目管理理论对不同国家、不同行业、不同的项目并不完全适用

项目管理理论与方法首先是按照西方军界和大企业的需要进行发展的，其应用效果因不同国家、不同行业的项目而异。真正适用于我国企业的，尤其是航空企业的项目管理理论亟待发展。

(2) 项目财务控制缺乏专门研究

现行项目管理的九大知识体系中缺乏项目财务管理和控制的知识，而项目的财务管理和控制的内容是九大要素之一的“费用管理”远远所不能涵盖的。目前，针对航空项目财务控制方面的研究仅仅局限在项目费用管理上，航空项目的财务控制亟需专门的研究和系统地规范，以应对项目风险。

1.3 研究目标与内容安排

1.3.1 研究目标与研究内容

在本书的研究中，我们将航空研制项目的财务控制定义为“以项目管理单位和参研单位为主体，以资金、会计信息和控制活动为管理对象，确保航空项目研制目标的实现的一系列政策和程序”。本书的研究目标，旨在通过航空研制项目的财务控制的构建，保障项目的顺利实施，并协同航空研制项目管理的目标与航空企业内部控制的目标，使项目任务的完成能够推进企业战略的实现，优化企业的项目财务资源配置。在此研究目标的指导之下，课题的研究内容分为以下几个方面。

1. 航空研制项目生命周期的界定以及生命周期各阶段财务控制目标的确定

通过对我国航空研制项目运行规律的研究，界定项目生命周期的各个阶段，并详细分析航空研制项目在立项、计划、实施和结束各阶段的项目活动，确立项目生命周期各阶段的财务控制目标。

2. 航空研制项目财务控制主体及其相互关系研究

航空研制项目适用的是跨组织的单项目管理，研制任务是由分布在不同地点、不同学科领域的众多参研单位的共同参与来实施的。本部分将确定航空工业集团、项目主体和参研单位的研制项目财务控制主体，研究参与研究的各个单位中项目财务控制主体的层级，以及不同控制主体之间的关系，为进一步研究项目生命周期各阶段主要的财务控制奠定基础。

3. 航空研制项目生命周期各阶段财务控制风险的识别

航空研制项目投资巨大、资金链条长、参与方众多、生命周期长，因而项目的财务控制风险远大于一般项目。本部分研究将基于各种财务控制的理论观点，结合风险识别的专门方法，深入分析航空研制项目生命周期各阶段财务控制风险及其来源，并研究项目财务控制风险与航空研制项目整体风险的关系，为后续项目关键财务控制点的识别和风险防范策略的选择提供条件。

4. 航空研制项目生命周期财务控制政策和程序的设计

该部分内容将按照航空研制项目生命周期的各个阶段财务控制的目标，针对各种财务控制风险，设计财务控制政策与控制程序。其重点包括可行性研究的财务控制、项目预算管理与成本费用控制、采购控制与供应商管理、研制项目结束的财务控制。每一部分的财务控制设计又涵盖：

① 航空研制项目生命周期各阶段财务控制的流程和关键财务控制点的确定。

② 研制项目生命周期各阶段财务控制的责权分配与授权体系的建立。

③ 财务信息在项目生命周期各阶段以及整个项目生命周期的生成、传递与报告制度。

④ 项目资产与财务信息的接触限制。

⑤ 对航空研制项目生命周期各阶段的财务控制的监督等。

1.3.2 研究创新点

① 目前国内外关于项目化管理企业内部控制的研究还是一个空白，本书选择航空企业的航空研制项目为研究对象，试图以此为契机，研究大型、复杂项目的财务控制，为我国项目化管理企业内部控制的研究积累素材。

② 在研究过程中，本书对传统财务控制的内涵进行了进一步挖掘，借助实地调查和深入分析，指出针对类似航空研制项目这样的大型、复杂、高度创新、在技术和进度上有严格要求的项目，财务控制的立足点不仅仅要强调“控制”，更要强调“财务支持”。在项目生命周期各阶段重要的财务控制设计中，“财务支持”的理念一直被贯穿于始终。

③ 传统的财务控制研究主要运用的是财务管理理论和风险管理技术，而本书综合运用内部控制、财务控制、项目生命周期以及风险管理相关理论进行研究，如图 1-1 所示。在研究方法上实现了多理论、多视角的结合。

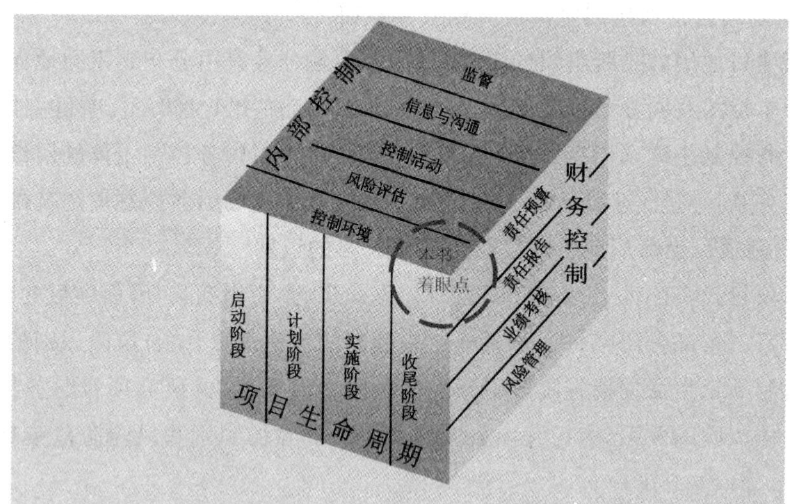

图 1-1 课题的研究视角

④ 研究成果的应用价值是本书强调的重点。在确定各部分财务控制的设计思路和设定关键控制点时，充分考虑了航空研制项目不同于一般大型项目的特点，力图使项目财务控制的建立更符合航空研制项目生命周期的管理要求，项目财务控制制度与程序更具系统性、规范性与实操性。

1.3.3 研究方法与技术路线

1. 研究方法

本书采用了理论研究、实地调查、系统设计、专家评价等相结合的研究方法。

① 在理论研究方面，广泛检索了国内外关于项目的财务控制和企业内部控制设计方面的前沿研究成果，进行综合研究和比较，尤其关注航空项目生命周期管理与风险管理理论及方法的最新进展；关注企业内部控制理论与方法的最新发展，以其为指导，创新我国航空研制项目财务控制制度设计的思路和方法。

② 在实地调查方面，选择了具有代表性的航空企业为调查对象进行半结构式调查，研究航空研制项目生命周期的运转规律，了解我国航空研制项目的特点，评价现有的项目财务控制及其缺陷，通过财务人员和项目管理人员来了解航空企业改进项目财务控制的需求。

③ 在系统设计和专家评价上，主要基于内部控制理论、财务管理理论进行了项目财务控制的设计，邀请项目管理专家和财务专家对研究结果进行评价并提出意见，在此基础上修改和完善财务控制制度与程序。

2. 技术路线

技术路线图如图 1-2 所示。

研究基础阶段
航空研制项目调研,文献收集与整理
评价航空研制项目生命周期财务控制现状
生命周期各阶段界定
项目财务控制目标
财务控制的主要风险
撰写调查报告
理论准备阶段
财务控制风险与项目风险关系研究
内部控制理论
风险管理理论
生命周期理论
财务管理理论
航空研制项目生命周期财务控制方法的理论框架
财务控制设计阶段
航空研制项目生命周期财务控制政策和程序的设计
描述各阶段财务控制流程
确定关键控制点
可行性研究控制
预算控制
成本费用控制
采购与供应商控制
项目结束控制
财务控制完善阶段
形成研究报告初稿
专家评议和修改
完善研究报告
财务控制政策与程序的试验和推广

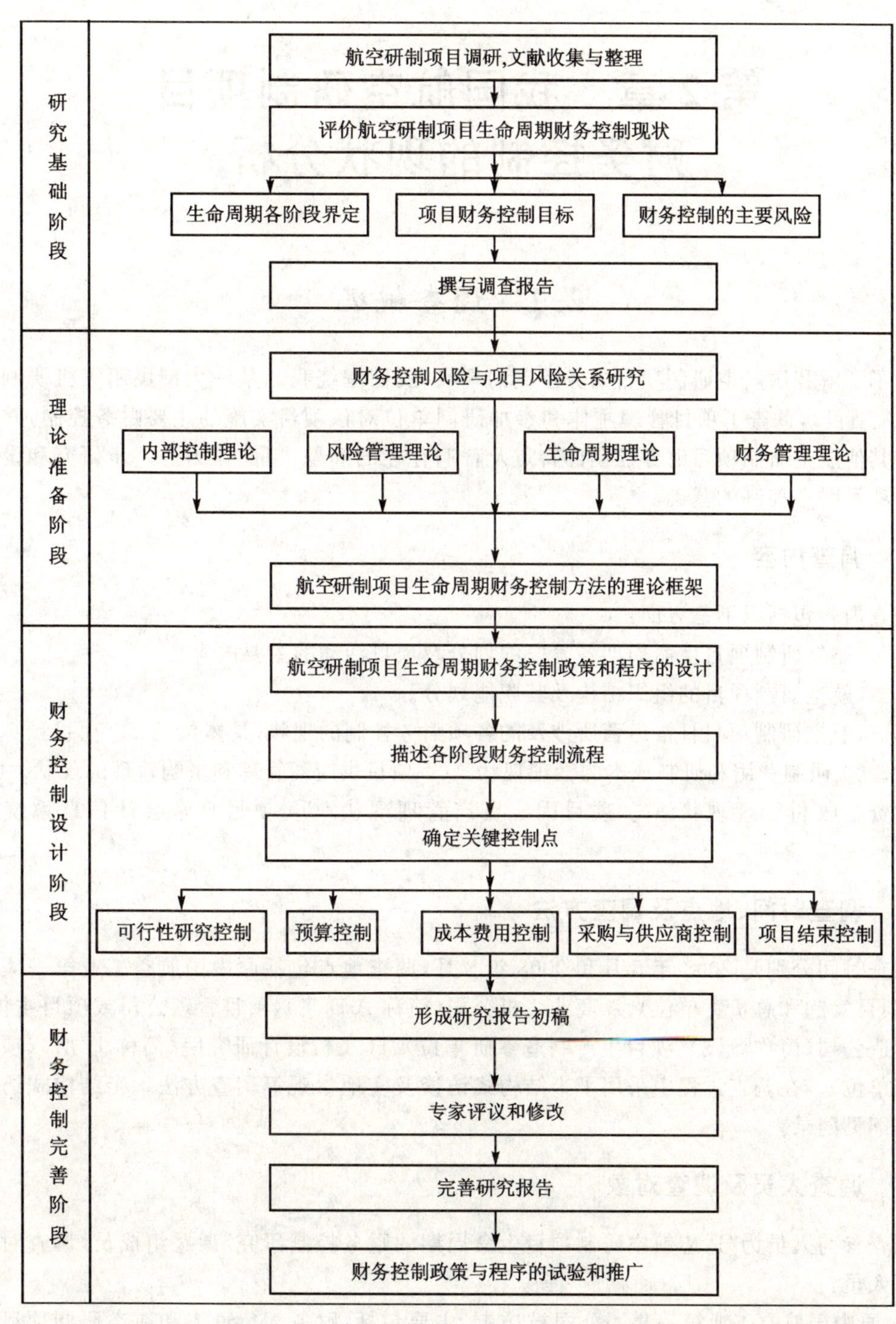

图1-2　技术路线图

第2章　我国航空研制项目财务控制的现状分析

2.1　调查概况

为了了解我国航空研制项目财务控制的现状，我们围绕我国某一大型民用飞机研制项目（简称A项目），调查了项目管理主体和参加研制单位对该项目实施的主要财务控制，并同时了解了其他航空研制项目财务控制的特点及普遍存在的问题，以此作为进一步研究和设计航空研制项目财务控制的基础。

2.1.1　调查内容

调查内容包括以下三方面：

第一，航空研制项目生命周期各阶段的划分及项目活动的主要内容。

第二，航空研制项目的组织结构及其职能划分。

第三，航空研制项目日常运营所涉及的各项财务控制的现状，具体包括：① 项目预算管理的现状。② 研制费用和研制成本的管理现状。③ 项目供应商管理和采购管理的现状。④ 项目日常资金收付管理现状。⑤ 项目固定资产管理现状。⑥ 项目日常会计信息系统管理现状。

2.1.2　调查时间、地点及调查方法

调查时间分别是2008年5月和2008年8月，调查地点包括原中国航空工业第一集团公司（A项目发起和总负责单位）、A商业飞机公司（简称A商飞）（项目管理公司或项目主体）、S飞机制造公司（简称S飞）（项目生产制造参研单位）、H飞机设计研究院（简称H所）（项目设计参研单位）。在调查过程中采用了半结构式访谈及实地参观等调查方法。半结构式访谈的调查提纲见附录。

2.1.3　调查人员及调查对象

调查参与人员为“适应航空研制项目生命周期的财务控制研究”课题组成员，调查对象包括以下人员：

① 原中国航空工业第一集团公司被访者，主要包括：财务部负责人和航空研制项目高级财务管理人员，民用飞机部主要负责人，审计部负责人等。

② A商业飞机公司被访者，主要包括：财务部经理，负责采购的财务人员，负责经营规划运行的主要负责人，负责固定资产及基建的财务人员等。

③ S飞机制造公司被访者，主要包括：财务部经理等。

④ H飞机设计研究院被访者，主要包括：主管飞机研究设计的副所长、财务部经理等。

2.2 航空研制项目财务控制现状

2.2.1 航空研制项目生命周期各阶段划分及项目活动的主要内容

A 项目主要经历了前期论证阶段、项目运行阶段、项目完成阶段三大阶段。

1. 前期论证阶段

前期论证阶段主要包括对航空型号研制项目的立项论证，可行性分析，撰写立项报告、论证报告，以及初步确定总体技术方案以及技术指标，初步确定研制经费预算等。在前期论证阶段后期，按照国家对该项目的立项批复，成立了以 A 商业飞机公司为核心的项目公司，组建了以 S 飞机制造公司、H 飞机设计研究院、X 飞机制造公司、C 飞机制造公司为参研单位的项目团队，进行 A 支线飞机的项目运行。

2. 项目运行阶段

项目运行阶段主要包括项目的设计阶段与实施阶段。

(1) 项目设计阶段

项目设计阶段的主要工作内容包括：系统设计、工艺设计、工装设计和关键技术攻关。关键技术攻关后，最终设计定型，然后进入项目的实施阶段。

(2) 项目实施阶段

项目实施阶段的主要工作内容包括：生产准备、生产试制和试验。其中：生产准备工作包括材料设备采购、工装生产、人员培训等；生产试制工作包括零件生产、装配、检验、调试等；试验工作包括试验、调试和复验等。在该阶段还要进行项目的试飞工作，为项目的最终完成奠定基础。本书在进行调研期间，该项目正处于实施阶段，正在进行试飞工作的准备。

3. 项目完成阶段

项目完成阶段的主要工作内容包括：作为民用航空产品，需要接受来自国家和国际航空管理相关机构对其质量及性能的评审，通过全面评审后，取得国家和国际航空管理相关机构的认证，完成整体项目的交付，为批量生产的可行性做前期的准备。本书在调研期间，该项目还未进入完成阶段，因此项目完成阶段的工作内容主要是根据被访者访谈结果整理。

2.2.2 航空研制项目组织结构及项目主体的职责

1. 项目组织结构的现状

A 商飞公司是由原中国航空工业第一集团公司等 15 家企事业单位共同投资组建的股份制公司，作为 A 飞机研制项目的管理公司，是飞机研制的责任主体和经营主体，也是该飞机型号合格证和生产许可证的持有者。

在 A 商飞公司所有股东中，原中航一集团出资 47.49 %，并拥有控制权，因而 A 商飞公司实际上是中航一集团的子公司。但同时，由于 A 商飞公司只负责 A 飞机项目的市场开发与销售、客户服务以及飞机产品实现过程的整个运行管理，受项目法人责任单位——中国航空工业第一集团公司委托，由中航一集团第一飞机设计研究院负责承担该飞机项目的工程发展工作，同时委托国内 X 飞、S 飞、C 飞等负责部分部件的生产或整机最后组装，因而 A 商飞公司与其他参研单位之间是合作伙伴的关系。目前由于它们之间的合作价格不是基于市场条件形成的，而是由共同的母公司——中航一集团以行政命令的形式确定的，因而中航一集团在这个项目中处于相当重要的地位。

同时，由于中航一集团直接和间接控制了 A 商飞公司超过 99 %的股权，因而中航一集团的意见在一定程度上就是 A 商飞公司董事会的意见。根据公司章程，A 商飞公司的所有重大决策必须由公司董事会决定。由于中航一集团控股近 100 %，所以 A 商飞公司一般直接向中航一集团汇报，由它的一个职能部门——民用飞机部，代表中航一集团具体负责并做出最后决策，在形式上行使 A 商飞公司董事会与决策相关的大部分职责，并统筹规划 A 商飞公司与中航一集团系统内各参研单位的关系。因此，该航空研制项目的组织结构如图 2－1 所示。

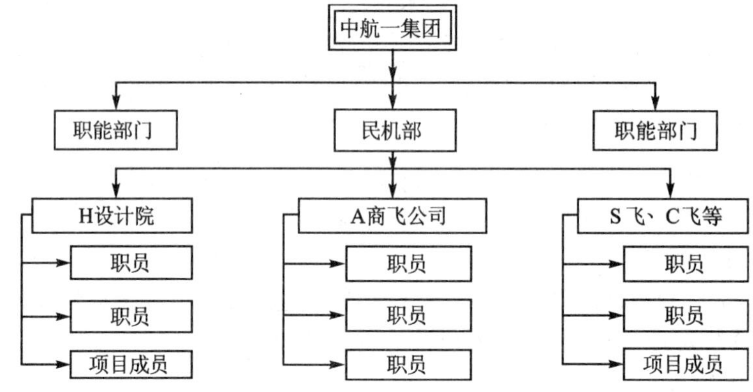

图 2－1 A 航空研制项目的组织结构图

2. 航空研制项目主体的主要职责

① 根据 A 商飞公司章程，项目公司 A 商飞公司的董事会具有以下职权：

- 负责召集股东会会议，并向股东会报告工作。
- 执行股东会的决议。
- 根据公司股东会确定的经营方针和投资计划，决定公司经营计划和投资计划。
- 制定公司的年度财务预算方案、决算方案。
- 制定公司的利润分配方案和弥补亏损方案。
- 制定公司增加或减少注册资本的方案。
- 拟定公司合并、分立、变更形式、解散的方案。
- 提出股东转让出资的处理意见、吸纳新股东的建议。
- 聘任或解聘公司总经理、董事会秘书；根据总经理的提名，聘任或解聘副总经理和财务负责人，决定总经理和副总经理的报酬和奖罚事项。
- 决定公司内部管理机构的设置。
- 制定公司的基本管理制度。
- 决定公司的产品研制和生产总进度计划。
- 决定公司产品研制和生产的重大国际合作事宜。

② 项目公司 A 商飞公司的总经理拥有以下职权：

- 组织实施董事会的决议，主持公司的生产经营和管理工作，并负责向董事会报告工作。
- 组织实施经批准的公司年度经营计划和投资方案。
- 拟定公司内部管理机构设置方案。

- 拟定产品研制和生产总进度计划。
- 拟定公司的年度财务预算方案、决算方案。
- 提出产品研制和生产经营中国际合作的方案。
- 拟定公司的基本管理制度和公司职工工资、福利、奖罚制度。
- 提请聘任或解聘副总经理和财务负责人。
- 聘任或解聘应由董事会聘任或解聘以外的部门负责人。
- 根据经营管理的需要，向公司其他人员签署“法定代表人授权委托书”。
- 公司章程和董事会授予的其他职权。

2.2.3　航空研制项目日常运营所涉及的财务控制现状

1. 项目预算管理现状

(1) 项目公司的项目预算管理现状

A 商飞公司作为 A 项目的法人责任单位，即项目管理公司，应该负责对整个项目所需的研制费用进行估算、概算，并编制整个项目的预算，上报国家，申请经费拨款和自筹资金。

但是，重大的航空研制项目立项工作传统上由更高一级的企业组织——航空工业集团公司进行。A 项目的估算、概算和整体预算在立项时就已经由中航一集团组织编制完成。该项目的整体预算主要经历了以下过程：在可行性分析阶段时进行项目的整体预算，并根据该预算向国家申请研制经费。国家根据上报的预算酌情确定拨款金额及时间，不足部分由 A 商飞公司自行筹集。（渠道包括几大股东的资本投入、从银行取得贷款、国外供应商通过风险共担投入资金及国内参研单位的风险投资。）

在该航空研制项目的总体设计阶段，由项目主体 A 商飞公司定义工作任务、工作之间的逻辑关系以及工作持续时间，形成项目工作任务一级网络图（网络图作为项目进度和费用控制的关键，一般不能变动，但根据实际情况，必要时也可以进行适当的调整）。根据网络图将项目总体计划落实到全部任务分解 WBS 工作包，分别承包给不同的参研单位，形成研制协议，即 A 商飞公司作为项目管理公司，根据 A 项目的具体情况，完成一级网络图后，形成 WBS 工作包，再将工作包分为几部分，将生产制造任务分别承包给 S 飞、C 飞以及 X 飞，将设计和试验任务分别承包给相应的参研单位。

项目研制协议的签订经由谈判后确定。根据 A 项目的具体情况，A 商飞公司要求参研单位按照自己的一级网络图形成二级网络图，确定任务完成的时点和相应的研制费用预算。原则上，二级网络图一旦由双方认可以后不能改变，除非一级网络图发生改变。此外，由于 A 项目并非完全市场化运作，A 商飞公司与各参研单位在签订研制协议和研制费用预算时，还受到行政方面的影响，研制费的金额并不完全反映市场价格。同时，各参研单位为了获得飞机批生产之后的利益，往往需要在研制阶段投入一定的风险资金。

在调研中我们发现，作为该项目的管理单位的 A 商飞公司还要根据总预算和研制协议编制项目的年度预算，该预算以现金流预算为重点，其中，现金流中的重要组成部分就是向参研单位拨付研制费用，而研制费用拨付的金额基本不会超出预算。这主要是因为 A 商飞公司完全按照研制协议的规定进行拨款，按照参研单位节点的完成情况，全部或部分付款，只可能少付或延迟付款，而不会超过预算付款或提前付款。此外，在调查过程中我们还了解到，对于研制任务外包的模式还处于探索阶段。对此，A 商飞公司财务部被访者提到，这种外包看似责任清晰、任务明确，进度和金额都可以控制，但是各参研单位之间的工作可能相互影响，而且参研单位之间需要进行内部转移价格的商榷。

项目管理公司对项目的管理重点在进度和质量上，而不是在项目成本费用的预算管理上。这主要是因为A项目必须考虑安全性和社会影响，更强调进度和质量。目前该项目的具体预算管理和财务控制流程现状如图2-2和图2-3所示。

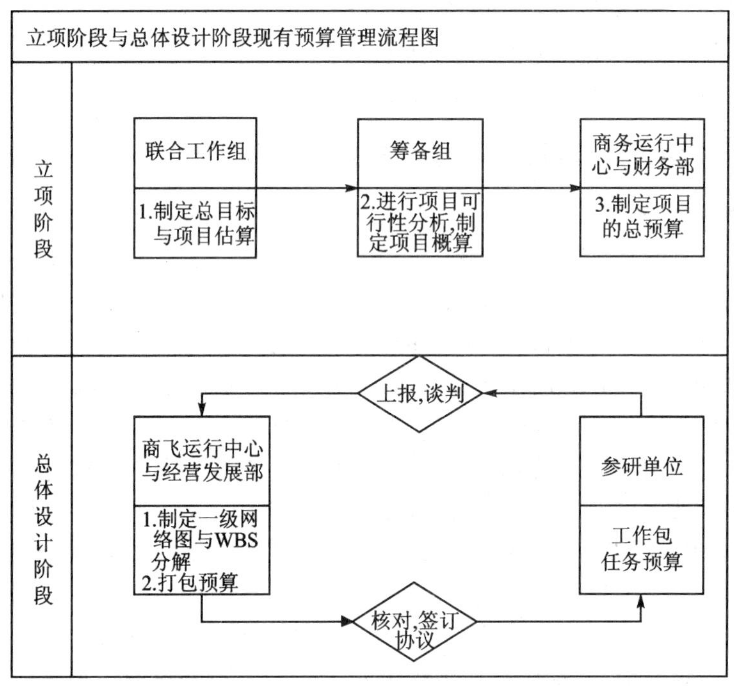

图2-2 立项阶段与总体设计阶段现有预算管理流程图

另外，由于采购资金尤其是国外采购在航空研制项目成本构成中占了很大部分，因此采购预算属于项目公司预算管理的重要组成部分。通过调查，我们初步了解了项目主体对采购预算的管理过程和面临的管理问题：

① 目前A商飞公司在采购环节实施了对零部件的预算和计划管理，但对零部件的预算和计划管理制度并不完善和规范。

② 目前采用的请购计划的流程主要有两个步骤：首先，制定一个采购清单给采购与供应商管理部门，此采购清单包含了采购物资的类型、型号等，同时也指定了供应商；其次，采购与供应商管理部门根据采购清单与供应商谈合同、谈价格。其具体流程如图2-4所示。

③ 目前还没有成文的请购审批制度，财务人员在采购的请购环节没有发挥控制作用。对于超预算和计划外采购的情况，没有对超预算和计划外请购实施例外审批的授权财务控制，也没有明确的超预算和计划外采购审批和付款的流程，在超预算和计划外采购环节基本没有明确的财务控制。

(2) 设计参研单位航空研制项目的预算管理现状

H飞机设计研究院为该项目的主要设计参研单位。由于航空研制项目的特点，决定了在项目研制阶段设计人员是最重要的因素之一，大部分费用都是围绕设计人员展开的。H飞机设计研究院在该项目的预算管理过程中，首先由总设计师系统提出所需的设计人员等级、各等

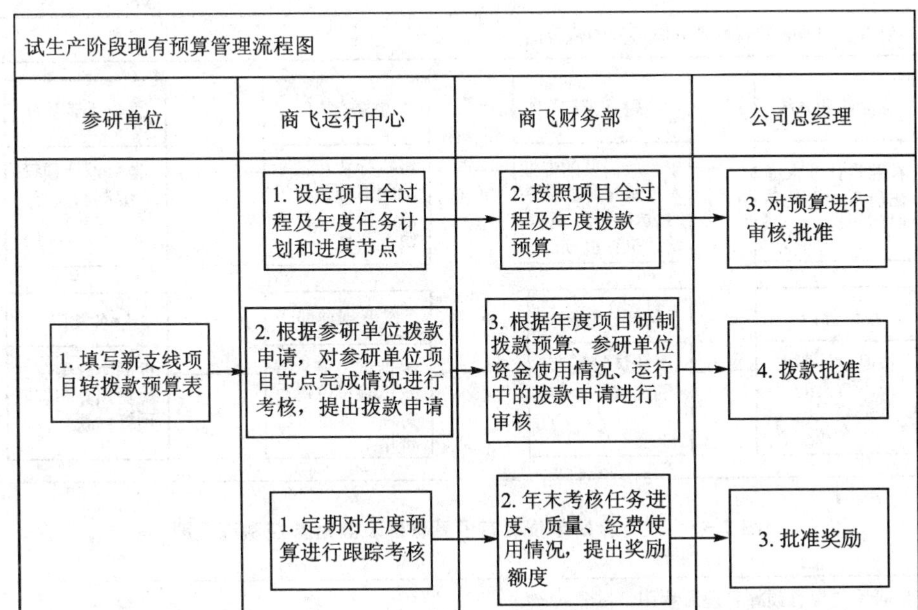

图 2-3　试生产阶段现有预算管理流程图

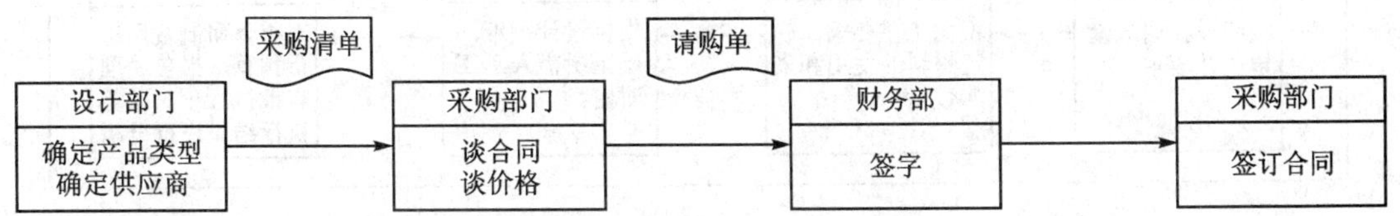

图 2-4　现有请购计划管理流程图

级设计人员的数量以及所需要的设计作业时间，其次由财务人员按照需要去估算需要的研制经费，最后由财务人员根据估算结果编制预算。项目设计费用预算主要由两部分组成：执行费和试验费。执行费包括设计人员工资费、社会保险费、福利费、差旅费、水电费、管理费等，并且按照设计人员的职称进行分配，形成人工费用定额。当项目进行预算时，只需确定需要多少个不同级别的设计人员，就可以确定项目研制的执行费。试验费包括风洞试验、结构试验、系统试验等，H 飞机设计研究院自身不能完成这些试验，需委托其他试验单位完成。设计参研单位现有预算管理及其财务控制流程图如图 2-5 所示。

(3) 生产制造参研单位航空研制项目的预算管理现状

S 飞机制造公司作为项目制造参研单位，主要负责 A 新支线飞机的总装工作，按照划分的工作量与 A 商飞公司进行协商，签订研制协议，确定 A 商飞公司应付的研制费用。S 飞机制造公司与 A 商飞公司进行协商的依据是 S 飞机制造公司对被分配的工作任务所进行的预算。

S 飞机制造公司在制定该航空研制项目预算时，首先由工艺部门按照设计提出工艺要求，其次由物流部门根据工艺要求排料，再次由工业工程人员提出标准工时，最后由财务人员根据所需的材料和工时计算材料和人工成本，并结合以往的经验确定管理成本，最终作出该项目的成本预算。S 飞机制造公司生产参研单位现有预算管理流程图如图 2-6 所示。

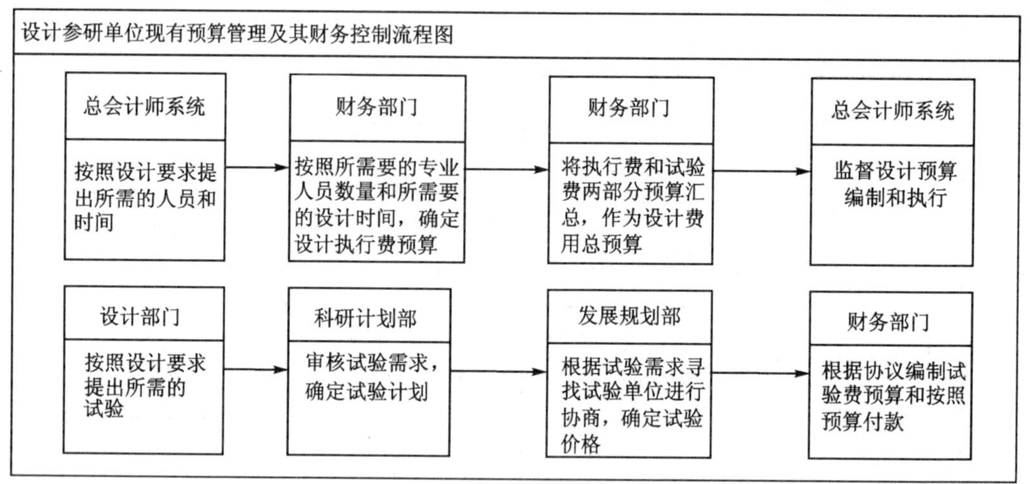

图 2－5　设计参研单位现有预算管理及其财务控制流程图

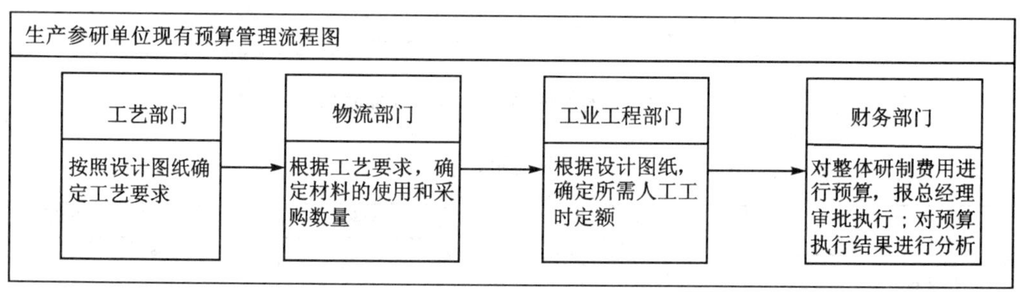

图 2－6　生产参研单位现有预算管理流程图

2. 航空研制项目的研制费用和研制成本管理现状

原中航一集团对航空研制项目具有专门的成本费用制度，并下发给了项目主体和各参研单位。中航一集团对项目公司和参研单位的预算和成本、费用的决策和管理主要是通过涵盖项目公司与参研单位的“总会计师系统”进行的，对项目成本费用的管理强调“全员、全过程、全封闭”管理。中航一集团财务部对于航空研制项目也明确了通过 19 个成本章节（按照项目生命周期重要节点设成本章节）和 8 个成本项目进行费用预算、费用汇总和项目成本核算。

根据本次调研，该航空研制项目运行中不同参研单位的研制费用和研制成本管理及其财务控制现状如下。

（1）项目管理单位

A 商飞公司作为项目管理单位，在将各个工作任务外包后，其财务人员能够控制的部分只有按照节点的完成情况、进度和质量进行拨款的控制，而对于整个项目成本费用控制的能力较弱。在拨款时，财务部门主要根据经审核的研制费用付款申请、研制协议和运行中心对参研单位任务完成情况的考核报告进行付款。项目管理单位要求各参研单位每季度上报研制费用使用情况报表，并根据这些上报的研制费用使用情况报表进行分析、汇总，向中航一集团报告。在该项目的运行中，项目管理单位根据目前采用的成本章节和成本项目对项目成本进行的核算，整体而言是有效和客观的。

(2) 设计参研单位

H 所作为该项目的设计参研单位,在此次调研中显露出的问题是,设计变更导致一系列成本费用的上升,并且影响重大。从理论上说,85 %的成本在初步设计时就已经确定,90 %的成本在详细设计中就已经确定,但是由于种种原因,该航空研制项目设计单位的设计发生变更的情况非常普遍,从而导致各种研制成本频繁发生改变和追加的现状。

(3) 生产制造参研单位

S 飞机制造公司作为生产制造参研单位,在其预算的执行和成本费用的控制过程中,主要受到设计参研单位设计更改的影响,因此而影响整个项目的生产成本。受设计变更影响最大的是材料费用。由于材料供应的唯一性和定制性,所以设计单位所确定的材料在世界范围内大多被少数供应商垄断,造成材料成本价格的无法控制。这是造成目前 S 飞机制造公司对航空研制项目材料成本控制不充分的主要原因之一。

相对于材料费用,人工费用是 S 飞机制造公司的可控成本。人工费用的核算,主要以设计图纸为基础,通过工业工程的方法确定耗用工时和相应的人工费用,再根据小时费率分配相应的制造费用、管理费用。通过调研发现,目前对于该航空研制项目的成本与预算之间的差异分析,主要以预算成本的合理性为考核重点,更多的是关注成本的合理性而不是成本的大小,以便为批生产阶段定额成本的制定和飞机的定价做准备。

3. 航空研制项目的供应商管理现状

通过对 A 航空研制项目的调研,发现该航空研制项目的供应商管理主要集中在项目公司,因此访谈中主要调查了解了 A 商飞公司作为项目主体的供应商管理情况,其具体现状如下:

① A 商飞公司设立了采购与供应商管理部,专门负责对国外供应商进行管理,并制定了成文的国外供应商管理制度;而对国内的参研单位,则是通过编制预算并按进度付款的方式来管理。

② 对供应商的管理包括供应商选择、供应商评价、供应商沟通激励和控制。前期对供应商的选择,A 商飞公司并没有参与,而是由中航一集团下属的专门国际合作公司来负责招标、选择供应商等工作。

目前 A 商飞公司对供应商进行考核评价,并编制研制阶段供应商考核表,采用权重打分法对供应商解决问题的能力、技术水平、反馈快慢等指标进行综合评价。

在对供应商的沟通激励和控制方面,A 商飞公司主要通过召开供应商项目经理会进行;以前每年召开一次,现在每季度召开一次,此会议由不同系统的供应商派代表进行现场的交流与沟通,同时每年还会评出最佳供应商。在此环节,财务人员也参与最佳供应商的评比活动,并对各供应商的各种单证、发票、报关单、合同订单等凭证进行财务评价。

③ A 商飞公司在该项目的供应商管理环节,采用国际航空市场通行的“风险联合定义”、“风险与利益共担”的运作模式。供应商在飞机研制阶段,以一定的风险投入参与研制,研制成功后就能获得参与批生产的利益。该模式在此项目中的主要表现形式是,A 商飞公司目前研制 3 架 A 飞机 101、102、103,其中 101 飞机的部件采购完全采用由供应商参与研制的方式免费提供;如果研制成功,则产权属于中方,中方需付给供应商的仅仅是研制费用。而对于 102、103 飞机,则是为试航取证而研制;如果能取得适航证,则中方不仅要提供研制费,还要提供部件采购的部分价款,另一部分部件价款则由供应商自己承担。如果没有取得适航证,则可将供

应商提供的部件归还，并不需支付部件价款，但仍需支付研制费。

④ A 商飞公司在供应商管理具体过程中的工作主要包含以下内容：

◇ 招投标控制

由于招投标的工作主要是由中航技负责完成的，访谈者表示，A 商飞公司作为项目公司，目前还没有涉及到具体的招投标工作。在调研中，发现了一些关于招标的表格。

◇ 合同订立和管理

第一，项目公司制定了成文的合同管理制度。

第二，采购合同是由采购部部长根据实际情况从合同样本库中选择合同样本，其中合同样本共有 30 几个章节，包括价格与付款章节，价格完全由采购人员确定，财务没有起到任何作用。

第三，对合同的审核，项目公司聘用了香港的律师对合同的内容进行论证和咨询。因为全球采购，不同国家适用的法律体系不同，所以聘请香港律师可对国外和中国的法律都有所了解。

第四，合同的编制和审核人员均由采购部门的人员担当。

第五，项目公司目前没有建立风险防范体系，但在访谈中可以发现，项目公司并不是认为此体系不重要，而是还没有着手落实。

第六，合同的订立流程相关事宜由经营发展部负责。合同的订立流程遵循以下程序：合同的谈判—合同的草拟—合同的审批—合同的签订。在此环节中，项目公司对合同谈判出现的问题设立了一个上报的程序。对于合同订单在审核后需要变动的情况，需要对合同订单进行修订，再经过审批。在此审批环节中，要经过采购与供应商管理部、项目管理部、经营财务部，进行会签审核。

第七，在合同执行过程中，根据项目执行的具体情况，有关部门有权对合同的部分内容提出更改建议。提出更改的部门，均需填写《合同更改申请单》，说明要求更改的原因和更改建议，经本部门主管签字，提交合同更改受理部门，即采购部。采购部组织相关责任部门召开会议，对合同更改内容进行讨论，得出一致意见后填写合同更改建议书，报公司领导审批。经领导同意后，采购部将更改要求以项目协调备忘录的形式传递给供应商，同时按照批准的方案，组织责任部门和供应商对更改的内容进行交流和谈判。采购部再根据合同更改谈判结果填写并上报《合同更改谈判报告》，经公司领导批准后，采购部根据备忘协议和领导的批示，发出《合同更改协议》草稿，达成一致后，采购部填写《合同更改审批单》，经会签和审批，方可签署《合同更改协议》。

目前 A 商飞公司的合同变更流程现状如图 2－7 所示。

通过访谈发现，合同变更 80 %来自设计变更，20 %来自供应商要求变更。合同变更要写明变更原因，并由设计部门负责人签字，然后经运行中心、财务部和采购部门签字。但对于此处财务部门的会签，访谈人员表示其签字只是虚设而已。访谈人员还指出，如果合同的变更是由设计引起的，则还需要经过试航部签字。同时项目公司针对 A 项目由各部门领导组成了项目管理委员会，但组成人员并不包括财务部人员，因此在由项目管理委员会做重大决策时，财务的作用被弱化了。

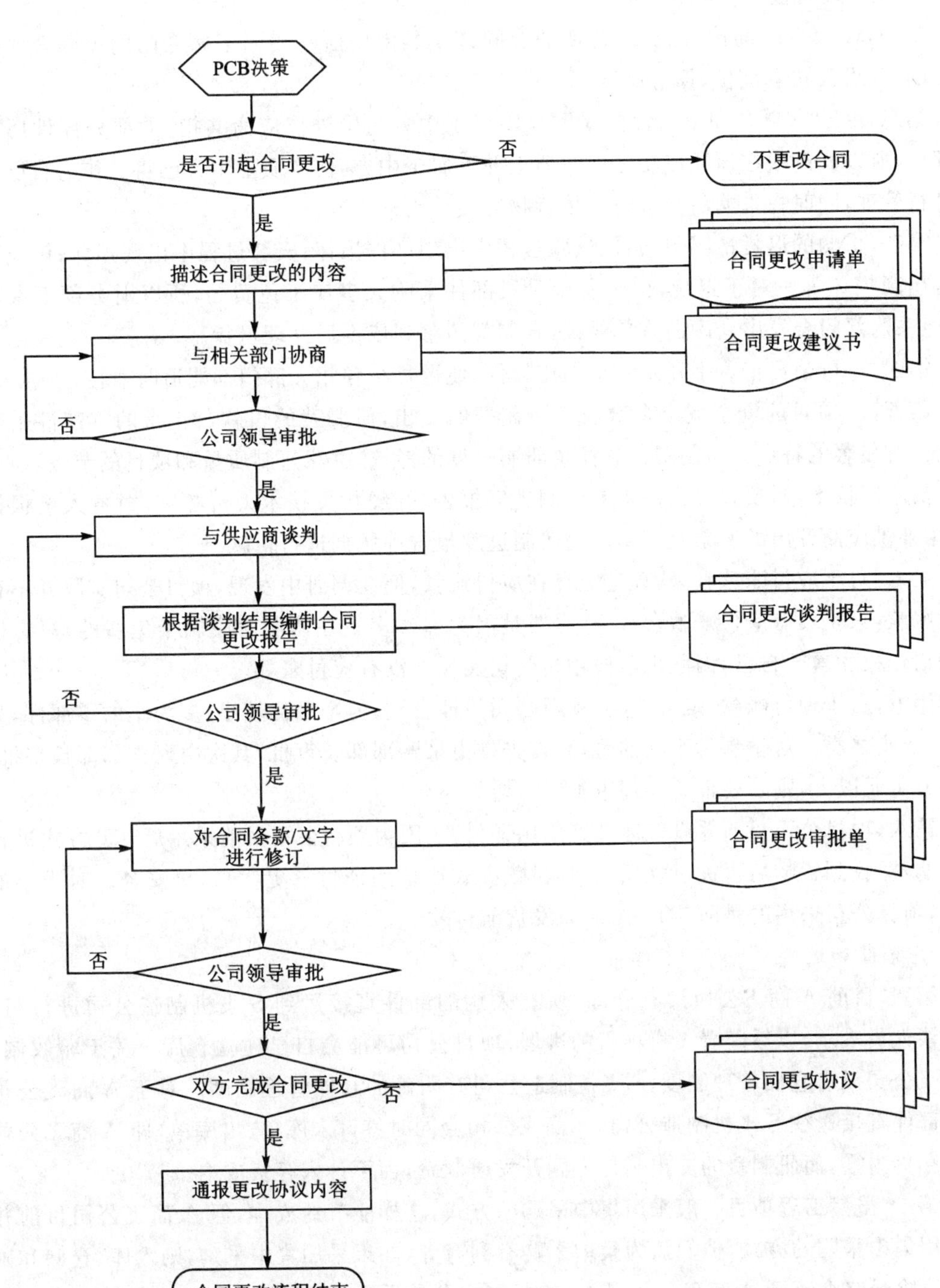

图 2-7　项目主体现有合同变更管理流程图

第八，对合同专用章由专人负责保管，合同专用章外带需要经过一定的申请审核程序。

第九，定期对合同的履行情况进行监控和汇总。

◇ 采购及付款

第一，A 项目的询价、比价及初期的合同订立是由中航一集团下属专门的国际合作公司负责的，项目公司有询价、议价制度。

第二，由于 A 项目研制阶段的采购风险属于中方与国外供应商共担，大部分部件属于免费部件，所以其产权在研制成功之前本质上并不属于中方，但实质上中方已将其作为自己的货物进行管理，同时在采购后交接时会填货物交接单。

第三，采购的退货情况包括：做试验过程中出现部件损坏；安装过程中出现损坏；供应商发货时出现损坏等。对于退货，由于研制阶段部件采购大多属于免费的，所以财务部不参与控制，但采购部门会发出仓库退货单凭证，仓储部门拿到依据后办理退货。

第四，项目公司正着手开发一个物流软件，使退货在各相关部门都能适时监控。

第五，A 项目的资金流出多数属于研制费的支出，研制费的付款与正常的零部件采购付款相比有显著的特点。研制费付款注重研制进度的考核，关注研制质量和项目的节点，财务部门人员不懂技术，需要技术人员出具研制进度报告，并经相关技术人员签字，财务人员根据合同、国外供应商开出的发票及签字后的研制进度报告等凭据进行付款。

第六，对于应付账款管理，理论上存在应付账款，但在调研中发现，项目公司实际并不存在应付账款，只是设有应付账款台账，这主要是因为部件多数在研制阶段属于免费的，只有研制成功后产权才属于自己，因此现阶段项目公司实质上没有应付账款。

第七，对于预付账款、定金之类，项目公司虽涉及到，但金额比较小，多为小的零部件，如医药箱、斧头之类。对于预付账款的管理，首先是由采购部部长审批，其次由财务部部长审批；如在一万美元以上，则还要报总经理审批。

第八，项目公司目前并没有涉及到信用证付款，因为项目公司目前采用后 TT 方式进行国外采购，即收到货物后再拨付款项，这种付款方式比信用证付款更优惠、更安全。对于小的成品件，项目公司采用的是前 TT 方式，即发货前付款。

◇ 仓储和运输

第一，目前 A 商飞公司没有仓库，所有采购的部件直接运到 S 飞机制造公司进行组装。但访谈人员表示，以后随着飞机项目的进展，项目公司可能会自己建立仓库。关于验收制度，A 商飞公司没有仓储管理制度，S 飞机制造公司有明确的仓储管理制度。对于 A 商飞公司采购的部件直接送往 S 飞机制造公司，A 商飞公司会同时签订入库单、出库单，即 A 商飞公司的库存存货为零，而研制费的支出则计入到开发研制费，而不计入存货成本。

第二，虽然工程项目一般采用集中采购的方式，这样能节约成本，但 A 商飞公司目前并没有采用集中采购的方式，他们认为集中采购有利有弊，如果采用集中采购，则入库、仓储和国内运输风险最终会落到 A 商飞公司身上，如果采用分散采购，会将风险分散给各供应商和参研单位；同时，由于各参研单位对零部件、原材料的技术要求不同，材料用量不同，如果采用集中采购，则会导致灵活性低，无法满足各参研单位的要求，并且采用集中采购还需耗用领用、发运等成本。

第三，通过访谈了解到，目前在采购合同中存在漏签保险条款及产品责任险的问题，这使采购合同变得没有保证。

◇ 付款、汇率和利率的风险防范

第一,项目公司没有建立付款的风险防范制度,也没有人负责付款的风险防范。被访者认为,由于目前项目公司采取的是后 TT 付款,所以风险相对较小,不用专人负责风险防范。

第二,项目公司目前并没有为防范汇率和利率风险使用金融工具。

第三,应国外供应商要求,采购部件的价格计算利用了浮动公式,即在计算采购部件价格时考虑了劳动力市场和材料市场价格变动的影响,所以在签订合同时考虑了合同价格条款。

第四,目前项目公司并没有引进 ERP 这样功能强大的信息系统,但利用了一些简单的信息平台——金航网。该平台主要负责合同登记、付款等流程。被访者认为,现在引进 ERP 系统,其成本与效益不配比;然而,在批生产阶段引进这样的系统却是十分必要的。

4. 航空研制项目的日常资金收付管理现状

通过对 A 航空研制项目的实地调研发现,该航空研制项目的日常资金支付管理现状如下:

① 在研制阶段,项目公司大部分的日常资金管理表现在对国外供应商和参研单位的资金支付管理上。目前,项目管理公司与各参研单位、国外供应商之间的日常资金支付,是按照各个工作任务包的预算、节点的完成情况,或者合同、国外供应商开出的发票进行支付管理的。

② 目前项目公司还未设立资金管理处,统筹管理筹资、资金支付、银行业务、保值工具等业务。

5. 航空研制项目的固定资产管理、日常会计信息系统管理现状

由于项目公司管理的固定资产非常少,因此在该航空研制项目的财务控制中,固定资产的管理处于相对次要的地位。从目前项目公司和各参研单位的固定资产管理现状发现,不论是 A 商飞公司,还是参研单位 S 飞机制造公司和 H 飞机设计研究院,关于航空研制项目的固定资产管理与各单位没有纳入该航空研制项目的固定资产管理没有太大的区别,均按照固定资产的购进、日常管理、处置与清查进行管理。

通过对 A 航空研制项目的实地调研发现,该航空研制项目涉及的项目公司 A 商飞公司、参研制造单位 S 飞机制造公司以及参研设计单位 H 飞机设计研究院,均建立了一套适合自己单位特点的会计信息系统,但是并没有建立相互联网的、对该航空研制项目进行实时监控的会计信息系统。

2.3 航空研制项目财务控制的问题分析

通过对 A 航空研制项目财务控制的调查,结合我们在对航空研制项目设计单位和生产参研单位调查中发现的其他研制项目财务控制普遍存在的问题,我们对航空研制项目财务控制的现状总结如下。

2.3.1 航空研制项目生命周期各阶段财务控制的主要问题

① 没有对航空研制项目生命周期进行清楚的划分,不利于根据航空研制项目生命周期的不同特点进行航空研制项目的有效财务控制。

② 在项目的启动阶段,财务人员参与程度低。项目的估算、概算和经济可行性分析没有提出对参与者的财务资质要求,可行性分析过程缺乏规范的财务控制流程约束。

③ 在项目的计划和实施阶段，没有根据此阶段研制任务的特点和各参研单位与项目主体之间的关系，形成系统的财务控制。对研制费用预算和预算变更管理、研制项目成本控制、国外采购控制和供应商管理、资金运行控制、会计信息系统和项目耗费资源数据库建设等重要财务控制活动，缺乏系统的安排。研制项目抵御财务控制风险的能力较差。

④ 在项目结束阶段，对于研制成本效益的财务评价缺乏具体设想和制度安排，财务评价流程的缺失不利于项目结束阶段的考评，也不利于批生产后管理的精细化。

2.3.2　航空研制项目的组织结构及其职能划分的问题分析

在调查过程中我们了解到，对于研制任务外包的模式，还处于探索阶段。目前实行的这种外包看似责任清晰、任务明确，进度和金额都可以控制，但是各参研单位之间的工作可能相互影响，而且参研单位之间需要进行内部转移价格的商榷。而参考外国航空研制项目的经验，在研制阶段，航空研制项目应由一个单独的有能力的项目主体整合所有设计、制造和试验的职能，完全负责研制，从而节省分别预算、谈判、拨款、审计的过程，将研制阶段的所有任务整合完成，直到试飞取证后，批量生产时，再将生产制造任务外包，这样有利于成本降低和规模化生产。

A 项目的组织结构及其职能划分现状显示，A 商飞公司作为该项目的项目管理公司，在整个项目的组织结构中，行使的项目管理权限较小，主要担当该项目的协调者和项目监督者；而中航一集团总部的职能部门负责人对该项目却拥有实际的管理权限。通过对该现状的分析，目前该项目在组织结构及其职能划分方面主要存在以下问题：

① 由于组织结构的缺陷，使项目公司与各参研单位之间的关系仅限于行政联系，而并没有形成真正意义上的基于契约的经济利益关系。这导致 A 商飞公司与其国内合作参研单位之间的合作价格不是基于市场形成的，而是由于共同受到中航一集团控制而形成的行政价格。这将导致项目的进程和成败不仅仅由项目公司和参研单位项目组织的运营效率决定，而且很大一部分由中航一集团总部的职能部门的项目协调和管理能力决定。在当前的管理体制下，这种管理模式很大程度上导致了项目完成效率的下降。

② 由于项目公司没有实际的项目管理权限，项目公司也没有明确的进行项目财务控制的“责、权、利”的划分，导致项目公司针对研制项目的大量财务控制的缺失或不规范；同时，由于组织分工、授权体系的弊端，也导致了项目财务控制风险管理的缺失，不利于项目保质、保量地完成。

③ 项目的组织现状职能划分不明确，还使得中航一集团的职能部门与 A 商飞公司董事会权限划分不清，两者角色重合，不利于项目管理的开展；同时，从集团范围上看，整个项目组织结构的垂直方向层次较多，造成了制定决策的过程缓慢、容易丧失市场机会、降低管理效率的结果。该项目的组织结构与其职能划分不仅容易出现决策过程的重复，造成管理的混乱和增加管理的风险，也会影响该项目的财务控制政策和程序的严谨性，增加项目负责人决策失败的可能性。

2.3.3　几项重要财务控制存在的问题分析

1. 项目预算管理

因为航空研制项目必须考虑航空产品的安全性和社会影响，所以项目管理注重控制进度和质量，而对于项目的资源预算和资源耗费的控制和考核并不十分追求，这导致项目预算管理中存在以下问题：

① 由于航空研制项目具有高度创新性，加之我国航空企业以往民用飞机研制的经验缺乏，导致项目的资源耗费估计不准确，设计变更导致的预算变更更为频繁。目前项目公司并没有成文的原材料、零部件耗费预算和成熟的计划管理制度。伴随着项目由研制阶段进入批生产阶段，项目公司对于预算和计划管理制度的要求会越来越高，与之相适应的预算和计划管理制度应该进一步建立和完善。

② 在请购计划的编制和审核环节，项目主体财务部门并没有实质的决策权。由于航空研制项目非常注重设计的质量与安全性，也由于财务人员没有飞机设计制造和国际航空市场供应商情况的知识背景，零部件请购计划的编制基本上由设计参研单位进行，项目主体财务部门没有参与，所以请购计划环节目前并没有加入财务控制；同时，在对请购的审核上，财务部门也没有否决权，致使在请购计划和审核环节基本没有发挥财务控制的作用。

③ 对于超预算和计划外采购的情况，该项目公司目前没有明确的超预算和计划外采购流程，只是规定对于飞机的零部件分为选装和必装两种。对于必装的部件，超预算和计划外采购时，财务部门没有任何决策权；而对于选装的部件，项目公司也没有制定询价和比价制度。尽管目前正处于飞机的研制阶段，可能存在许多不可控成本和不确定因素，要完全控制超预算和计划外采购会有一定的难度。然而，飞机项目进入批生产阶段后，若不加强对这些不可控成本和不确定因素的分析和控制，不加强对超预算部分的审批程序，将很难实现项目预期的经济目标。

2. 项目研制费用和研制成本管理

由于 A 项目从立项开始就不是一个完全市场化的航空研制项目，不能以市场约束来促使各参研单位控制和降低成本费用；同时，航空研制项目具有高度创新的性质，很难制定严格的成本标准，所以目前项目成本费用管理十分粗放。通过对该航空研制项目的项目管理公司、设计参研单位、试生产单位的研制费用管理现状调研发现，成本费用管理的具体问题如下：

① 从项目的启动到运行，国内参研单位虽然受行政指令的影响参与到项目研制中来，并按照研制协议来接受项目拨款，但各参研单位实际上都存在研制经费的不足，因而在很大意义上，国内参研单位与项目主体也存在“风险共担”的关系。参研单位以投入一定数量的研制经费为代价，获取项目研制成功后的批生产利益。从这个角度分析，各参研单位都有降低研制成本和费用的动机。但是航空研制项目不同于一般的民用大型项目，各参研单位的首要任务是确保研制项目的质量和安全性。我国传统的航空企业经营理念也致使参研单位重技术、轻成本，各参研单位和项目主体的费用成本控制观念都不强。

② 设计环节是决定航空研制项目成本费用的主要环节，而设计频繁变更是造成生产费用、采购费用、试验费用等不断增加，甚至难以控制的主要原因。更重要的是，设计频繁变更还造成各参研单位成本责任的纠葛，诸如设计单位影响生产单位的成本，实验单位影响设计单位的成本这类连锁反应。这些都使该项目在研制阶段的成本控制非常困难，最终将导致该项目的真实成本无法确定。

③ 由于航空研制项目的特殊性，不论在设计还是生产、试验单位，都很难采用定额成本、标准成本等控制成本费用，亟待根据各单位研制任务的特点，创新成本费用管理模式，并采用综合的成本费用管理方法。成本费用的控制还必须兼顾项目质量、进度的要求，满足项目整体

管理的需要，这些都成为航空研制项目成本控制中需要摸索和解决的问题。

④ 通过对各参研单位的调研发现，在航空研制项目生命周期各阶段，财务人员参与项目管理的程度低，只是项目生命周期各阶段财务控制不力的一方面原因。项目成本费用控制不力的另一个重要原因，是财务人员缺乏相关的知识背景，对设计、工艺、供应商、市场缺乏了解，很难胜任如同航空研制项目这样的大型、复杂项目的财务控制要求。目前也没用建立起适应于航空研制项目的吸收设计、制造、工艺、采购各类人员参与的全员的成本费用管理机制。财务人员的素质不能满足项目管理要求的问题，已成为航空研制项目财务控制普遍面临的困难。

3. 供应商管理

通过对A航空研制项目供应商管理的调研发现，目前该项目的供应商管理主要集中在A商飞公司项目管理公司。对项目管理公司供应商的管理现状存在的问题分析如下：

① 在国外供应商选择、控制和评价过程中，未设置系统的指标进行供应商的财务评价，财务人员没有深入介入此过程。A项目曾因为供应商原因造成研制进度和交付进度延误，针对供应商的财务控制不力，这必然成为造成此结果的一个原因。

② 在对A航空研制项目的供应商管理中，项目公司已经采用了国际航空工业市场通行的惯例——“风险联合定义”，在飞机的研制阶段将部分风险分担给国际供应商，供应商可以享有飞机研制成功后批生产的利益。这种方式有利于项目主体与供应商达成研制战略的一致，建立长期战略合作关系。但是，风险联合定义管理模式，需要高度的财务控制和财务信息配合，包括供应商选择过程的财务支持、研制过程中供应商的投入记录和财务信誉记录、对供应商的支付方式选择和支付时间控制、供应商在批生产后财务权益的相关数据积累等。目前，此类财务支持在A项目中尚未形成。

③ 在供应商管理的具体过程中，目前主要存在以下问题：

- 招投标工作在项目管理公司成立以前已经完成，项目管理公司无法对招投标工作进行有效的控制和管理。
- 对于采购合同的订立，其价格主要由采购人员确定，没有财务人员参与价格的确定，势必在采购合同订立环节缺乏有效的财务控制。在合同签订涉及到价格与付款的部分，没有财务人员的审核过程，缺乏有效的财务控制；同时，在采购合同的编制和审核过程中，编制人员与审核人员没有相互分离，均由采购部门人员负责，不能达到有效的内部控制。

合同的订立流程涉及到了财务部门的会签，此财务控制关键点可以起到对合同谈判中出现的财务问题进行控制的作用。但是，对于合同的审批，虽然需要经过采购与供应商管理部、运行中心、财务部进行审核会签，但通过访谈发现，财务部门只负责会签，并没有真正的决策权。

在合同变更的调研过程中分析发现，由于设计的变更会导致大额度研制费支出的变动，所以财务人员对设计变更引起的采购支出的变化应该极为关注。通过了解，我们得到设计变更的原因主要有两点：一是设计人员经验不足，这与用人和激励机制也有着密切的关系；二是由于关键部件均来自国外采购，而且供应商选择的范围很小，导致设计的关键部件研制权实质不在中方，国外供应商掌握了部件采购谈判过程中的主动权。与此同时，由于飞机各系统部分存在密切的连带关系，一个设计变更的提出，可能导致多个部件采购的变动；一个很小的设计变动，会带来很大的开支浪费。因此，在设计变更环节加入财务控制极为重要。

④ 由于现在处于飞机项目的研制阶段，同时采用的是供应商联合定义、风险与利益共担的模式，所以国外供应商才会同意选择后 TT 的付款模式。但进入批生产后，采用这种模式的供应商就不会很多了，这时财务在付款上应该考虑采用信用证付款，并对信用证付款有明确的规定，由专人负责，同时需编制信用证审批流程，并确定适当的审批权限。

⑤ 目前采购合同存在的问题包括：一是保险问题，没有把保险的责任分给供应商；二是没有充分利用批量采购的优势，没有考虑人为成本和原材料的批量折扣。

⑥ 对国外采购付款汇率风险，目前没有采取更多的金融创新方式进行保值避险，对于利率变动带来的风险也考虑得较少。

以上财务控制中存在的问题既有 A 项目的特性，也体现了我国航空研制项目财务控制存在问题的一些共性。航空研制项目财务控制的研究和设计，必须在详细分析上述问题的基础上，提出各项财务控制的具体目标，描述各项财务控制的具体政策与程序，保留现有财务控制行之有效的部分，并弥补现有控制的不足和缺失。

第3章 航空研制项目生命周期的划分及项目活动

一般而言，生命周期往往指的是生物的生命周期。所谓生物的生命周期指生物在形态或功能上所经历的一连串阶段或变化。然而在现代项目管理中，人们已经将生命周期的理论运用到工程项目之中，旨在通过生命周期理论将工程项目从投资开始到项目结束划分为一定的阶段，通过对各阶段实施不同的管理方法而更好地应对项目整个周期中的不同风险，确保以最短的时间，最少的人力、物力和投资，按质、按量地完成项目，并获取最大的效益。

3.1 项目生命周期及其一般划分

对于项目生命周期存在着一些不同的定义，其中美国管理协会的定义为：项目是按阶段完成的一项独特性任务。一个组织在完成一个项目时，将项目划分为一系列的项目阶段，以便更好地管理和控制项目。这一定义从项目管理和控制的角度，强调了项目生命周期的阶段性，说明了项目划分生命周期的目的是源于项目管理的需要。对于项目生命周期的划分目前并没有统一的划分观点，有人将项目的生命周期划分为构思、设计、计划、实施、交付、审查六个阶段，也有人将项目生命周期划分为选择阶段、实施阶段、完工阶段三个阶段。对于上述划分方法并没有孰是孰非之分，而且在实际中对项目的阶段划分并没有强制规定，划分情况一般应视项目的特点而定，包括项目的时限、任务量等方面的因素。一般工程项目多划分为以下四个阶段：启动阶段、规划阶段、执行阶段、结束阶段，如图3-1所示。

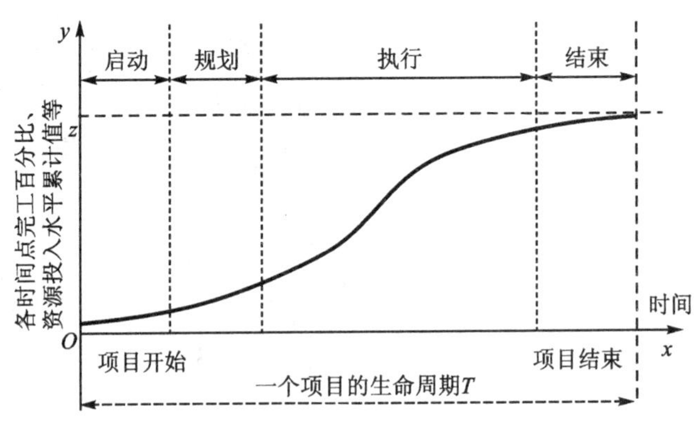

图3-1 一般工程项目生命周期的阶段划分

3.1.1 项目启动阶段

在这一阶段，项目客户要向项目的实施者提供需求建议书(RFP)，项目实施者根据需求建议书的要求进行项目识别和项目构思，最后确定项目方案并进行可行性研究。项目识别、项目构思以及项目的可行性研究都是纯粹的智力劳动，因此，在项目的启动阶段，投入项目的资源主要是高技术复合型的人才资源。与项目在其他各阶段相比，项目在启动阶段投入的资源相对较少，经历的时间也相对较短。

3.1.2　项目规划阶段

在项目规划阶段，项目实施者应根据前一阶段进行的可行性研究，制定项目计划书、项目规划。项目计划书的主要内容包括：项目工作的分解，资源和成本的估算，以及时间估计、进度安排、人员安排等；而项目规划的主要内容包括：进度规划、费用规划、质量管理资源配置规划以及风险管理规划等。一般来说，项目的规划期短，在人力、财力和物力的投入上也相对较少，但在资源的投入上已明显超过了项目的启动期。

3.1.3　项目执行阶段

在这一阶段，项目工作的主要任务是，执行项目计划书，并进行项目的监督和控制。具体地说，就是按照项目计划书和项目规划的内容，选配项目成员、调拨资金、调配机械设备和工具，进行物资采购等，并按照进度计划实施项目，最终力求实现项目计划，达到预定目标。在项目的执行阶段，随着项目的实施，各项活动越来越多，无论是从人、财、物等资源的投入来看，还是从所占时间的跨度来看，项目在这一阶段上的消耗都是最大的。

3.1.4　项目结束阶段

在这一阶段，如为工程项目，则其主要工作包括项目的竣工、验收、移交、试运转等。项目结束时，某些后续的活动仍需进行，例如评估项目效益，总结经验，以便于今后在执行新项目时有所借鉴。随着项目接近尾声，一阶段项目的资源投入量迅速下降。在传统的项目管理中，这一阶段所经历的时间也并不长。但随着项目的实施方竞争日益激烈，以及某些技术型项目的客观需要，这一阶段的时间跨度有明显延长的趋势，人力等资源的投入量也开始增多。

3.2　航空项目的全生命周期

对于项目的全生命周期，英国皇家特许测量师协会所给定义的具体表述如下：项目全生命周期包括整个项目的建造、使用以及最终清理的全过程。项目全生命周期一般可划分为项目的建造阶段、运营阶段和清理阶段，这些阶段构成一个项目的全生命周期。从这个定义可以看出，项目全生命周期包括一般意义上的生命周期和产出物的生命周期两部分。对于航空项目而言，航空项目的全生命周期不仅包括研制项目的生命周期，同时也包括研制项目产出物（飞机）的生命周期；产出物生命周期阶段包括使用保障阶段、退役处理阶段。本书主要讨论航空研制项目的生命周期。

3.3　航空研制项目的生命周期及各阶段工作内容

根据民用飞机的研制具有投入高、周期长、风险大、技术水平及安全可靠性要求高等特点，我国民用飞机工业在某种意义上说是在军用飞机科研生产的基础上建立并发展起来的。因此，现行的民用飞机科研、生产法律规范，主要还是 1987 年由八部委联合制定的《民用飞机研制暂行管理程序》、1993年原国防科工委颁布的《航空装备可靠性和维修性工程管理暂行规定》以及相关的技术标准。同时结合课题组对中航一集团、A商飞公司等单位调研结果的分析，我们建议航空项目的生命周期应该划分为：可行性研究阶段、总体设计阶段、试生产阶段、研制结束阶段。各阶段的具体工作内容如下。

3.3.1 可行性研究阶段

可行性研究阶段包括：项目前期论证阶段、技术经济可行性论证阶段、总体方案论证阶段。具体工作内容如下：

1. 项目前期论证阶段

项目前期论证阶段的主要工作内容是调查研究，收集资料，提交《项目建议书》。项目建议书主要包括以下内容：

① 项目提出的目的、必要性和相关依据。

② 项目中研制的飞机的基本技术要求和性能指标。

③ 该机型国内外市场需求情况的初步预测；国内外同类飞机的现状和发展趋势的初步分析。

④ 项目研制总经费的初步估算（含研制部门和行业配套部门的科研手段和技术改造、基本建设使用维护等投资）和资金来源；经济效益和社会效益的初步估算。

⑤ 研制周期初步预测。

⑥ 技术经济可行性初步分析。

《项目建议书》提交后的审批遵从以下规定：凡在民用飞机发展规划中已列入的项目或上级专项下达的项目，其项目建议书均由国务院重大技术装备领导小组、国家计委、国家经委审批。

2. 技术经济可行性论证阶段

在《项目建议书》得到批准后，即可进入技术经济可行性论证阶段。研制总负责单位负责技术经济可行性论证工作。该阶段论证项目计划的可行性（包括技术、进度和经费），对项目进行风险分析，具体分析该项目的计划风险、技术风险和费用风险，研究其能否被控制。风险分析的结果关系到该项目能否实施。在技术经济可行性论证阶段形成的可行性报告包括以下内容：

① 国内外市场需求调查分析，包括：市场范围、需求量、基本技术要求，以及国内外同类机型的现状及发展趋势的对比分析意见。

② 技术要求、性能指标和初步设计方案，以及需采用的新技术、新材料及实现的途径，需要补充、改造的科研及生产条件（含国内外合作）。

③ 研制总经费概算（含研制部门和行业配套部门的科研费，科技手段和技术改造、基本建设费，使用维护费等）、单机成本、销售价格和直接使用费用的预测，以及生产的经济批量和盈亏平衡点等经济可行性分析。

④ 研制周期预测及系统工程网络图。

⑤ 技术经济可行性综合分析结论。

可行性报告提交后的审批遵从以下规定：新型研制项目由国务院重大技术装备小组、国家计委、国家经委核准后报国务院审批。改进、改型项目，研制费用在5 000万元（人民币，下同）

以下的项目，由归口工业部门审批，报国务院重大技术装备小组、国家计委、国家经委、财政部备案；5 000 万元以上的项目，由归口工业部门报国务院重大技术装备小组、国家计委、国家经委审批，抄送财政部，其中 2 亿元以上的项目，由国务院重大技术装备小组、国家计委、国家经委核准后，报国务院核准后报国务院审批。

3. 总体方案论证阶段

可行性研究阶段项目活动如图 3－2 所示。

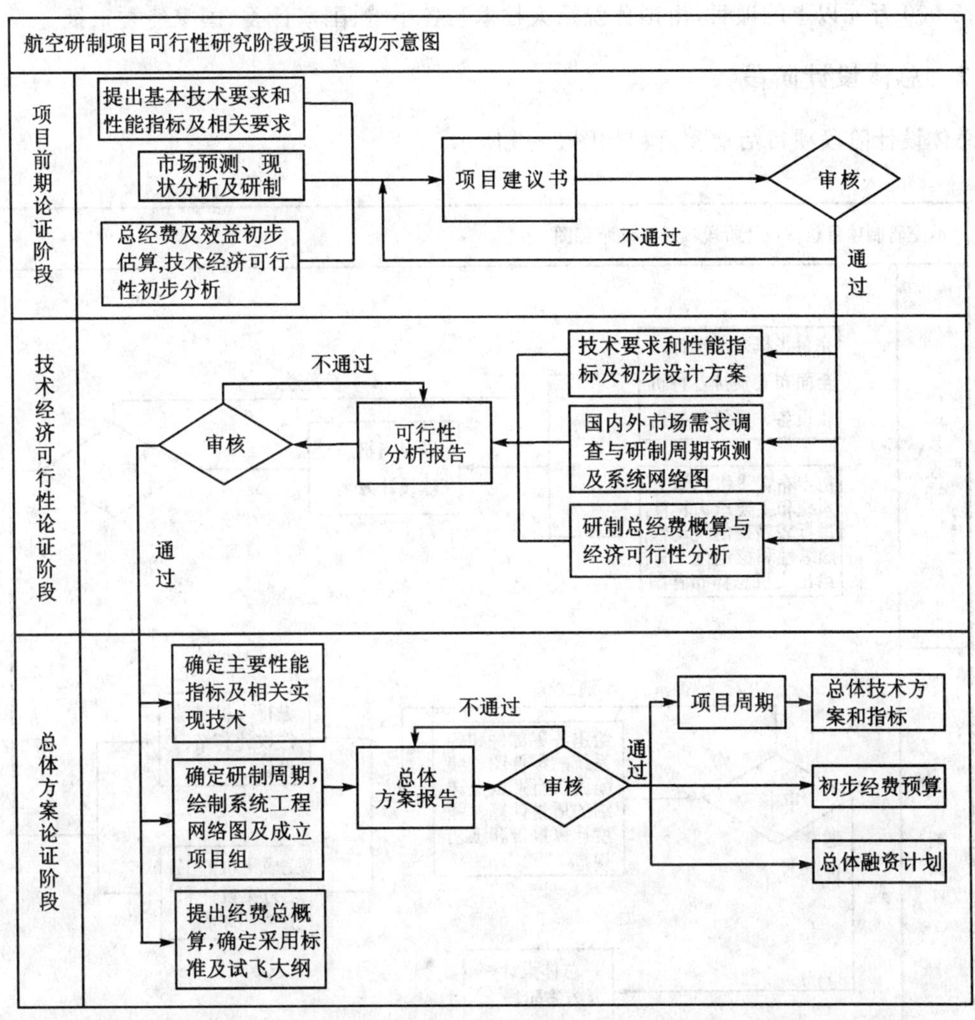

图 3－2　航空研制项目可行性研究阶段项目活动示意图

可行性报告得到批准后，即进入总体方案论证阶段。总体方案论证的工作内容主要包括确定项目组，提交《总体方案报告》。《总体方案报告》主要包括以下内容：

① 确定型号总体参数、总体布局图，以及发动机、机载设备等主要性能指标。

② 确定实现上述指标的技术方案及其说明。

③ 确定研制周期，绘制系统工程零级网络图。

④ 提出研制经费总概算，预计分年度目标，预测单机成本、销售价格和直接使用费用，预测生产的经济批量和盈亏平衡点。

⑤ 建立项目组，提出总指挥、总设计师、总会计师、总质量师系统方块图及负责人名单。总指挥、总设计师由国务院重大技术装备领导小组任命，其他人员由归口工业部门任命。

⑥ 确定采用的标准、规范，以及试验、试飞大纲。

⑦ 提出科研和生产条件补充以及技术改造、基本建设方案。

总体方案报告提交后的审批遵从以下规定：新型研制项目由国务院重大技术装备小组、国家计委、国家经委审批。改进、改型项目，研制费用在 5 000 万元以下的项目由归口工业部门审批；5 000 万元以上的项目，由国务院重大技术装备小组、国家计委、国家经委审批。

3.3.2 总体设计阶段

总体设计阶段项目活动和流程如图 3－3 所示。

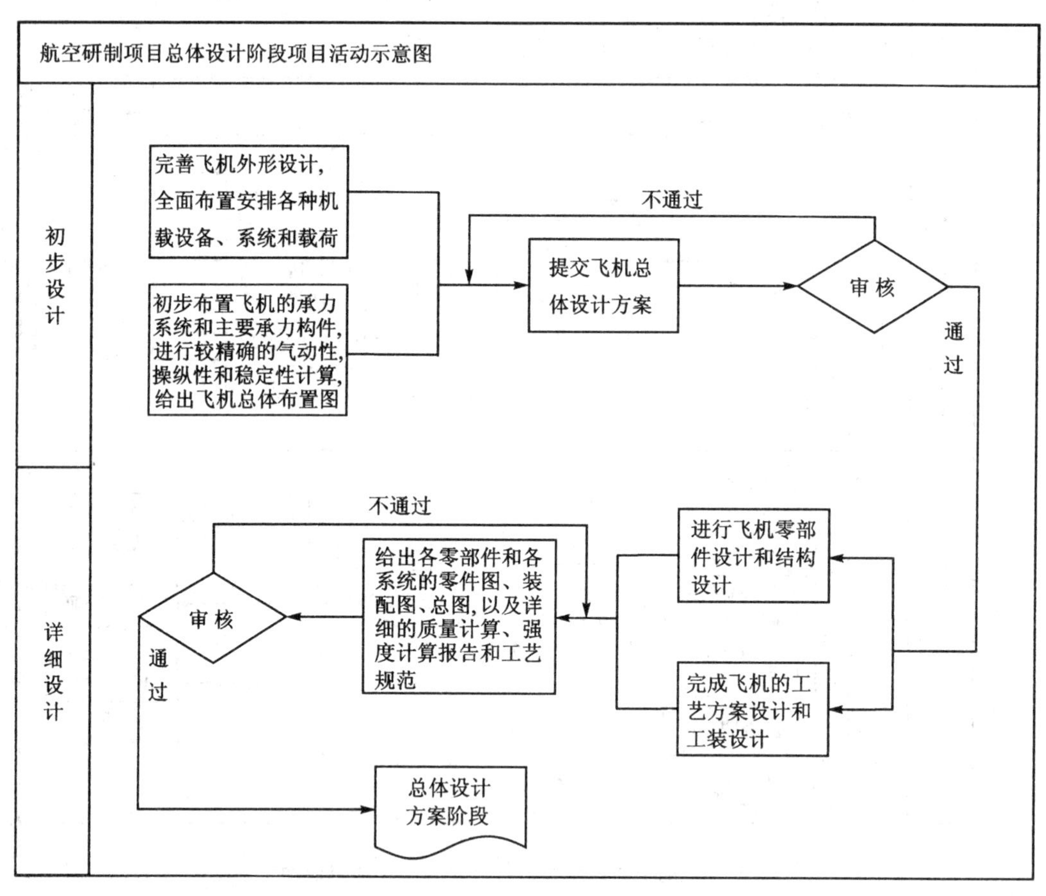

图 3－3 航空研制项目总体设计阶段项目活动示意图

归口工业部门根据对型号研制总体方案的审批意见，向项目研制总体单位下达研制任务书，项目进入总体设计阶段。研制任务下达后，总指挥组织总设计师、总会计师和总质量师，按照项目研制系统工程网络图开展研制工作。

总体设计阶段包括初步设计和详细设计。初步设计阶段的任务是对前面草拟的飞机设计方案进行修改和补充，使其进一步明确和具体化，最终给出飞机总体设计方案。该阶段主要工作包括：完善飞机外形设计，全面布置安排各种机载设备、系统和载荷，初步布置飞机的承力系统和主要承力构件，进行较精确的气动性、操纵性和稳定性计算，给出飞机总体布置图。该阶段需要各有关专业部门的参加和配合，协调解决设计中的问题，需经过多次反复，最终给出完整的总体方案；详细设计阶段是飞机研制过程中工作量最大的部分，其主要工作是进行飞机零部件设计、结构设计、工艺方案设计和工装设计。设计完成后要给出各零部件和各系统的零件图、装配图、总图以及详细的质量计算、强度计算报告和工艺规范。同时，该阶段还要进行许多实验，包括动静强度实验、寿命实验，需要众多的各类专业技术人员参加，几乎覆盖了飞机研制的所有领域知识，需要各专业之间分工合作、密切配合，特别需要各方面进行综合与协调。

3.3.3　试生产阶段

试生产阶段项目活动如图 3－4 所示。

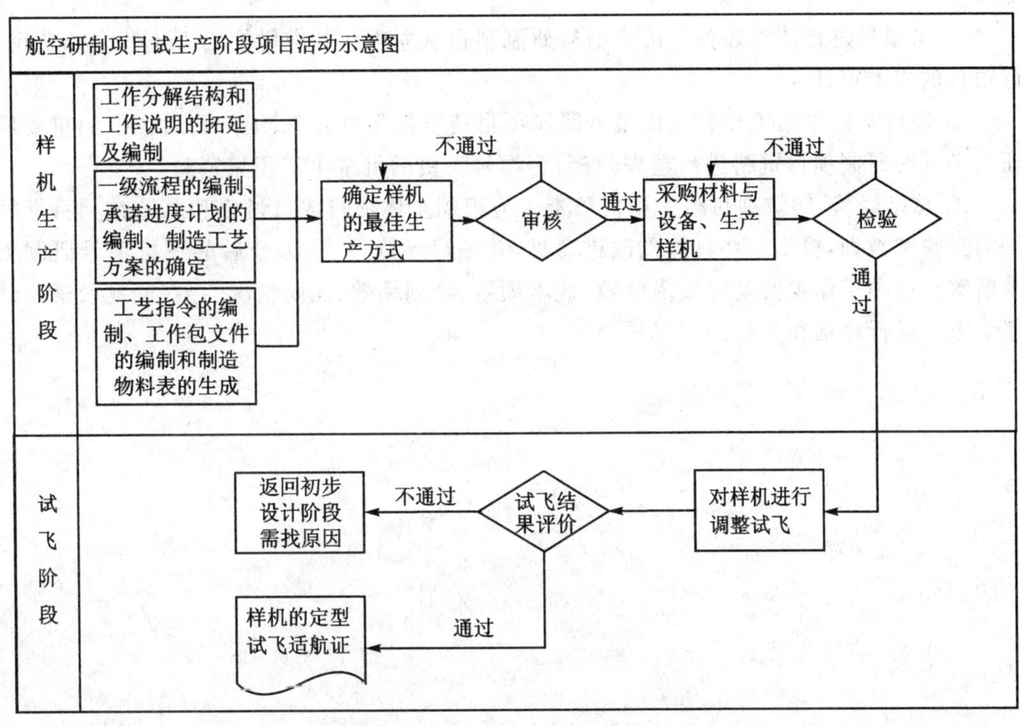

图 3－4　航空研制项目试生产阶段项目活动示意图

总体设计阶段结束后，关于飞机的设计工作完成，项目进入试生产阶段。试生产阶段的工作任务是：生产样机，进行试飞以获取适航证。在样机生产阶段，飞机制造过程遵循制造工艺文件来完成。制造工艺是飞机制造的基础，工艺文件包含了飞机制造过程中所用到和产生的各种工艺信息，包括指令性工艺文件、生产性工艺文件、标准资料和工作包文件，因此，此时需确定飞机的详细制造工艺。该阶段的主要任务是：工作分解结构（WBS）和工作说明（SOW）的拓延和编制、一级流程的编制、承诺进度计划的编制、制造工艺方案的确定、工艺指令的编制、工作包文件的编制和制造物料表（MBOM）的生成。在确定了飞机制造工艺后，需确定样机的最佳生产方式。最佳生产方式的确定是依据工艺文件安排作业计划和组织生产的，要求做到工作程序化和业务规范化，改变以往的管理脱节、各自为战、重复劳动、扯皮内耗的被动局面，需要考虑各制造流程单元的分工、协调、重组，以及工装选择、资源配置、质量控制和费用控制等因素。试飞阶段的工作是对样机进行试飞验证。试飞划分为调整试飞与定型试飞两个阶段，需要生成定型试飞报告。

试生产阶段结束后，须根据国务院颁布的《中华人民共和国民用航空器适航性管理暂行条例》实施试航审查。在国家适航机构对型号审查合格后，颁发型号合格证。

3.3.4 研制结束阶段

在试飞通过，获得国家适航机构颁发的适航证以后，项目进入研制结束阶段。该阶段的工作主要包括；

① 对样机进行评估验收，确认样机是否达到总体方案论证阶段提交的《总体方案报告》的要求。

② 对项目进行清算账务。确定型号研制项目从立项起到交付使用为止的全部费用，并进行项目的成本审计。

③ 进行文档总结工作。飞机型号研制项目资料是飞机交付、维护和后评价的重要原始凭证。必须对研制项目资料进行整理归档，为型号飞机的批量生产积累资料。

④ 总结经验，解散项目组。项目负责人应组织全体项目成员讨论和总结在项目期间所取得的经验和教训，提出一些具体的改进意见，并编写评价报告，为今后的飞机型号研制项目提供借鉴。这项工作主要是对技术绩效、成本绩效、计划绩效、团队情况、存在问题及解决情况等几个方面进行总结和分析。

第4章　航空研制项目的财务控制主体及其关系

航空研制项目，尤其是大型航空研制项目，往往是由分布在不同地点、不同学科领域的众多参研单位的共同参与来实施的，需要分布在不同地理位置、多个单位、具有不同学科背景和专业知识与实践经验的人员共同协同工作，才能完成项目任务。这种复杂、多变的跨组织项目管理，给航空研制项目的财务控制提出了新的要求。在划分了航空研制项目生命周期和各阶段具体项目活动之后，具体研究研制项目生命周期各阶段重要的财务控制之前，有必要先确定我国航空研制项目财务控制的主体，理清不同控制主体的相互关系，为进一步的研究奠定基础。

4.1　航空研制项目的财务控制体系

通常，按照项目参与单位个数和每个单位同时进行的项目个数，可以将项目分为四种类型：单组织、单项目，单组织、多项目，跨组织、单项目和跨组织、多项目，如图4-1所示。

目前，针对航空研制项目，国家立项给予一定的经费支持，同时以市场商业模式运行，按照“共同投资，共同研制，共担风险，共享利益”的原则，成立项目公司或者项目团队，联合设计、生产、试验等参研单位共同完成研制任务。因此，航空研制项目通常需要涉及多个研制单位，各研制单位及项目公司（亦称项目主体）分布在不同的地域。项目公司只负责某一个航空研制项目的运营。所以，现代航空研制项目属于跨组织、单项目类型，这种跨组织完成的研制项目，参与主体多，各主体之间的协调关系复杂，如图4-2所示。

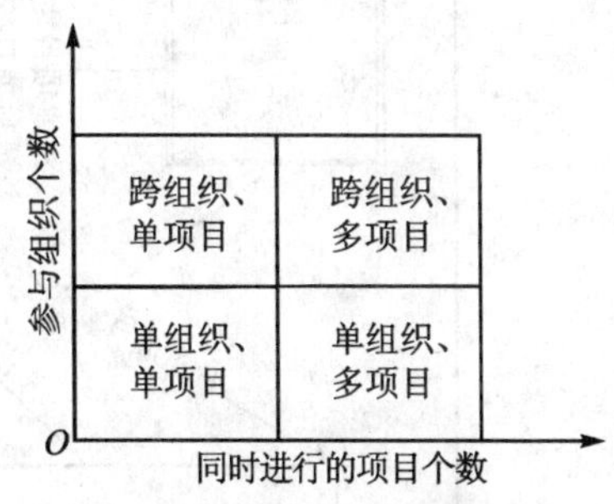

图4-1　项目类型的分类

项目主体按照性质或需要将整个研制项目分成若干子项目，由参研单位分工负责一个或多个；参研单位根据分工，完成项目任务；在这个过程中，为了达到航空研制项目预期的目标，分散在异地的各参研单位必须进行有效的交流、协作，项目目标能否实现，项目能否成功，很大程度上取决于各参研单位对项目变化、控制与管理等有关信息及时准确的传递。根据航空研制项目管理的特点和实际管理的需要，我们提出一种由决策、执行和支撑三方面构成的项目财务控制体系，如图4-3所示。

(1) 决　策

这里决策是指项目宏观层面的财务决策，决策主体是对航空研制项目的实施整体负责的航空企业集团。

在可行性研究阶段，航空企业集团决策部门要审核可行性研究报告，要根据项目的估算、概算和财务评价结果及专家小组的报告，对是否投资进行项目决策。

在总体设计阶段，航空企业集团决策部门和项目主体，根据项目的构成或工作过程，按照

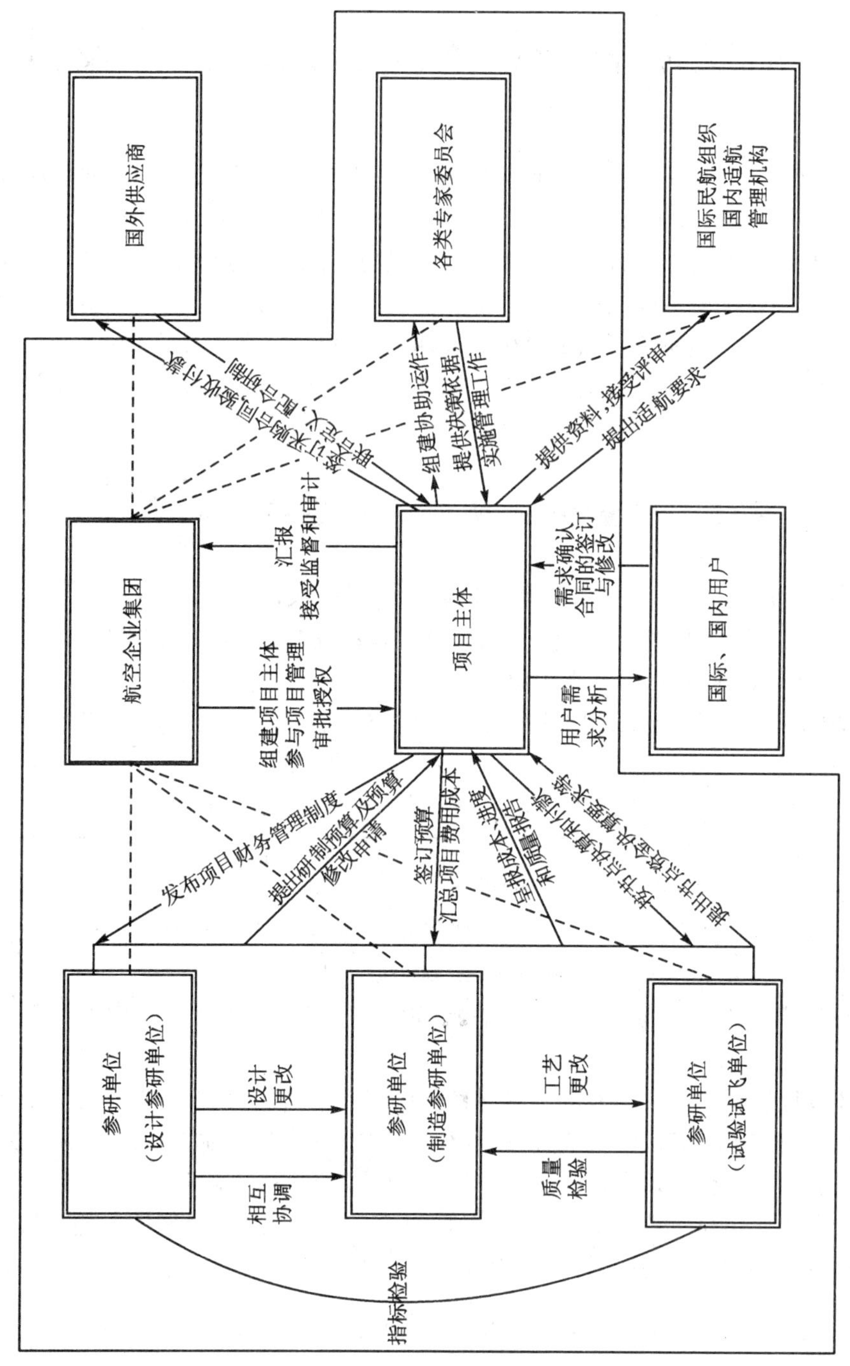

图 4-2 航空研制项目财务控制主体之间的关系图

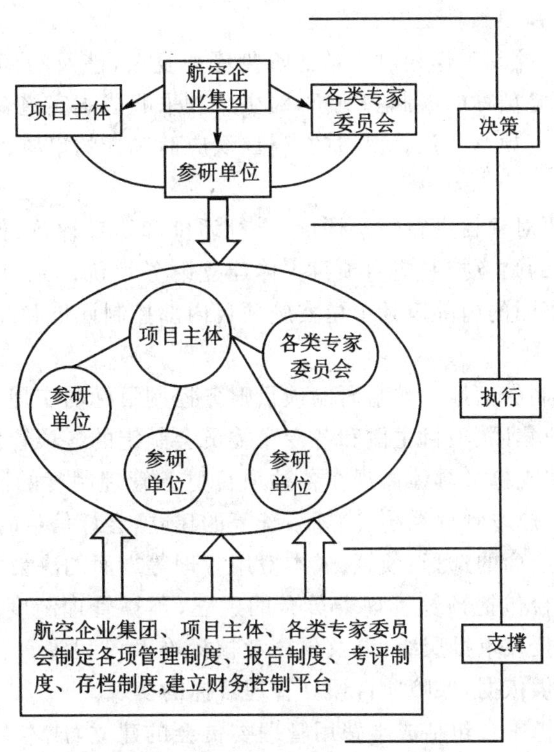

图 4-3　航空研制项目财务控制体系

系统分解的思路,运用 WBS 方法,将航空研制项目分解为若干个子项目,在综合协调的基础上确定各参研单位;与各参研单位签订合同,实行合同制管理,这是研制项目财务控制的基础。

在试生产阶段,航空企业集团要对项目的整体进度和质量进行监督与考核,要对预算执行情况进行监控与考核,对成本费用的核算与考评进行监督,对采购业务的授权审批进行监督与检查;还要对项目研制经费的使用情况进行审计,以准确确定飞机的研制成本。

在项目结束阶段,航空企业集团要对项目成果进行各方面的考评和验收。

(2) 执　行

这里执行指的是各项具体财务控制活动的执行,包括估算、概算、可行性分析、预算、成本费用控制、质量成本管理、供应商管理、采购仓储管理、利率汇率管理、各节点和研制结束的决算、审计与财务分析等。财务控制的执行主体包括项目主体、参研单位、各类财务控制专家委员会,还包括航空工业集团内部审计单位等。他们要按照规定的标准,规范的流程、方法与工具完成各自的财务控制工作,依据相应的授权权限就项目的变化、控制管理等各方面信息进行沟通、交流与汇报,并呈报符合标准规范的控制记录。

在航空研制项目的可行性研究阶段,财务控制最重要的工作是由专家委员会编制可行性研究报告,确保研制总经费估算和概算的准确性和合理性、资金筹措计划的可行性以及财务评价结论的客观性和可靠性。

在总体设计阶段,技术攻关成为整个项目的工作重点。财务控制重心与之相对应的转入设计成本的控制和设计费用预算的编制与执行,由项目主体和各参研单位进行设计费用预算,建立设计成本费用数据库,实现对设计成本的有效控制,规范财务管理制度和会计核算制度。

专家委员会主要负责预算和预算变更的审核。

在试生产阶段，财务控制工作相对于其他阶段更加复杂，涉及的环节较多，由项目主体和参研单位进行试制与试验预算的编制和执行，对生产和采购成本实施有效控制，建立规范的采购流程。专家委员会负责预算和预算变更的审核、供应商选择的审核、成本费用和项目进度质量匹配的审核等。

在研制结束阶段，要对项目进行技术评价、质量评价和财务评价，保证项目在进入批量生产阶段的效益。此阶段的财务控制应由项目主体建立财务评价体系，项目主体和参研单位进行财务评价，航空企业集团的内部审计单位实施项目内部控制评价和经费审计。

(3) 支　撑

支撑是指对财务控制的支撑。航空研制项目财务控制目标的实现需要各种制度与程序来保障，具体包括航空企业集团、项目主体和各专家委员会制定的各项管理制度、报告制度、考评制度、存档制度等。这些支撑又具体体现在各种项目财务管理制度的制定和下达，预算系统、成本费用管理系统、质量成本管理系统、决算系统等的建立，会计信息的处理与传递，专家系统的建立和专家系统在供应商的选择、预算、成本费用管理等方面的决策支持等活动之中。

预算管理的支撑平台包括预算管理委员会的建立，预算管理制度的制定与下达，预算编制、调整、执行的流程与授权审批层级，以及预算考核标准及流程等。这些都为项目主体和各参研单位的预算管理提供依据，保障项目预算管理目标的实现。

成本费用管理的支撑平台包括成本费用管理委员会的建立，成本费用管理制度的制定与下达，成本费用核算、控制考评的流程与授权审批层级，以及质量成本管理的流程和考评。这些都为项目主体和各参研单位的成本费用管理提供依据，保障项目成本费用管理目标的实现。

采购及供应商管理的支撑平台包括供应商的选择，签订合同，验收、付款的流程与授权审批层级，以及保函和信用证管理的流程。这些都为项目主体采购及供应商管理提供依据，保障项目采购和供应商管理目标的实现。

会计信息管理的支撑平台包括项目会计核算办法的制定和对各参研单位的下发，项目会计信息形成、传递、报告制度和审计制度，项目会计信息系统的建立等。这些都为项目主体和各参研单位的项目会计信息管理提供依据，保障项目会计信息的可靠性、合法性和相关性。

4.2 航空研制项目的财务控制主体

在航空研制项目中，有四类控制主体：航空企业集团、项目主体、各类专家委员会和参研单位。各控制主体又包含若干控制层级，如表 4－1 所列。

表 4－1 航空研制项目财务控制主体表

财务控制主体	航空企业集团	项目主体	各类委员会	参研单位
层级 1	集团最高决策机构	项目总指挥、副总指挥、总会计师、总设计师、总质量师	各委员会的决策机构	设计参研单位、制造参研单位、试验参研单位的负责人

续表 4-1

财务控制主体	航空企业集团	项目主体	各类委员会	参研单位
层级 2	航空企业集团与项目有关的职能部门负责人，如民机部、财务部、审计部等部门负责人	项目主体的各职能部门负责人，含采购部门、财务部门、质量部门、技术部门、仓储部门、合同管理部门、保险部门、法律咨询部门、验收部门、人事部、客户服务部、试航部等各职能部门负责人	预算委员会、成本费用管理委员会、验收委员会的工作机构	参研单位针对该项目的项目负责人
层级 3	航空企业集团有关职能部门的工作人员	项目主体各职能部门的工作人员	各委员会的执行机构	参研单位财务部门、技术部门、质量部门、人事部门负责人
层级 4				参研单位各职能部门参与项目的工作人员

4.2.1　航空企业集团

航空企业集团既是项目的最高决策机构，又是项目主体与参研单位之间关系的协调者，如图 4-4 所示。它能通过行政命令，或者以项目主体股东和董事会的身份行使与决策相关的大部分职责，并统筹规划项目主体与各参研单位的关系。

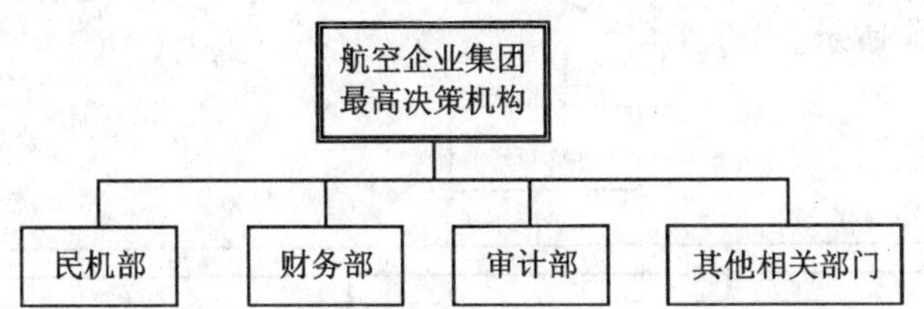

图 4-4　航空企业集团参与研制项目财务控制的各部门

4.2.2　项目主体

项目主体是为完成项目任务而建立起来的从事项目具体工作的组织。在航空研制项目的立项阶段，根据项目规模大小等具体情况，组织建立项目主体，负责项目的实施，进行技术控制、成本控制、进度控制和质量控制，以实现研制项目的目标。项目主体可以是独立的具有法人资格的公司，也可以是一个临时性组织。项目结束后，项目主体可以继续存在，也可以解散。如果航空研制项目结束后还需要对项目成果进行应用和批生产，则项目主体可以继续存在，以完成后续工作。这种情况下，更适合采用建立独立的具有法人资格的公司作为项目主体。如果航空研制项目没有后续工作，则项目成果可以由项目外的组织进行应用和生产，项目主体可以解散，需要将项目成员另外安置。这种情况下，更适宜采用临时性组建的方式。

项目主体的财务控制决策层由项目总指挥、多个副总指挥、总设计师、总会计师、总质量师共同构成，如图 4-5 所示。按职责规定，项目总指挥是该项目的总负责人，对完成任务和项目的财务控制负有全责。项目总指挥不能由主管部门的职能部门领导兼任，他应当既懂管理又懂技术，有较强的组织协调能力，又要有丰富的研制经验。项目总指挥有权选择所配备的人员，并对人员提出考核意见。副总指挥(或项目主体运行中心负责人)主管项目进度。总设计师对研制项目的技术问题负全责。总质量师对研制项目的质量负责。总会计师对研制项目的研制费用、研制成本负责。项目主体的其他工作人员可以由各职能部门、各参研单位抽调上来，项目完成后可以回到原单位，人数可以根据项目的进展和研制任务各阶段发生变化。

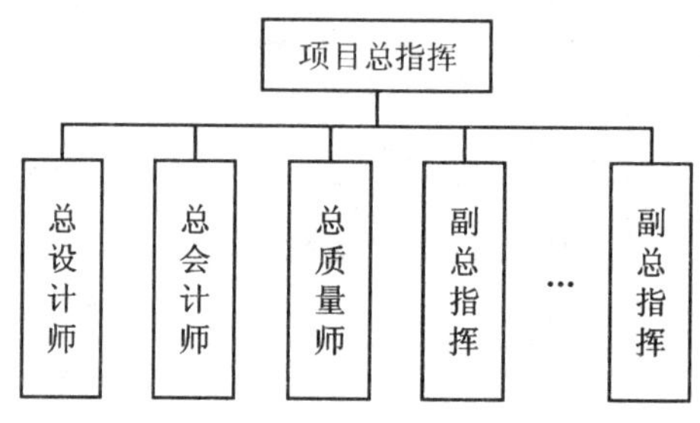

图 4-5 项目主体层级 1 的岗位构成

项目主体是研制项目的责任主体，它制定项目各项管理制度，由航空企业集团进行审批后，下发各参研单位在进行本次项目中严格遵守；同时，项目主体的各职能部门，包括采购部门、财务部门、质量部门、技术部门、仓储部门、合同管理部门、保险部门、法律咨询部门、验收部门、人事部、客户服务部、试航部等，负责协调各参研单位完成设计、试制、试验工作，负责对用户的技术协调，会同相关部门进行重大技术问题决策，开展档案管理工作，制定项目异地协同设计、制造技术方案，在此过程中实施相应的财务控制。项目主体与各参研单位、专家委员会之间的关系如图 4-6 所示。

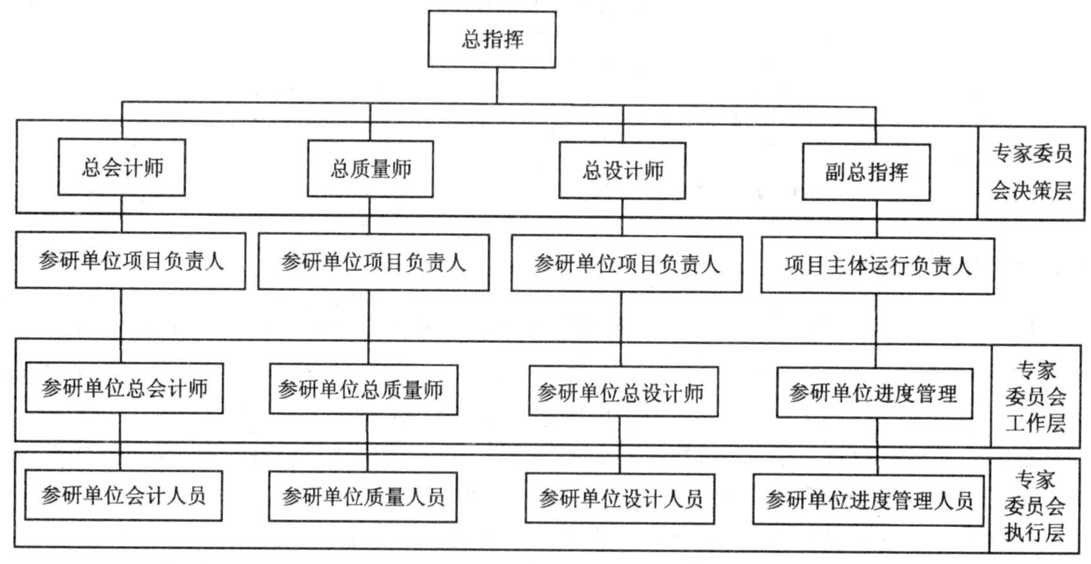

图 4-6 项目主体与各参研单位、专家委员会之间的关系

4.2.3 各类专家委员会

随着项目的进行，在航空企业集团相关部门的要求下，项目主体需要成立各种支持项目进行的委员会，如项目论证阶段的筹备委员会、设计阶段的预算管理委员会、试制阶段的成本管理委员会、结束阶段的验收委员会等。这些委员会的建立，是为了对财务控制提供支持。

它们的成员可能来自航空企业集团的独立于项目的职能部门，可能来自项目主体的各职能部门，也可能来自参研单位的各职能部门，集合了技术、财务、质量、进度管理等职能部门的专家。他们直接对项目主体负责，指导相关工作人员的工作，监督各层级在相关业务环节中的行为，并对其进行奖惩。专家委员会成员可以超越职能部门的局限，在考虑了各自职能约束条件的基础上，以综合的观点来思考问题，从而能够提出一种综合的解决方案，并且容易执行。这种决策形成机制提高了决策的预见性、灵活性和可行性，并且更加有利于决策的贯彻实施。

4.2.4　参研单位

参研单位是指参与航空研制项目，承担一定的设计、试制和试验等研制任务的单位。通过及时完成符合质量要求的研制工作，获得一定的研制收入。但在研制项目进行中，必须遵守项目主体制定的相关管理制度，配合项目主体的各职能部门展开项目研制工作和财务控制。

各参研单位一般都承担了多个研制项目，体现出单组织、多项目的形态。目前参研单位大都通过设置项目负责人，采用矩阵式组织结构。项目负责人对项目的总体运行情况负责，接受项目主体的监督。在使用经费时，接受项目主体财务部门的指导和监督；在质量问题上，接受项目主体质量部门的指导和监督；在进度控制方面，接受项目主体运行中心的指导和监督。项目成员接受参研单位各职能部门和项目负责人的双重领导。他们要做好所负责的项目研制工作，又要向各职能部门报告工作进展状况，在各部门进行综合平衡和经验交流，同时贯彻各职能部门的规定，项目完成后回到各职能部门。

4.3　航空项目财务控制主体间的相互关系

航空企业集团需要对项目主体进行管理和监督。项目主体的所有重大决策必须由集团审批备案并做出最后决策。

在项目进行过程中，项目主体和各参研单位为了共同完成一个项目而联合在一起，对航空企业集团负责，充分发挥各自的优势，通过合作关系中正式、非正式的联系和相互沟通交流以及协同工作，使项目顺利并有效地完成。在这个过程中，项目主体需要各参研单位定期就项目的进展、变化等情况进行汇报交流，项目主体需要定期向主管部门汇报项目的进展情况、资金的使用情况，从而使航空企业集团能够从整体上把握项目的进度和成本，以便进行协调控制管理。

按照与项目主体的合同约定，各参研单位要在规定的时间、费用等约束条件内，及时、保证质量地完成各自的研制任务。在研制过程中，参研单位可能会垫付部分资金，作为风险投资。这部分投资在项目研制成功经批生产获得收益后，按照投资金额所占的份额分享利益。从理论上说，这些参与主体之间，以及这些参与主体与总的项目协调机构之间是相对独立的。它们与项目主体应该只存在商业合同的关系，所有权利、义务都通过合同的形式进行确定。它们之间不构成直接的领导关系，而更多地依靠合同、协议进行关系协调。但我国现阶段的航空研制项目还未实现完全的市场化运作，项目主体和参研单位之间存在较强的关联关系，他们与航空工业集团存在行政管理关系。项目运作和财务控制的基础，很大程度上依赖于行政管理。

各类委员会对项目主体负责，起到监督、协助、支持的作用。参研单位应接受各委员会的管理、监督和调查。

第5章 航空研制项目财务控制的风险识别

航空研制项目的财务控制是指以项目管理单位和参研单位为主体，以资金、会计信息和控制活动为管理对象，确保航空项目研制目标的实现的一系列政策和程序。从本质上说，航空研制项目的财务控制属于航空研究单位和航空工业企业内部控制的主要组成部分，但是这种内部控制的目标不仅要确保项目财务报告和管理信息的可靠性，确保项目资产的安全、完整，更要确保研制项目财务风险的防范和航空研究单位及生产企业战略的实现。财务控制风险是航空研制项目不能达到预期财务控制目标的可能性。对财务控制风险的识别与管理贯穿于整个项目管理的全过程，其中风险的识别是确定航空项目生命周期各个阶段关键财务控制的基础。

5.1 可行性研究阶段财务控制的风险识别

航空研制项目可行性研究阶段的主要项目活动包括：编制项目建议书，确立研制的目标；对该机型或零部件国内外市场需求情况的初步预测，对国内外同类飞机的现状和发展趋势的初步分析；项目研制总经费的初步估算和资金来源预测；经济效益和社会效益的初步估算；研制周期初步预测；对项目进行可行性研究，提交可行性研究报告；建立设计技术指标，并申请立项。

1. 可行性研究阶段的主要财务活动及财务控制的目标

此阶段的财务活动主要有项目投资可行性分析、项目估算、概算以及总体融资计划的制定。项目投资可行性分析是指对项目总体投资规模、预期收益情况、预计回收周期进行分析，论证项目的经济可行性；项目估算、概算是对项目的总体资金需求进行初步的预计和估算；总体融资计划是对项目所需资金的整体筹措计划，包括筹措渠道、筹措方式、筹措进度等。

财务评价结论是判断项目经济可行性的依据，也是项目能否立项的决定性因素。因此，财务控制在航空研制项目可行性研究阶段的目标是保证财务评价结论的客观性和可靠性，确保研制总经费的估算和概算的准确性以及资金筹措计划的可行性。

2. 可行性研究阶段财务控制风险的识别

以下因素将决定可行性研究阶段研制项目财务控制目标的实现：对未来航空市场需求、国际国内经济走势、国家政策分析和预测的准确性；对航空技术、工艺、材料的发展走向，创新技术的成熟度以及技术创新所需的投入判断的正确性；对研制对象性能和质量及产品系列化估计的可靠程度；对研制周期内原材料、主要零部件、劳动力价格等项目成本变化预测的准确性；对研制资源分配的初步计划及资金拨付节点安排的合理性；对国际航空市场零部件和原材料价格以及汇率、利率变化趋势预测的准确程度；对项目资金筹措渠道、筹资成本预测的科学性和筹资安排的弹性；对国外供应商和国内参研单位风险共担机制初步规划的科学性；参与可行性研究的财务人员的胜任能力及财务控制程序的规范性等。用鱼刺图识别的项目可行性研究阶段财务控制风险如图5-1所示。

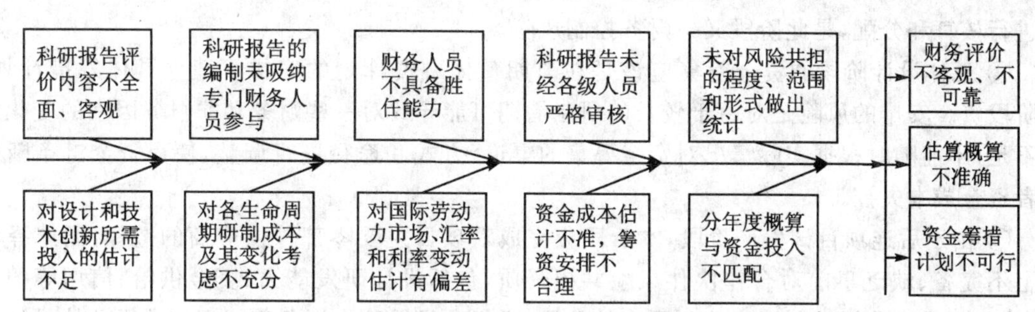

图 5-1　航空研制项目可行性研究阶段财务控制风险识别鱼刺图

5.2　总体设计阶段财务控制风险的识别

总体设计阶段主要的项目活动包括：组建项目团队，确定项目主体；确定参研单位及各个单位的任务分工；将项目最初的性能指标具体化，提出总体设计方案；对设计方案进行评估，并确定最终设计图纸；确定项目总体参数、总体布局图及发动机、机载设备等主要性能指标；确定实现上述指标的技术方案；项目主体确定各主要零部件供应商，并建立详细的采购计划；项目设计、试制单位根据项目的要求，对现有设计生产条件提出建设和改造申请，项目主体对此申请进行经济技术和财务审核；确定项目研制周期，绘制系统工程网路图；提出研制经费总预算和分年度预算指标等。

1. 总体设计阶段的主要财务活动及财务控制目标

此阶段主要的财务活动有研制经费总预算的确定，设计费用预算的编制和执行，设计费用的核算和控制，研制资金的筹措和使用安排等。财务控制的目标可以表述为：确保研制费用总预算的科学合理、设计费用的有效核算和控制，确保项目资金的供给和项目资金的顺利结算。

2. 总体设计阶段财务控制风险的识别

① 项目进入总体设计阶段后，随着技术指标的细化，与其相关的各种新技术、新材料、新工艺及其实现的途径逐渐确定，需要补充、改造的科研、生产条件（含国内外合作）也基本确定，详细的项目进度安排和资金安排已经形成，这使得项目经费总预算的编制成为可能。研制费用预算在各参研单位间进行配置是资金管理的主要内容，也是制定研制资金使用计划的基础和控制研制成本费用的重要依据。研制费用总预算编制的不合理和缺乏弹性是此阶段财务控制的首要风险。

② 航空研制项目具有高度的探索性和创造性，既追求技术创新，又追求高度的质量保障，因此导致设计变更频繁，也使项目研制费用预算不断变化，而这些变化是导致研制成本失控和资金短缺的根本原因。在总体设计阶段，设计变更带来的财务控制风险表现在：过于重视项目的技术与质量，缺乏针对设计变更的经济合理性的专门审核；没有建立或充分利用设计变更导致预算变更的历史数据库，使研制经费预算的编制更有弹性，费用的控制更得当；参与预算编制和预算变更控制的财务人员缺乏相关技术知识，不具备专业胜任能力，或者财务人员在项目管理活动中的参与程度不足。

③ 此阶段，各设计单位与项目管理单位之间经费的拨付与结算金额巨大，并且是按项目节点和预算进行的。经费清算不及时，审批权限不合理，且缺乏有效的会计核算体系对设计费

用进行核算和分配，是此阶段又一财务控制风险。

④ 总体设计阶段的资金筹集应该是在前期整体融资计划的安排下建立具体筹措计划。此阶段资金安排的风险是对由于较长的研制周期可能导致对一些财务和非财务因素的变化估计不足，不能随时根据实际情况对资金筹集的渠道、方式和途径进行调整，使得资金链条断裂或者资金成本失控。

⑤ 由于后连项目试生产阶段，本阶段应完成对项目主要零部件供应商的选择，而选择程序上不完备、缺乏事前对合作伙伴风险共担资质，包括设计研发能力、资金供给、信用等的审核，将造成风险共担机制未能达到预定的效果，增加项目风险。用鱼刺图识别项目总体设计阶段财务控制风险如图 5-2 所示。

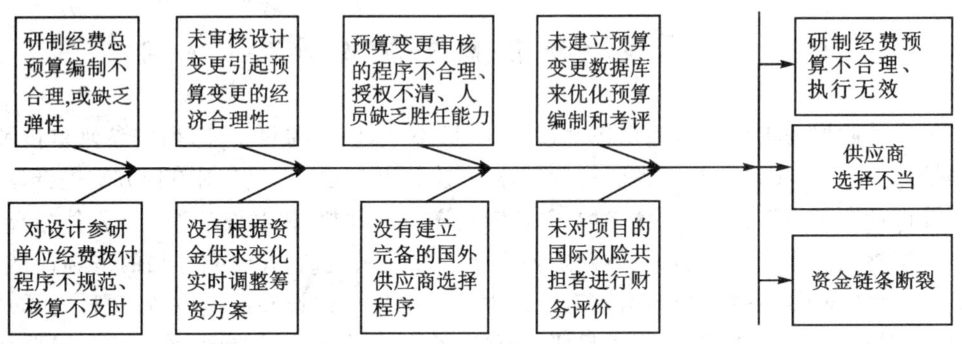

图 5-2　航空研制项目总体设计阶段财务控制风险识别鱼刺图

5.3　试生产阶段财务控制风险的识别

在此阶段主要的项目活动包括：项目主体向生产和实验参研单位下达项目研制任务书，对时间节点做出详细规定；航空生产企业和试验单位根据研制任务书的要求，建设或改造相应的生产实验条件；飞机或其零部件的试生产、组装、动静强度试验、寿命试验和试飞验证；生成定型试飞报告并做出相应项目后评价等。

1. 试生产阶段主要的财务活动和财务控制目标

此阶段的主要财务活动有：试制与试验费用预算编制、执行和变更管理；生产成本、试验费用的核算与控制；国外采购和采购费用的控制。原材料和零部件的国外采购费用是目前我国航空研制项目费用的主要构成部分，确保国外采购的顺利实现和采购费用的有效控制是本阶段财务控制的目标之一。本阶段财务控制的另一目标是确保生产和试验单位项目资金的供给，有效地控制生产成本和试验费用。

2. 试生产阶段财务控制的风险识别

航空研制项目进入试生产阶段后，实施工作相对于其他阶段更加复杂，从原材料采购到生产试制过程，再到产品试验、调试、再试验等，涉及环节较多，流程错综复杂，将给财务控制带来很高的难度。财务控制风险主要体现在以下几个方面：

① 国外采购费用预算是合理安排和控制采购资金的依据，而设计变更造成的采购费用预算变更是此阶段费用失控的主要原因。因而，采购费用预算编制不合理、缺乏弹性，抑或执行不力，疏于对国外采购费用预算变更的管理等，是此阶段财务控制的一大风险。

② 漫长的研制周期和金额巨大的国际采购，将使航空研制项目暴露在汇率风险和利率风险之下，使得对金融工具的使用成为项目财务活动的必然选择。然而金融工具尤其是衍生金融工具的使用又增加了研制项目的经济风险。

③ 在航空工业企业，每个研制项目的产品都具有定制生产的特点，可能需要企业对原有设备进行更新或构建新的设备，这类资本性支出金额巨大。对参研单位项目资本性支出预算缺乏相应的审核程序，或者缺乏对项目特有设备使用的监督，将带来资金浪费或者挤占项目资源的风险。

④ 航空项目定制生产的特点，还带来了参研单位成本控制的困难，许多零部件缺乏定额成本或者标准成本作为成本控制依据，设计变更造成的紧急采购和工艺路线变化也增加了研制经费控制的风险。

⑤ 在此阶段各种试制试验不断进行，研制产品的质量关系着研制项目的成败。各生产和试验参研单位投入的质量成本巨大。缺乏相应的质量成本核算和分析体系，对于各种失败或事故造成的经济损失缺乏监管和分析，也是此阶段项目财务失控的重大风险来源之一。

⑥ 此阶段各试生产单位、主要零部件供应商与项目主体之间经费的拨付与结算金额巨大，研制周期进行到此，资金市场供求情况往往也发生了变化。如果不能对筹资和资金使用做出合理安排，研制项目将面临资金链条断裂的风险。用鱼刺图识别项目试生产阶段财务控制风险如图 5-3 所示。

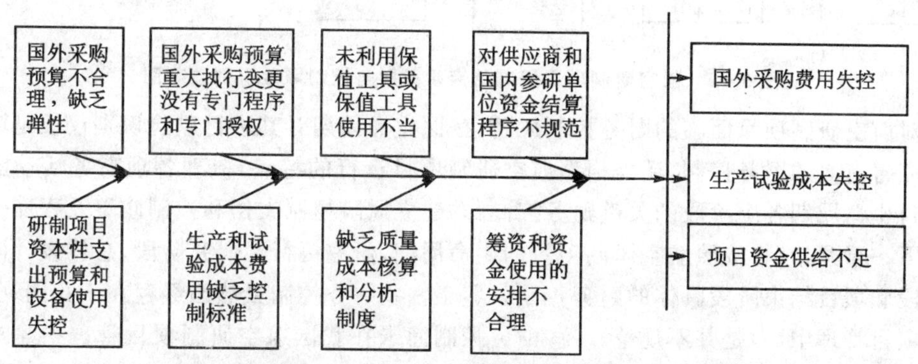

图 5-3　航空研制项目试生产阶段财务控制风险识别鱼刺图

5.4　研制结束阶段财务控制风险的识别

此阶段主要的项目活动包括：对项目研制过程中经验数据的总结；进行质量、性能审核和经济评价；整理研制资料、存档并设置借阅权限；为项目进入批量生产进行相关前期准备等。

1. 项目结束阶段主要的财务活动和财务控制目标

此阶段主要财务活动是项目研制成本效益的评价，其首要任务是对项目预算的执行情况进行总结，并结合技术、质量和进度完成情况对项目财务效益进行评价。航空研制项目立项的最终经济目标追求的是批量生产的效益，因此，研制结束阶段财务评价的第二个任务，是在项目进入批量生产阶段之前建立科学合理的财务成本指标体系，确保企业后期批量生产的效益。

项目结束阶段财务控制的目标是确保研制成本效益财务评价的准确性、全面性和预见性。

准确、全面的成本效益财务评价，能够清晰、完整地表述研制项目成本构成情况、资金运行状况以及项目运行中各项财务活动的效用；而预见性则体现在良好的项目成本效益评价，能够有效地对于后期批量生产的效益情况进行预测，对批生产成本费用进行控制。

2. 项目结束阶段财务控制的风险识别

此阶段财务控制的主要风险体现在：漫长的研制时间和众多参研单位使得项目成本核算混乱，带来不能准确地进行财务评价的风险，也为批量生产成本管理提供错误的财务依据；技术、质量和财务评价各自为政，缺乏由设计、工艺、生产和财务人员共同组成的专门机构对研制项目进行综合评价；项目财务控制的文件与记录不充分，评价指标设置不合理，难以全面评价项目各种财务活动的效用；对因项目建设、改造的资产缺乏后阶段监督管理，造成资产不当使用或挪用、损毁，或者造成进入批量生产阶段后资产的重复建设。用鱼刺图识别项目研制结束阶段财务控制风险如图 5-4 所示。

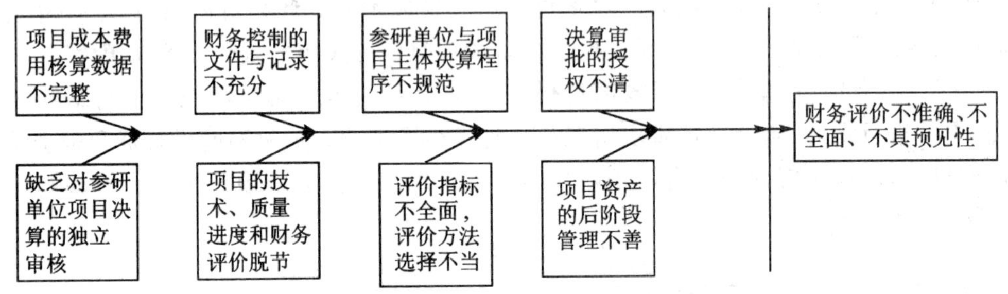

图 5-4 航空研制项目研制结束阶段财务控制风险识别鱼刺图

面对航空研制项目面临的财务控制风险，按照生命周期对其进行风险识别仅仅是第一步。为建设完善有效的财务控制，还需根据航空研制项目运行的特点，梳理各项财务活动的流程，确定项目生命周期各个阶段的关键财务控制，并建立风险控制文档和控制政策及程序。

从下一章开始，将按照航空研制项目的生命周期，研究可行性研究阶段、总体设计阶段、试生产阶段和项目结束阶段具体的财务控制。鉴于一些财务控制虽然已经存在于我国现行的航空研制项目管理中，但是并不规范；一些财务控制尚未在我国航空研制项目管理中建立，我们对研制项目的财务控制将进行系统的设计。考虑到某些财务控制，如预算管理、成本费用管理、采购和供应商管理在研制项目不同的生命周期在流程和关键控制点上具有共性，本书将按项目生命周期和重要财务控制两个维度展开研究，分别设计航空研制项目可行性研究的财务控制、预算与成本费用管理的财务控制、采购与供应商管理的财务控制，以及项目结束的财务控制。

第6章 可行性研究的财务控制

从本章开始，本书将具体设计航空研制项目生命周期各阶段重要的财务控制，具体内容将按财务控制目标设定、设计思路说明、财务控制流程设计和关键控制点三个步骤展开。

6.1 可行性研究的财务控制目标

在航空研制项目的可行性研究阶段，财务的参与程度低，在强调项目技术上可行性的同时，没有充分关注项目在经济上的可行性，使得航空研制项目对经济风险的防御能力很差，有时甚至造成项目一上马就面临亏损，或者越干越亏损的尴尬局面。

在航空研制项目可行性研究阶段，很多重要经济问题需要考虑，如研制投入的估算、现金流量的测算、筹资安排、资金成本测算和资产保值等。这些问题在项目实施过程中对项目有着重大的影响，甚至是致命的影响。因此，在设计航空研制项目可行性研究阶段流程时，在考虑技术可行性的基础上，必须重视项目的经济可行性，包括项目估算、概算、现金流分析以及经济可行性分析。

总体而言，航空研制项目可行性研究阶段的财务控制目标是通过财务评价，确保项目的经济可行性。具体包括确保项目决策程序规范；确保项目财务论证人员具备胜任能力；确保可行性研究阶段财务论证过程中财务数据来源的可靠性、完整性并受到安全保护；确保财务论证采用科学客观的分析工具和评价方法；确保财务论证内容全面、完整地反映财务信息并符合项目指标；确保财务论证程序规范，航空研制项目论证报告切实可行。

6.2 设计思路说明

航空研制项目的可行性研究与一般民用投资项目可行性研究相比，具有高度政治性、高度不可复制性以及财务数据高度不确定性等特点，这些特点使得航空研制项目可行性研究的财务控制与一般民用项目可行性研究的财务控制有很大的差别。

一般民用项目的提出多来自于市场需求，由企业职能部门提出并进行可行性研究，流程多是自下而上的。而航空研制项目多是国家政府主导的项目，有些大型项目投资巨大，政治影响大，可行性研究的流程必然是自上而下，政府提出发展方向，政府进行可行性研究决策，这种方式容易缺乏充分、可靠信息的支持，从而导致可行性研究科学性不足。因此，在航空研制项目论证阶段，应对信息收集过程严格控制，并对各种可行性研究财务评价报告的编制和审批，进行严格控制和把关。

一般民用项目重复性高，即使是新项目，也能在业内找到相关的项目作为参考，因此其可行性研究财务控制流程具有较高的可复制性。而航空研制项目技术新、可复制性小，从而导致很多前所未有的技术和经济风险，也就不能依靠一般的可行性研究财务控制流程来应对。鉴于此，航空研制项目可行性研究阶段应成立专门的研究组，聘请有相关经验的技术专家以及财务专家进行全方位的论证。

一般民用项目可行性研究论证，重点关注的是项目的投资回报率等财务指标，因此论证内容主要是经济可行性分析，包括全面的估算、概算甚至详细的预算。而航空研制项目由于具有高度政治性，其论证阶段主要考虑的是性能指标、技术参数以及经济论证和财务评价对项目技术论证的支持作用，这使得航空研制项目承受着巨大的财务风险。因此，设计航空研制项目论证阶段流程应重点解决财务风险应对的问题，包括对财务风险进行识别、评估和防范。

6.3 可行性研究的财务控制流程和关键控制点

根据航空研制项目的特点，我们将航空研制项目可行性研究阶段的财务控制流程分为三个部分：前期论证阶段财务控制流程、技术经济可行性论证阶段财务控制流程以及总体方案论证阶段财务控制流程。前期论证主要是确定目标，并根据目标编制项目建议书。技术经济可行性论证主要是根据市场的需求，在前期论证的基础上，确定财务指标、技术指标、性能指标及相关成本预算，并编制经济可行性报告、技术可行性报告。总体方案论证的主要工作是成立可行性研究项目组，推选相关职能负责人，并编制总体方案报告。

总体而言，可行性研究阶段财务控制目标的实现需要以下财务控制来配合：第一，恰当设置财务控制岗位，不相容岗位分离；第二，设置恰当的权限，包括信息数据库的录入、读取与修改权限，相关报告的编制与审批权限等；第三，设置接触性控制，对信息进行录入、读取与修改的人员须签字或由计算机记录操作痕迹；第四，对形成的辅助报告以及最终报告进行存档，以备查询。

可行性研究阶段财务控制的主体包括：项目最高决策机构、项目主体、项目论证小组、市场论证分组、财务论证分组、技术论证分组、设计参研单位、制造参研单位、试验参研单位。各机构具体构成及其职责如下：

① 项目最高决策机构：是指项目的发起机构，对项目的启动、重大资金与技术等活动以及项目结束等具有最终的决策权。

② 项目主体：在论证阶段后期，由项目最高决策机构成立，其决策人员由总指挥、总会计师、总质量师以及总设计师组成。项目主体在项目论证阶段的主要职责是编制总体方案报告。

③ 项目论证小组：在项目论证阶段初期由项目最高决策机构成立，应由市场论证分组、技术论证分组以及财务论证分组构成。其主要职责包括：收集相关信息并整理分析，编制项目建议书，编制项目可行性报告。

④ 市场论证分组：由最高决策机构任命市场论证分组主管，并通过委派的市场管理人员、外聘项目评估专家等组成该分组。其主要职责是对国内外市场需求情况、同类飞机现状和发展趋势进行分析论证。

⑤ 财务论证分组：由最高决策机构任命财务分组论证主管，并通过委派财务人员，外聘财务分析专家、项目评估专家等组成该分组。其主要职责是对项目研制总经费进行初步估算，初步编制资金来源计划，对经济效益、社会效益进行初步估算；确定项目财务指标，编制项目财务风险清单、资金流预测以及经费概算等分析报告。

⑥ 技术论证分组：由最高决策机构任命技术论证分组主管，并通过委派技术人员，外聘航空研制技术专家等组成该分组。其主要职责是对基本技术指标、研制周期、技术可行性进行初

步分析论证，对初步设计方案进行技术可行性分析，出具技术可行性分析报告等。

⑦ 设计参研单位：在论证阶段，设计参研单位的任务是确定性能指标，提出技术要求，草拟初步设计方案。

⑧ 制造参研单位：在论证阶段，制造参研单位的任务是根据初步设计方案估算单机成本。

⑨ 试验参研单位：在论证阶段，试验参研单位的任务是根据初步设计方案和技术、性能要求，提出试验方案，估算试验费用。

6.3.1　前期论证阶段财务控制流程

项目前期论证阶段的项目活动主要是提出项目建议书，包括确定研制的目标和飞机的基本技术指标；对该机型国内外市场需求情况的初步预测；对国内外同类飞机的现状和发展趋势的初步分析；项目研制总经费的初步估算和资金来源；经济效益和社会效益的初步估算；研制周期初步预测；技术经济可行性初步分析。

前期论证阶段财务控制的重大风险包括：对设备、人员、技术等需求估计不合理，成本、经费估算不合理，投资与筹资估算不准确或不可行，项目进度估算不科学等。针对以上风险，前期论证阶段流程设计应重点解决的问题是，如何把项目技术风险、技术需求评价与经济估算结合起来，只有这样，才能避免项目论证过程片面考虑技术论证而忽略经济论证，或者技术论证结果与经济论证结果出现重大不一致，保证项目同时具备技术可行性与经济可行性。

因此我们设计了跨职能的流程图。在项目前期论证中，必须充分发挥财务人员和技术人员的作用，由技术人员做出设备、人员以及技术需求的评估并存入数据库，作为财务人员项目成本估算的基础。财务人员在此基础上编制项目经费估算、投资与筹资估算、项目财务初步评价。将技术人员做出的技术风险初步评价与财务人员的财务初步评价一并交予项目决策部门，作为项目决策部门编制项目建议书的基础。

前期论证财务控制流程图如图 6 - 1 所示。

前期论证阶段财务控制的流程描述如下：

① 根据国家战略规划制定初步总体目标，经项目最高决策机构总负责人审核。审核通过则进行下一流程；审核不通过则提出意见，重新制定总体目标。

② 成立项目论证小组，小组成员应具备相应的胜任能力，包括技术人员、财务人员、市场部人员、经济专家、技术专家等，并按职能分为财务分组、技术分组、市场分组等。

③ 项目论证小组要充分收集相关信息，初步了解市场需求，并进行整理分析，形成相关信息数据库。

④ 项目论证小组将初步总体目标进行分解，形成分目标，并下达到项目论证小组各相关分组。

⑤ 各项目论证分组根据下达的指标编制相关文件并论证，市场分组对该研制项目的国内外市场需求情况进行预测，并对国内外同类飞机的现状和发展趋势进行初步分析，形成分析预测报告；技术分组确定基本技术指标、研制周期初步预测报告、技术经济可行性初步分析；财务分组编制论证项目研制总经费的初步估算和资金来源。

⑥ 项目论证组汇总各分组论证文件，并进行综合论证和适当调整。

⑦ 项目论证组根据调整、修改后的原始论证文件编制项目建议书。

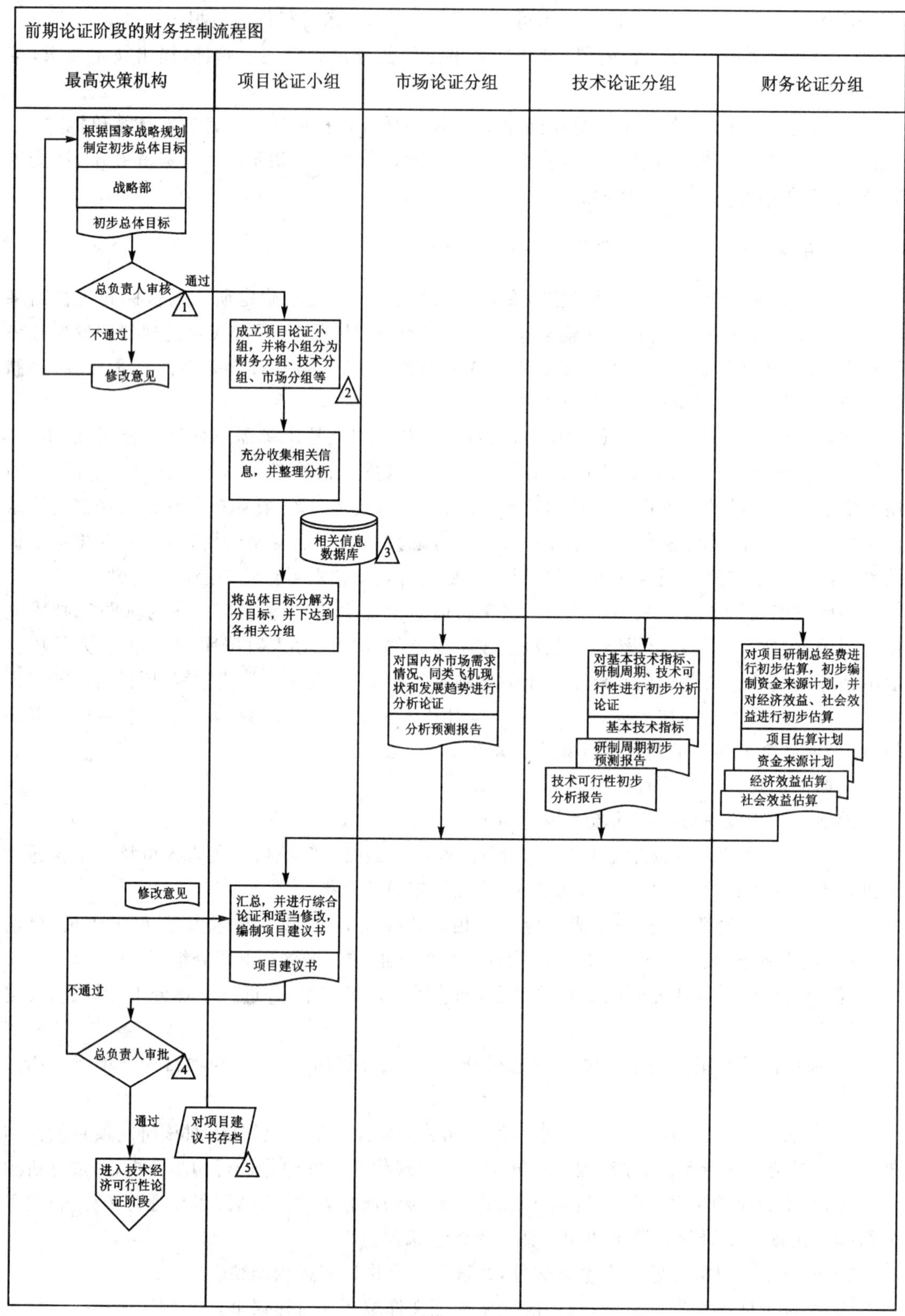

图 6-1 前期论证阶段的财务控制流程图

⑧ 将项目建议书交给项目最高决策机构负责人审批，审批通过则存档并进入技术经济可行性论证阶段；审批不通过则提出修改建议，交由项目论证组就相关事项重新论证或修改。

根据流程图总结的前期论证财务控制的风险控制文档如表 6－1 所列。

表 6－1　前期论证阶段财务控制流程风险控制文档

业务流程：前期论证阶段财务控制流程　　　　流程编号：F1.1

控制点编号	风险类别				风险描述	控制目标的类型					控制目标具体描述	控制类型（预防性/检验性）	控制时点
	项目决策风险	财务预测失真	人员配置风险	信息安全风险		完整性控制	准确性控制	有效性控制	接触性控制	预见性控制			
1	√				项目初步总体目标未得到必要审核			√		√	确保初步总体目标须经过项目最高决策机构负责人审核	预防性、检验性	论证开始时
2	√	√	√		项目论证人员胜任能力不足	√	√				保证论证过程人员配备全面	预防性	论证开始时
3				√	数据未得到妥善保存	√			√		保证原始数据完整安全	预防性	论证开始时
4	√				项目建议书未得到必要审批			√		√	确保项目建议书须经项目最高决策机构负责人审批	预防性	前期论证结束时
5				√	项目建议书未存档				√		确保项目建议书妥善保存	预防性	前期论证结束时

6.3.2　技术经济可行性论证阶段财务控制流程

技术经济可行性论证阶段主要项目活动是形成项目的可行性报告。报告包括国内外市场需求调查分析；技术要求、性能指标和初步设计方案，以及需采用的新技术、新材料及实现的途径，需要补充、改造的科研及生产条件（含国内外合作）；研制总经费概算、单机成本、销售价格和直接使用费用的预测，以及生产的经济批量和盈亏平衡点等经济可行性分析；研制周期预测及系统工程网络图；技术经济可行性综合分析结论。

技术可行性分析阶段财务控制的重大风险包括：市场预测不合理，技术指标不切合实际，现金流量预算不准确，投资方案、筹资方案不可行，财务评价体系不科学、全面，项目经费总体概算不准确，财务风险没有被量化并形成报告，批量生产的经济可行性分析不合理等。

针对以上风险，我们考虑以下的关键控制点：

① 保证前期准备工作充分，市场预测建立在大量调查的基础上，且市场预测所需的数据选择方式适当。

② 由参研单位负责提供技术指标、设计方案、资源估算，作为航空研制项目决策机构的技术部门编制技术可行性分析报告的基础和航空研制项目决策机构财务部门编制经费预算、经济可行性分析报告的基础。

③ 严格按照程序进行相关的市场调查和预测、技术经济研究、方案的优选，对选出的方案

编制资本预算，做经济分析和评价，直至编制可行性研究报告；不能违反程序，减少或改变工作顺序。

④ 对可行性研究报告内容完整性的审核。可行性研究报告内容应包括：经济可行性评估的合理可靠，成本考虑的周全性；资金筹措计划的合法性、可行性；财务评价的全面性，是否考虑了项目的财务盈利能力、清偿能力、财物外汇平衡能力和经济效益估算等，是否进行了投资现金流量预测、投资方案财务评价和融资方案财务评价；财务评价方法的科学性、适当性；概算的项目与初步设计方案的一致性；对估算、概算编制深度的控制和审核。

⑤ 编制风险清单，并对风险进行量化，形成风险评估报告。

⑥ 根据项目概算数据，编制批量生产经济可行性分析报告。

技术经济可行性论证财务控制流程图如图 6－2 所示。

可行性论证阶段财务控制的流程描述如下：

① 项目论证小组向各分组以及各参研单位下达经审批的项目建议书，提出编制可行性报告所需的材料和数据。

② 财务分组与技术分组分别确定编写可行性报告相关指标，其中技术分组应将相关技术指标向设计参研单位进行传达。

③ 设计参研单位根据相关技术指标，提出技术要求，编制技术清单、材料清单、设备清单、基建清单、科研人员清单以及技术风险评估报告等技术报告；设计参研单位在相关的技术报告基础上草拟初步设计方案，经设计参研单位主管审批后，提交到项目论证小组存入数据库。

④ 市场分组从数据库读取初步设计方案，根据初步设计方案编制采购清单，列出应采购的技术、零部件以及设备等。市场分组根据采购清单寻求供应商，并对供应商进行初步选择，编制供应商清单。市场分组根据采购清单及供应商清单及供应商进行交涉，洽谈合作方式、购买价格等内容，草拟风险共担协议，编制采购成本清单，经市场分组主管审批后交予项目论证小组存入数据库。

⑤ 技术分组从数据库读取初步设计方案，并据以进行技术可行性分析，编制技术可行性报告，经技术分组主管审批后交予项目论证小组存入数据库。

⑥ 制造参研单位从数据库读取初步设计方案和采购成本清单，并据以编制基础估算，包括基本建设估算、零部件估算、制造成本估算等。制造参研单位根据基础估算编制单机成本估算，经制造参研单位审批后交予项目论证小组存入数据库。

⑦ 财务分组从数据库读取初步设计方案、技术风险清单以及单机成本估算，并据以进行财务分析，编制财务风险清单、项目资金流预测以及项目经费概算，并在此基础上编制经济可行性分析报告，经财务经济分组主管审批后交予项目论证小组存入数据库。

⑧ 项目小组从数据库读取技术可行性分析报告和经济可行性分析报告，并据以编制项目可行性报告，提交给项目总负责人审批。审批通过则存档并进入总体方案论证阶段；审批不通过则提出修改建议，交由项目论证组就相关事项重新论证或修改。

根据流程图总结的技术经济可行性论证阶段财务控制的风险控制文档如表 6－2 所列。

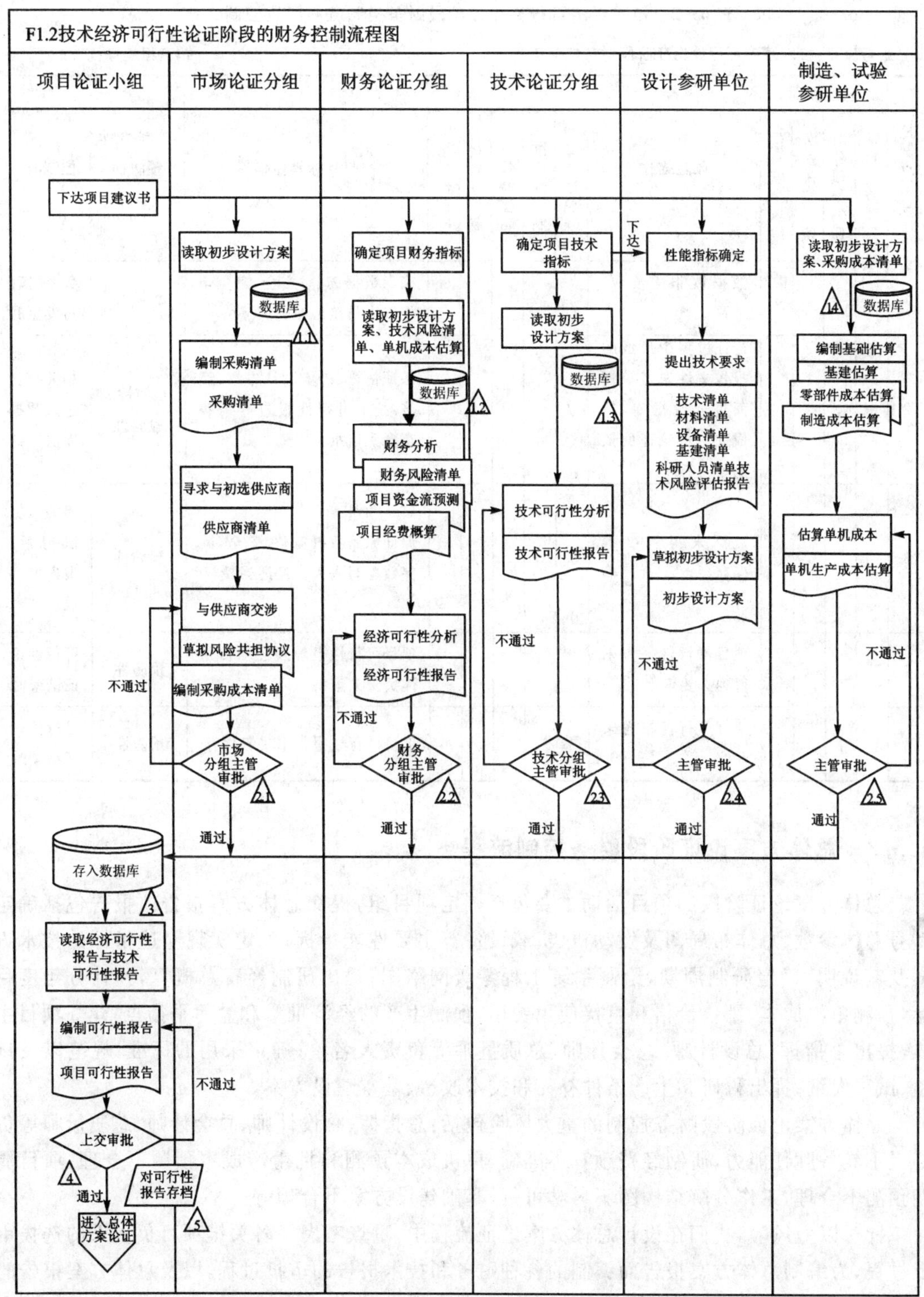

图 6-2　技术经济可行性论证阶段的财务控制流程图

表 6-2 技术经济可行性论证阶段财务控制流程风险控制文档

业务流程:技术经济可行性论证阶段财务控制流程 **流程编号:F1.2**

控制点编号	风险类别				风险描述	控制目标的类型					控制目标具体描述	控制类型(预防性/检验性)	控制时点
	项目决策风险	财务预测失真	人员配置风险	信息安全风险		完整性控制	准确性控制	有效性控制	接触性控制	预见性控制			
1				√	数据被非法读取、改写	√			√		确保数据读/写安全,避免未授权人员接触数据库	预防性	数据读/写发生时
2		√	√		论证过程中形成的报告文件未经审批而进入数据库,造成进一步论证的依据不可靠	√	√				保证估算、初步设计方案、经济/技术可行性报告等经各负责人审批	预防性、检验性	相关报告进入数据库前
3				√	数据未得到妥善保存	√			√		保证原始数据完整、安全,确保数据写入人员经适当授权	预防性	相关数据取得后、报告形成后
4	√				项目可行性报告未得到必要审批			√		√	项目可行性报告须经项目主体负责人审批	预防性	可行性论证结束时
5				√	项目可行性报告未存档				√		项目可行性报告书妥善保存	预防性	可行性论证结束时

6.3.3 总体方案论证阶段财务控制流程

总体方案论证阶段的项目活动主要包括确定项目组,提交总体方案报告。报告包括确定型号总体参数、总体布局图及发动机、机载设备等主要性能指标;确定实现上述指标的技术方案及其说明;确定研制周期,绘制系统工程零级网络图;提出研制经费总概算,预计分年度目标,预测单机成本、销售价格和直接使用费用,预测生产的经济批量和盈亏平衡点;建立项目主体,提出总指挥、总设计师、总会计师、总质量师等负责人名单;确定采用的标准、规范以及试验、试飞大纲;提出科研和生产条件补充和技术改造、基本建设方案。

总体方案论证阶段财务控制的重大风险包括:总指挥、总设计师、总会计师、总质量师等负责人不具备胜任能力,研制经费预算不准确,单机成本预测和批生产成本预测不合理,项目周期预测不合理,工作分解结构图不科学可行,基础建设方案不合理等。

针对以上风险,我们在设计总体方案论证流程中,重点考虑了各关键项目负责人的选拔审批过程,为编制总体方案报告而编制的各种财务和技术报告的审批过程,以及总体方案报告的审批过程。

总体方案论证阶段财务控制流程图如图 6-3 所示。

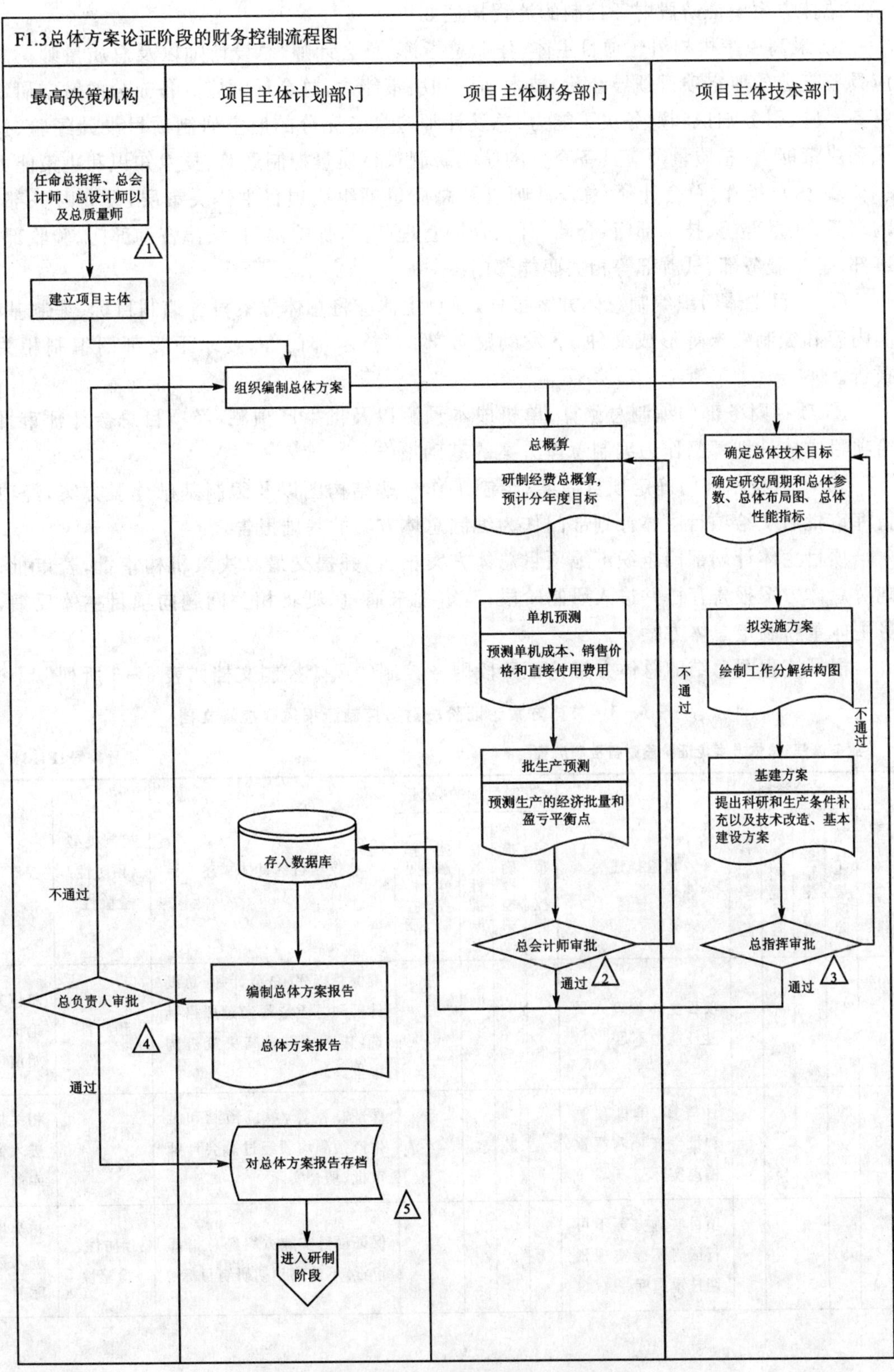

图 6－3　总体方案论证阶段的财务控制流程图

总体方案论证阶段财务控制的流程描述如下：

① 最高决策机构组建项目主体，任命总指挥、总会计师、总设计师以及总质量师。总指挥应具备充分的航空项目领导经验、技术知识和决策能力；总会计师应具备充分的航空研制项目财务经验、财务知识和财务决策能力；总设计师应具备充分的航空研制项目设计经验、技术知识和决策能力；总质量师应具备充分的航空研制项目质量控制经验、技术知识和决策能力。

② 由总指挥、总会计师、总设计师以及总质量师组成项目主体决策层，设立财务部门、采购部门、质量部门、技术部门、仓储部门、合同管理部门、保险部门、法律咨询部门、验收部门、人事部、客户服务部、试航部等相关职能部门。

③ 项目主体组织编制总体方案报告，项目主体应将总体方案报告编制目标、编制基础、编制内容和编制要求等形成文件，下发到财务部门、技术部门等，要求下设部门编制相关预测报告。

④ 项目财务部门编制总预算、单机成本预测以及批生产预测，经项目总会计师审批后交给项目主体计划部门作为编制总体方案的基础报告。

⑤ 项目技术部门确定项目周期、绘制工作分解结构图以及编制基础建设方案，经项目总指挥审批后交给项目主体计划部门作为编制总体方案的基础报告。

项目主体计划部门组织汇编项目总体方案报告，并提交最高决策机构审批，若审批通过，则对总体方案报告存档并进入研制阶段；若审批未通过，则将相关问题向项目主体反馈，由项目主体重新制定总体方案。

根据流程图总结的总体方案论证阶段财务控制的风险控制文档如表 6-3 所列。

表 6-3 总体方案论证阶段财务控制流程风险控制文档

业务流程：总体方案论证阶段财务控制流程 **流程编号：F1.3**

控制点编号	风险类别				风险描述	控制目标的类型					控制目标具体描述	控制类型（预防性/检验性）	控制时点
	项目决策风险	财务预测失真	人员配置风险	信息安全风险		完整性控制	准确性控制	有效性控制	接触性控制	预见性控制			
1	√		√		项目主体管理人员胜任能力不足			√			确保总指挥、总会计师、总设计师和总质量师经过严格挑选，其任命经最高决策机构审批	预防性	总体方案论证开始前
2	√	√			总概算、单机预测和批生产预测严重偏离实际	√	√			√	保证总概算、单机预测和批生产预测均须经过总会计师审批，切合实际	预防性、检验性	相关报告进入数据库前
3	√	√			项目实施方案不可行或者不能实现预期技术指标	√	√			√	保证项目实施方案经总指挥审批，不偏离预期研制目标	预防性、检验性	相关报告进入数据库前

续表 6－3

控制点编号	风险类别				风险描述	控制目标的类型					控制目标具体描述	控制类型（预防性/检验性）	控制时点
	项目决策风险	财务预测失真	人员配置风险	信息安全风险		完整性控制	准确性控制	有效性控制	接触性控制	预见性控制			
4	√	√			总体方案报告，不符合企业需求，或者不可行或偏离概算			√		√	确保总体方案报告经过项目最高决策机构审批，符合国家需求、切合实际并符合概算	预防性、检验性	总体方案论证结束时
5				√	总体方案报告未存档				√		确保总体方案报告书妥善保存	预防性	总体方案论证结束时

第7章　预算与成本费用的财务控制

7.1　预算管理的控制目标

航空研制项目通常需要涉及多个研制单位，各研制单位及项目主体分布在不同的地域。目前，针对航空研制项目，国家立项给予一定的经费支持，同时航空研制项目以市场商业模式运行，按照“共同投资，共同研制，共担风险，共享利益”的原则，联合其他几家单位自筹部分资金，因而各单位之间的经济利益分配变得至关重要。预算的编制过程实际上就是各单位之间风险共担条件下，相互之间的博弈过程，最终预算的结果即是研制经费分配的均衡状态。

预算管理的财务控制目标要与项目的财务控制目标相适应，不仅要满足项目经费和成本管理的需要，更重要的是为项目的各参研单位提供协同工作平台，有助于形成项目研制体团队有效运行的机制。

在航空研制项目特点的基础上，结合对航空项目参与企业的调查，可以将航空研制项目的预算业务按照不同的财务控制主体划分为项目主体的预算管理和参研单位的项目预算管理。不同的主体对于预算的控制目标也有区别。

项目主体的预算控制目标如下：

① 在各参研单位之间分配项目资源，为项目目标的实现提供经济保障。通过预算，项目主体在任务分解结构的基础上，按照各参研单位预计完成的工作任务量对所需的经费进行预算，进而将有限的资源进行分配，为不同的单位提供与其工作任务相适应的资源保障，包括资金、研制设备、实验条件、技术人员、相关信息和各方面的支持，确保实现研制目标。

② 为项目成本费用的控制提供标准。经费预算的过程中所进行的经费分配，同时也是为以后各阶段的成本费用支出划定范围和额度，这样就对成本费用的控制提供了依据。

③ 协调各参研单位的经济关系。因为经费预算本身具有计划、控制、协调、沟通、激励、业绩评价等方面的作用，在涉及较多参研单位的研制项目中，这种经济关系和利益协调的需要及作用更加突出。

④ 明确各参研单位的工作目标，引导、激励其有效率地完成所承担的任务，从而保障项目目标的实现。预算管理的体系中包含着考核、监督体系，在复杂的航空研制项目进程中，考核、监督、评价、改进是不可缺少的，而这一过程是通过预算过程实现的。

参研单位的预算控制目标如下：

① 在本单位承担的项目之间、在该研制项目的子项目之间、在各具体工作任务之间，分配经费和各种资源。参研单位一般同时承担着不止一个研制项目，需要对所有研制项目进行研制资源的统筹安排，所以需要对承接的每一个航空研制项目进行预算，安排资源的投入和经费的分配。同时，每一个研制项目都包含了很多子项目或者具体的工作任务，因而需要对项目进行预算，以确定每一个子项目或具体的工作任务所需要的资源和经费。

② 为航空研制项目各参研单位形成合理的利益格局，保证为本单位研制任务的实现提供

依据。由于参研单位需要同项目主体协商研制合同的经费金额，通过对自身承担的部分进行经费预算，故可以形成协商谈判的依据，从而合理地取得经费，保证研制任务的实现。

③ 根据研制项目的预算形成每一个节点、每一年度资金预算或经费预算，预测项目所需的资金流，为项目周期中每个节点提供资金保障。

④ 提供成本费用控制的依据。在进行预算后，以其为依据对成本费用的控制额度进行确定，为每一成本费用项目的控制提供标准。

⑤ 确定成本结构，积累系统科学的数据，为今后项目批生产和类似的项目预算提供依据。

7.2　设计思路说明

长期以来，航空研制项目的管理更侧重于在设计、材料、工艺等复杂技术方面取得突破，而缺少在复杂管理方面（包括预算、费用成本等重要活动的内部财务控制方面）进行研究从而取得成果。这反映出了航空研制项目管理方面的薄弱。

航空研制项目与一般大型民用项目不同。第一，有风险共担原则，共担风险意味着参研单位需要自筹部分资金，在之后的运营中也要按照所承担的风险份额确定自己的收益。这就决定了在设计预算控制流程时，要考虑如何在预算编制、考评中体现风险共担的原则。预算的资金不等于项目研制所需要的全部资金，参研单位需要根据自身承担的研制任务，自筹部分研制经费，作为风险投入，在未来可能取得的收益中按照风险投入分得利益。第二，航空研制项目的预算编制依据不仅是 WBS 工作分解结构所决定的成本预算，还需要考虑之前的项目概算。项目预算一般不应当超过之前的概算金额，否则在资金筹措方面可能会产生问题。第三，航空研制项目的预算需要经过几上几下的综合平衡过程，这是项目主体和各个参研单位之间的博弈过程。第四，需要将项目总体预算转化为各年度预算和累计预算，以达到各年预算控制的目的。第五，对于预算调整工作应当给予特别关注，因为航空项目中发生不可预期事件的可能性很高，不确定因素多，调整预算是一个常态，因此，需要将这一过程作为日常管理，而非例外管理，要着重考虑如何对预算进行调整。第六，预算的考评需要同未来成本的控制、预算的调整挂钩，建立文件、文档保存制度，使预算考评成为经验积累，应用到项目的后续控制中。

因此，在考虑了这些特点之后，航空研制项目预算管理应该考虑以下几个方面的财务控制。

1. 预算管理委员会的建立

预算管理作为航空研制项目内部控制的重要组成部分，必须建立专门的预算管理委员会，执行预算管理工作。在航空研制项目的实际进行当中，预算管理委员会虽然是一个专门的负责机构，但通常是兼职工作，在负责其本职工作的同时，负责预算管理工作。通常预算管理机构可以分为以下四个部分：

① 项目预算决策机构。它由项目总指挥、主管计划的副总指挥、主管技术的副总指挥、主管质量的副总指挥、主管财务的副总指挥以及必要的其他人员组成；其职责是确定预算管理的目标，颁布预算管理的全部制度，组织和监督预算管理的全过程，审查和平衡各参研单位的预算，处理编制预算时项目主体与参研单位可能发生的矛盾和争执，批准预算并下达执行，检查预算执行情况，预算调整审批，批准奖惩措施，以及处理预算管理过程中出现的重要问题。工作方式一般通过预算工作会议进行。

② 专家委员会。由于预算编制过程中各单位利益关系的影响，争执和推诿不可避免，可以设置专家委员会，由独立于项目的技术、财务、项目管理人员组成，对预算进行平衡、分析和评审，为决策机构提供决策依据。一般采用参与预算工作会议和提交分析报告、建议书的工作方式。

③ 项目预算工作机构。它一般应由主管财务的副总指挥筹建，由财务部门的工作人员、各参研单位的负责该项目的财务管理人员，以及负责技术、质量和进度的部门负责人指定人员组成；其职责是预算管理制度的起草和报批，预算编制过程中的定价和定额管理，预算草案起草和报批，预算执行过程中的管理控制和分析，提出预算调整的建议，提交反馈报告(为预算决策机构和专家委员会提供依据)。工作方式一般是日常工作。

④ 项目预算执行机构。它包括项目最高决策机构(决定经费的筹措和投入，重大事件的决策)，项目主体各职能部门(负责项目计划、质量、成本、风险、人力资源、采购等方面管理，从各自主管的工作执行项目预算)或者各参研单位的成本中心(具体的预算执行和控制中心，实现人员、资金、实物、信息的控制)。

2. 应对预算的不确定性因素

为了防范不确定性因素带来预算的调整，可以预留不可预见费，在一定程度范围内可以缓解发生的成本水平变化，减少预算调整的次数。这样做，首先可以应对一些突发事件带来的资金支出，以降低资金压力；其次，可以为项目批生产和以后类似研制项目在预算时提供一个预留费用的依据。

3. 预算的动态管理

① 不可预见费是一个动态调整的过程，随着时间的推移，确定的因素越来越多，不确定的因素越来越少，预留的资金可以适当减少。

② 建立完善的预算调整程序，将预算调整作为日常例行工作，每季度、每半年，或者每个节点都进行预算的重新调整，以提高预算准确程度和符合实际的程度。

③ 充分利用预算考评结果。这要求一方面考评的内容要充分，另一方面预算考评不能白做，必须将它同下一步的项目工作结合起来。

4. 定期和不定期的信息沟通

预算管理委员会不是只由项目主体的工作人员组成的，即使由于地域空间的阻隔，各参研单位的财务人员、技术人员也应当定期进行交流和讨论。可以每季度在本单位进行讨论，每半年或在项目运行的重要节点集合各参研单位的问题一起讨论交流一次，以解决单位之间的矛盾冲突，将各方面的提议都集中到一起进行高效率的讨论。

7.3 预算管理的财务控制流程和关键控制点

预算管理工作主要包括：预算管理制度的制定、预算的编制工作、预算的执行控制、预算的调整控制和预算的考评工作。以下分别以流程图描述对上述具体财务控制的设计，并以风险控制文档总结相应的关键控制风险及管理方式。

7.3.1 制定预算管理制度流程

预算管理制度的制定是项目主体确定项目预算管理的目标，提出研制项目预算的编制、执行、调整和考评工作的工作标准，明确预算管理工作责任的过程。制定预算管理制度的财务控制流程如图7-1所示。

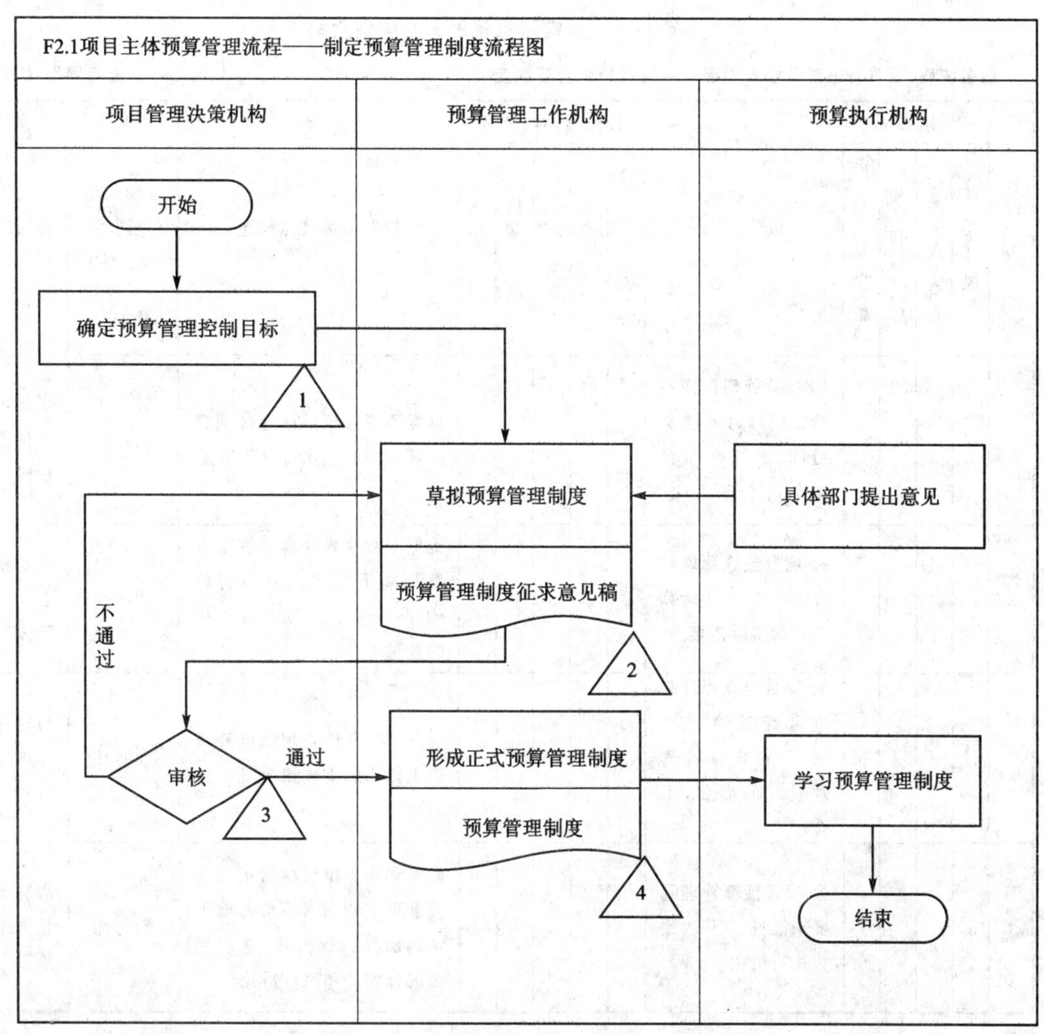

图7-1　制定预算管理制度流程图

制定预算管理制度的财务控制流程说明如下：

① 根据航空研制项目财务控制目标制定预算管理目标，经项目预算决策机构通过会议讨论的方式确认，形成预算管理目标的相关文件，下达到预算工作机构和预算执行机构。

② 预算执行机构根据自身情况提出意见，形成预算管理制度意见书。预算工作机构根据预算管理目标文件和意见书草拟预算管理制度，形成预算管理制度征求意见稿，传递到预算执行机构，并上报预算决策机构。

③ 预算决策机构审核征求意见稿，不通过，则令预算工作机构进行修改；通过，则令预算工作机构形成正式预算管理制度。

④ 预算管理制度应包括预算编制、预算调整、预算执行、预算考核的相关依据及流程。

⑤ 预算工作机构将预算管理制度下发到各预算执行机构，同时将相关资料进行存档，并

对制度的规定进行长期的解释和指导。

⑥ 预算执行机构应当安排人员学习预算管理制度，并加强执行。

根据流程图总结的制定预算管理制度的风险控制文档如表 7－1 所列。

表 7－1 制定预算管理风险控制文档

业务流程：预算管理财务控制流程——制定预算管理制度　　流程编号：F2.1

控制点编号	风险类别				风险描述	控制目标的类型					控制目标具体描述	控制类型（预防性/检验性）	控制时点
	项目决策风险	资源分配不合理	预算管理失控	资产和信息安全威胁		完整性控制	准确性控制	有效性控制	接触性控制	预见性控制			
1	√				1. 预算管理目标不符合项目财务控制目标、不符合项目特点、不合理	√	√	√			确保预算管理目标通过预算决策机构的正式讨论和签署	预防性	研制项目总体设计阶段
2	√	√			2. 项目预算管理制度不符合项目预算工作的实际需要	√	√	√			确保项目预算管理制度征求意见稿下发到预算执行机构，并参考了预算执行机构的意见	预防性	研制项目总体设计阶段
3	√	√	√		3. 项目预算管理制度未经过恰当审核，不符合预算管理目标的需要，不合理	√	√	√			确保项目预算管理制度经过决策机构的审核和批准	预防性	研制项目总体设计阶段
4	√	√			4. 项目预算管理制度未能准确下达预算执行机构			√		√	确保预算工作机构将正式预算管理制度完整、准确地下达到预算执行机构，并对制度进行解释和执行指导	预防性	研制项目总体设计阶段

7.3.2 预算编制流程

编制研制项目预算的财务控制流程如图 7－2 所示。

预算编制的财务控制流程说明如下：

① 预算工作机构从数据库中提取项目可行性分析、项目经济评价、项目估算、项目概算、项目 WBS 分解结构、项目一级网络图等文件和资料。在进行进度安排时，首先确认主要工作内容：设计工作的内容分为非详细设计和详细设计。非详细设计包括：设计与适航管理、综合指令、构型发展、销售技术支持、气动、性能、质量与平衡、噪声和声学、载荷、结构试验大纲与分析、稳定性与控制、全机气动弹性、系统、飞行试验、结构总体设计、防雷击、虚拟样机、并行工程和其他；详细设计包括：雷达罩、机头、前中机身、中机身、中后机身、后机身、机翼、平尾、挂架、系统、总装和其他。不仅包括总技术方案设计、工程图设计、各部件和系统设计、附件选型设

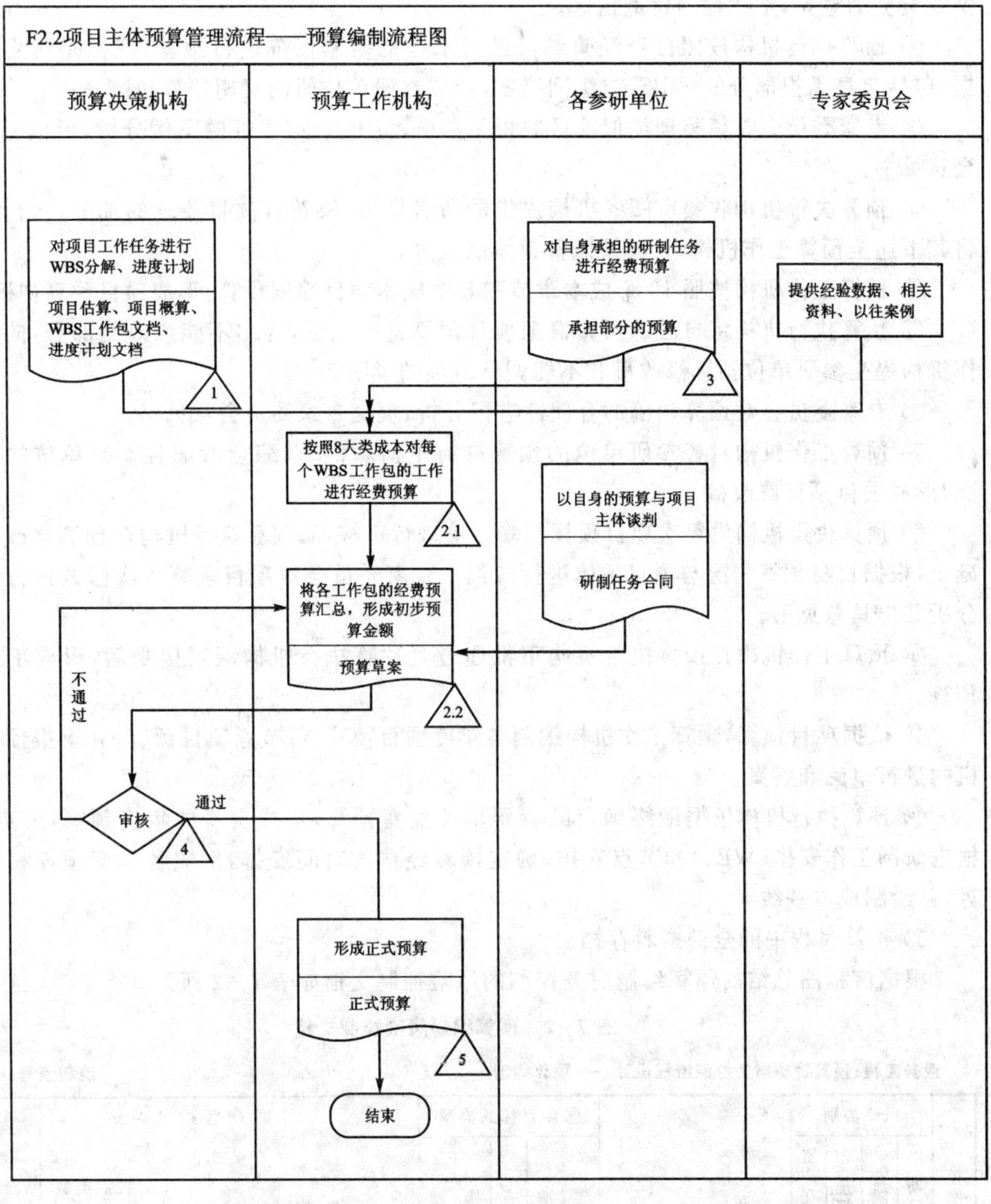

F2.2项目主体预算管理流程——预算编制流程图

预算决策机构	预算工作机构	各参研单位	专家委员会
对项目工作任务进行WBS分解、进度计划；项目估算、项目概算、WBS工作包文档、进度计划文档（1）		对自身承担的研制任务进行经费预算；承担部分的预算（3）	提供经验数据、相关资料、以往案例
	按照8大类成本对每个WBS工作包的工作进行经费预算（2.1）	以自身的预算与项目主体谈判；研制任务合同	
	将各工作包的经费预算汇总，形成初步预算金额；预算草案（2.2）		
审核（4）：不通过→返回汇总；通过→形成正式预算			
	形成正式预算；正式预算（5）		
	结束		

图 7－2　预算编制流程图

计、性能设计、可靠性维修性设计、保障设备设计，还包括在制造和实验过程中涉及的工艺超差处理、图纸更改、试验方案确定、故障分析等工作，这些也属于设计工作。制造工作需要确定制造样机的数量及各样机的用途。试验工作包括：风洞试验、结构试验和系统试验。在确定了工作内容之后，按照项目生命周期确定各阶段的标志性节点，以及项目整体进度安排。工作结构分解分为初步分解和详细分解两部分：初步分解结构是为估算提供依据的，分解较为粗浅，一般简单分为几个大项，分别估算；详细分解结构是为预算提供依据的，分解层次较深且细致，在几个大项之下，分别进行细致的分解和预算。因此，在考虑 WBS 工作结构分解的同时，也就考虑了项目估算的金额。在初步分解之后，对形成的各项估算进行分配和多轮估算，并考虑专家委员会的意见，下达控制比例指标。

② 预算执行机构按照自身经验对自己所承担的研制任务进行预算，依据是历史经验数据，包括自身承担部分的 WBS、二级网络图，形成参研单位研制费用预算初稿。

③ 专家委员会收集整理类似项目的相关资料、历史数据、以往的案例分析，形成专家委员会意见书。

④ 预算决策机构收集审阅各机构提供的所有资料，将符合项目要求的部分进行备案，并将其下达至预算工作机构，令其按照资料编制预算。

⑤ 预算工作机构按照 19 个成本章节和 8 个成本项目编制预算，形成项目预算初稿。

⑥ 预算执行机构将自己的预算根据项目预算进行调整，提出不能修改的部分，向预算工作机构提交参研单位预算修改稿和不能调整事项的说明。

⑦ 专家委员会对预算初稿的合理性进行分析，提交专家委员会意见书。

⑧ 预算工作机构对各参研单位的预算进行平衡和汇总，综合考虑各参研单位的预算情况，形成项目预算修改稿。

⑨ 预算决策机构对每次项目预算的修改稿进行审核，而预算执行机构在预算修改稿的基础上，根据自身预算情况与项目主体进行谈判。专家委员会对项目预算每次修改进行合理性分析并出具意见书。

⑩ 预算工作机构在预算决策机构审批通过且预算执行机构谈判接受后，形成正式项目预算。

⑪ 依据项目预算，预算工作机构编制各年度项目预算、各节点项目预算，并上报预算决策机构进行审阅和备案。

⑫ 预算执行机构依据最终确定的参研单位经费预算，形成自身的年度预算、节点预算。根据研制工作安排（WBS）和节点安排，确定预算经费的时间安排，形成各年度预算和累积预算，并绘制成本基线。

⑬ 预算过程中的全部资料存档。

根据流程图总结的预算编制财务控制的风险控制文档如表 7－2 所列。

表 7－2　预算编制风险控制文档

业务流程：预算管理财务控制流程设计——预算编制　　　　**流程编号：F2.2**

<table>
<tr><th rowspan="2">控制点编号</th><th colspan="4">风险类别</th><th rowspan="2">风险描述</th><th colspan="5">控制目标的类型</th><th rowspan="2">控制目标具体描述</th><th rowspan="2">控制类型（预防性/检验性）</th><th rowspan="2">控制时点</th></tr>
<tr><th>项目决策风险</th><th>资源分配不合理</th><th>预算管理失控</th><th>资产和信息安全威胁</th><th>完整性控制</th><th>准确性控制</th><th>有效性控制</th><th>接触性控制</th><th>预见性控制</th></tr>
<tr><td>1</td><td>√</td><td>√</td><td></td><td></td><td>1. 预算的编制基础（历史数据、费用标准等）不准确、不完整，预算的假设不合理（范围、主体、期间等）</td><td>√</td><td>√</td><td>√</td><td></td><td></td><td>确保预算编制基础资料通过预算决策机构的审核</td><td>预防性</td><td>项目总体设计阶段</td></tr>
</table>

续表 7－2

控制点编号	风险类别				风险描述	控制目标的类型					控制目标具体描述	控制类型（预防性/检验性）	控制时点
	项目决策风险	资源分配不合理	预算管理失控	资产和信息安全威胁		完整性控制	准确性控制	有效性控制	接触性控制	预见性控制			
2	√	√			2. 预算的内容不完整，计算出现错误	√	√	√			确保预算编制依据 19 个成本章节和 8 个成本项目准确编制	预防性	项目总体设计阶段
3	√	√	√		3. 预算不符合资源实际需求	√	√	√		√	确保项目预算经过各参研单位的确认、专家委员会的分析和预算决策机构的审批	预防性	项目总体设计阶段
4	√	√	√		4. 预算终稿未经审核			√		√	确保预算终稿经过预算决策机构的审核	预防性	项目总体设计阶段
5				√	5. 未经授权的人员了解到预算的信息				√		确保预算内容保密并存档	预防性	项目各阶段

7.3.3　预算调整流程

航空研制项目预算调整流程设计如图 7－3 所示。

① 预算执行机构提出预算调整申请，提交相关材料——预算调整申请书，包括调整范围、原因、金额、对自身部分预算和项目预算的影响。

② 预算工作机构对申请进行分析和审核。检查资料是否齐全，调整原因是否符合《预算管理制度》中规定的可以调整的范围；调整金额是否适当，对项目预算的影响分析是否充分。如果不通过，则请预算执行机构重新提供资料。

③ 对于提交真实、完整、适当的申请资料的，预算工作机构在调整申请上签署审核通过的意见，并将经审核的调整申请书传递到各单位、机构和部门。

④ 预算工作机构对于是否需要调整进行决策，如果认为不需要调整，则对预算执行机构出具审核结果通知及说明。如果认为需要调整，则判断调整金额和范围是否在授权范围内，如果超过权限，则提交预算决策机构进行是否调整的决策；如果在权限范围内，则可以自行决策。预算调整对于航空研制项目是一个常态，大量事项可能引发预算调整，因此，事先应规定预算调整事项，同时规定调整事项的调整金额和审批权限。当发生了引起预算变化的事项时，首先判断是否是按照规定可以调整预算的事项，然后判断引发的预算金额的变化，如果在预算工作机构授权范围内，就按照常规程序进行预算调整；如果不符合调整事项的要求，或者金额数量巨大，则要上会讨论，进行调整。

⑤ 如果认为需要调整，则预算工作机构提出预算调整方案，形成预算调整草案，分别上报预算决策机构进行审批并传递给预算执行机构进行确认。

F2.3项目主体预算管理流程——预算调整流程图
预算管理决策机构
预算管理工作机构
预算管理执行机构、各参研单位
调查事项，分析预算调整的必要性，在调整申请上签署意见，根据预算管理制度，对符合预算调整条件（设计变更、工艺变更、研制条件变更、其他重大变更）、资料齐全的进行审核
提出可能导致预算调整的事项，提供相关数据、证据、原因
预算调整申请书（包括原因、金额、对该部分进度成本费用总额的影响）
1
超过授权范围
审核
不通过
结束
2
结束
不通过
在授权范围内
审核
通过
提出预算调整方案
调整预算草案
重新与项目主体进行谈判，确定新的合同金额
变更的合同
不通过
不通过
发布正式调整后预算，对预算调整资料进行备案
记录预算调整，按调整原因分类统计
审核
通过
4
通过
确认
3
备案
将预算调整归档
预算调整报告
按预算调整经费使用
5
结束

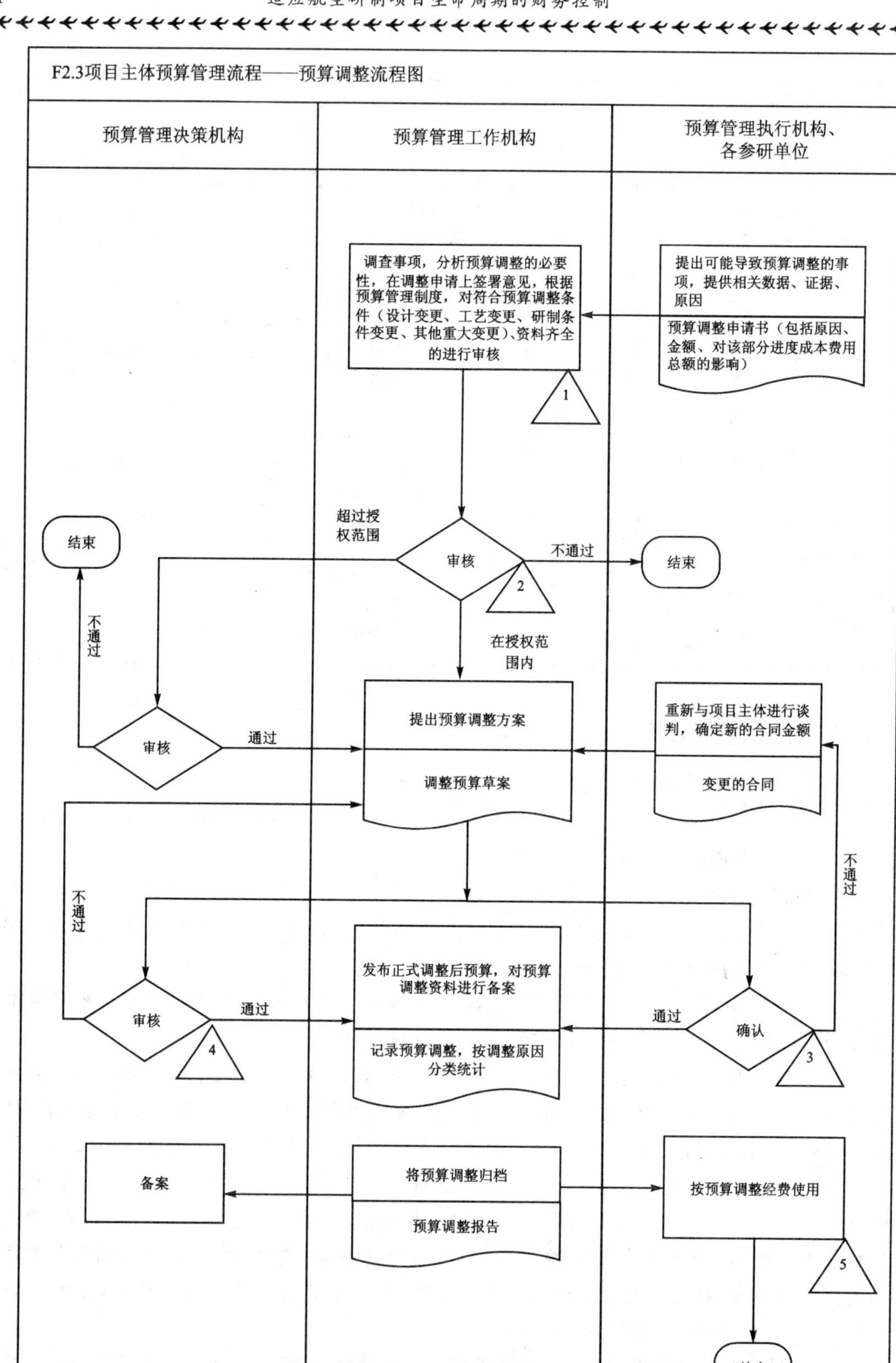

图 7-3　预算调整流程图

⑥ 通过后，发布新的项目预算，包括调整后的预算、年度和节点预算，调整过程的全部资料，调整原因的分类汇总分析，对以后阶段的影响以及审批文件记录、存档。

⑦ 预算执行机构根据调整后的预算，调整参研单位经费预算、年度和节点预算。

⑧ 形成预算调整的记录文档，充分记录每一次发生预算调整的原因和所解决的问题，以及对之后工作可能产生的影响。每次调整需追究责任人，对引起预算调整的责任人进行通报和培训。

根据流程图总结的预算调整财务控制的风险控制文档如表 7－3 所列。

表 7－3　风险控制文档

业务流程：预算管理财务控制流程设计——预算调整　　流程编号：F2.3

控制点编号	风险类别				风险描述	控制目标的类型					控制目标具体描述	控制类型（预防性/检验性）	控制时点
	项目决策风险	资源分配不合理	预算管理失控	资产和信息安全威胁		完整性控制	准确性控制	有效性控制	接触性控制	预见性控制			
1	√	√			1. 预算调整不合理、不符合实际	√	√	√			确保预算工作机构认真审核预算执行机构的预算调整申请书	预防性	总体设计阶段、试生产阶段
2	√	√	√		2. 预算调整未在授权范围内审批	√	√	√			确保超过预算调整授权范围内的申请由预算决策机构进行审批	预防性	总体设计阶段、试生产阶段
3	√	√			3. 预算调整不准确	√	√	√			确保预算调整草案经过参研单位的确认并签订新的协议	预防性	总体设计阶段、试生产阶段
4	√	√	√		4. 预算调整未经过有效审批		√	√			确保预算调整草案经过决策机构的审批	预防性	总体设计阶段、试生产阶段
5	√	√			5. 未按照调整后的预算及时调整年度预算、节点预算			√		√	确保预算工作机构和执行机构及时编制新的年度预算和节点预算	预防性	总体设计阶段、试生产阶段

7.3.4　预算执行流程

航空研制项目预算执行流程设计如图 7－4 所示。

F2.4项目主体预算管理流程——预算执行流程图
预算管理工作机构
预算决策机构
财务部门
将项目任务打包，按照预算总金额分配各工作包的经费
工作包文档、预计经费文档
1
按照预计的经费与各参研单位谈判，确定任务节点及拨付经费
2
根据谈判结果形成项目全过程经费拨付预算及每节点经费预算
经费拨付预算
3
不通过
审核
通过
节点日对参研单位的任务完成情况进行考核，审核其拨款申请
签署考评意见
4
参与考评，对经费的使用进行评价
签署考评意见
不通过
审批
通过
与参研单位协调经费拨付事项
节点任务完成情况考核意见书
5
拨款
将节点任务考核、拨款审批等资料存档
结束

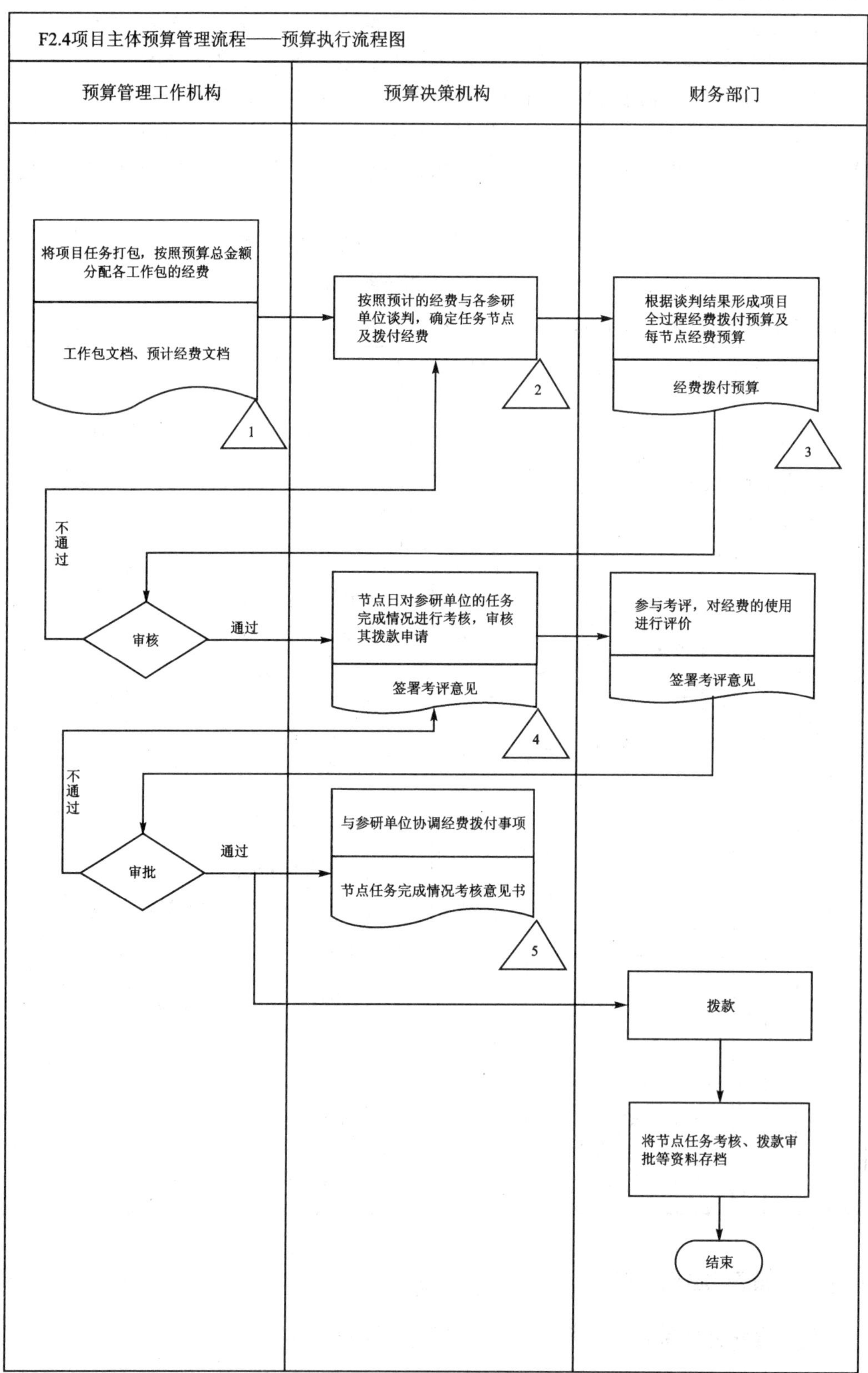

图 7-4　预算执行流程图

预算执行的财务控制流程设计说明如下：

① 预算工作机构提取WBS数据、二级网络图和经费预算，形成研制经费拨付计划和拨付说明，传递给财务部门。

② 财务部门按照拨付说明制定各节点、各年度的拨款计划。

③ 拨款计划等材料上报预算决策机构进行审批和备案。

④ 预算工作机构对各预算执行机构进行监督和抽查，包括是否按照要求归集费用、核算成本；是否按照要求进行进度管理；是否按照要求进行质量控制；是否按照要求进行技术攻关等，形成预算执行控制考察表。

⑤ 财务部门审核各预算执行机构的成本费用报告的真实性，按照成本管理制度对预算执行机构进行费用归集和成本分配，形成项目费用汇总表、成本分配表等，作为预算工作机构考察依据，按照成本章节进行控制。成本章节同时具有研制工作和成本核算内容的属性，每一个成本章节都要进行基本的设计费、材料费、外协费、专用费、试验费、固定资产使用费、工资和管理费用的摊销。这样就可以建立起项目成本的统计和分析基础。

⑥ 财务部门进行成本费用与预算的差异分析，帮助预算工作机构编制预算执行差异分析报告，提交预算决策机构。

⑦ 将发现的差异和异常提请各单位注意，并取得单位的整改说明。

⑧ 对进度、质量、技术和成本管理方面的数据进行备案。

⑨ 预算执行时，需要对项目的技术、质量、进度和成本同时进行控制，可以以任务书的形式进行记录和考察。研制任务书如表7-4所列。

表7-4　研制任务书

研制任务书	
成本章节	
WBS编码	
参研单位	
任务描述	
负责人	
计划开始时间	
计划完成时间	
预算指标	
项目主体审批	
总指挥批准	
实际开始时间	
实际完成时间	
实际消耗	
任务完成情况评估	分别从技术、质量和进度角度评估
预算执行情况评估	
负责人签字	
工作任务完成情况和预算执行情况分析	分别从技术、质量、进度和成本角度进行分析
工作安排和预算调整建议	分别从技术、质量、进度和成本角度进行分析
项目主体审查意见	

任务书上半段作为研制合同和任务下达，中间段作为实际情况的记录、统计和考察，下半段作为工作情况的总结和对下一步工作的计划和建议。

⑩ 每一个成本章节作为一个成本中心，为将来的类似项目提供经验数据。

根据流程图总结的预算执行财务控制的风险控制文档如表 7-5 所列。

表 7-5 预算执行风险控制文档

业务流程：预算管理财务控制流程设计——预算执行 流程编号：F2.4

控制点编号	风险类别				风险描述	控制目标的类型					控制目标具体描述	控制类型（预防性/检验性）	控制时点
	项目决策风险	资源分配不合理	预算管理失控	资产和信息安全威胁		完整性控制	准确性控制	有效性控制	接触性控制	预见性控制			
1	√				1. 未形成合理的经费拨付计划和说明	√	√	√			确保经费拨付计划与预算相符	预防性	总体设计阶段、试生产阶段
2	√		√		2. 年度、节点的经费拨付计划不合理	√	√	√			确保年度节点经费拨付计划经过决策机构的审批	预防性	年度、节点
3	√		√		3. 预算执行情况未经有效记录	√	√	√			确保项目主体财务部门进行正确的成本费用核算	检验性	年度、节点
4	√		√		4. 预算执行情况未经正确分析			√		√	确保预算工作机构对执行情况进行监督检查和差异分析报告	检验性	随时
5	√		√		5. 预算执行情况未向各参研单位反馈					√	确保发现的执行偏差及时反馈给各参研单位并取得整改说明	检验性	随时

7.3.5 预算考评流程

预算考评流程图如图 7-5 所示。

预算考评的财务控制设计说明如下：

① 验收委员会对技术、质量、成本、进度 4 方面出具的节点、年度验收报告；专家委员会对节点、年度的项目进展情况的综合评价；预算工作机构对预算执行控制进行的考察报告和差异分析报告；预算执行机构对自身进行自评价，形成自身决算报告、财务评价和技术质量进度自评价报告。

② 预算工作机构结合所有报告和资料，评价预算完成情况，形成预算完成情况评价报告，上报预算决策机构。

③ 预算决策机构对完成情况较差的单位进行问责，并记录问责情况和单位整改措施说明，传达给预算工作机构。

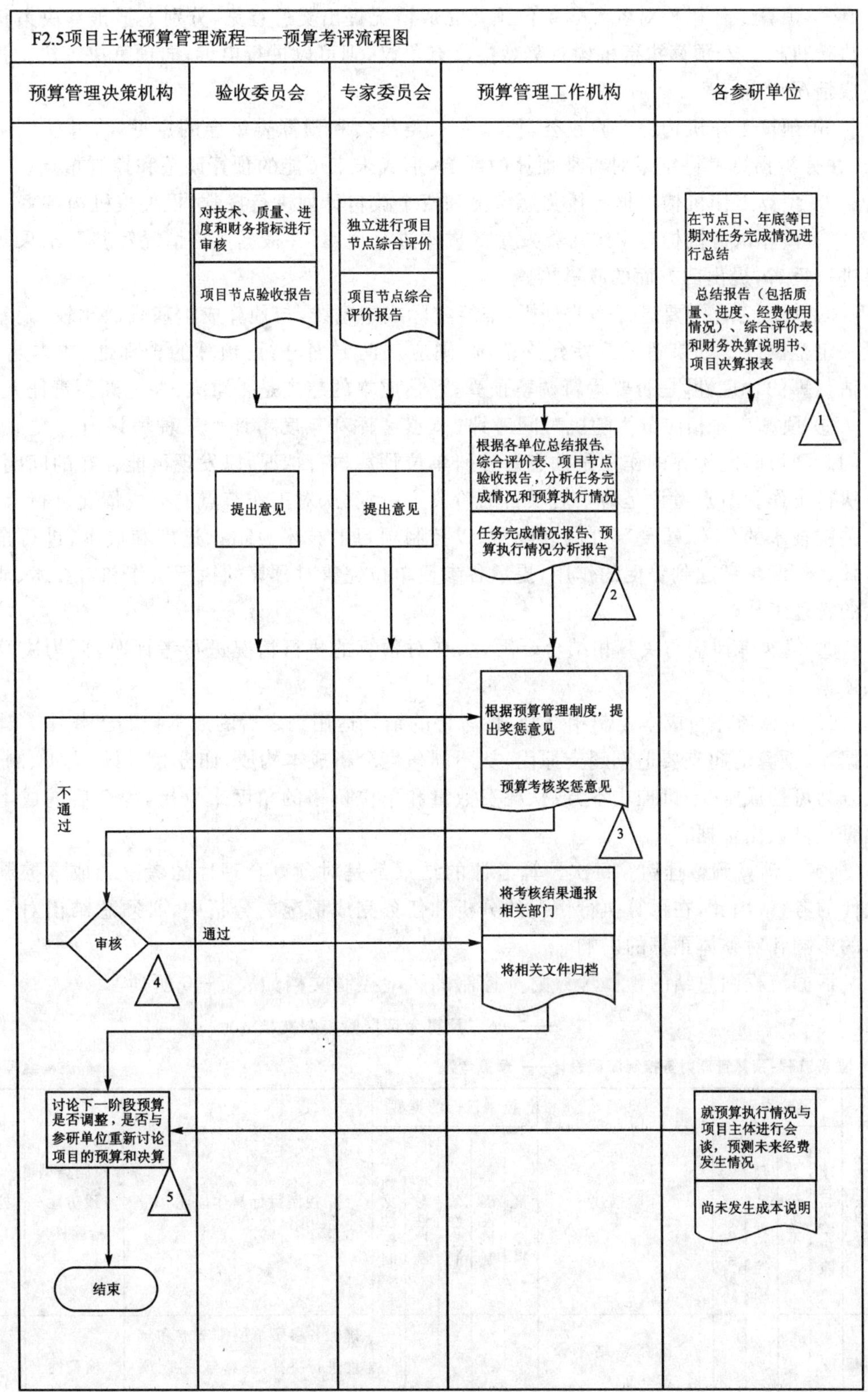

F2.5项目主体预算管理流程——预算考评流程图
预算管理决策机构
验收委员会
专家委员会
预算管理工作机构
各参研单位
对技术、质量、进度和财务指标进行审核
项目节点验收报告
独立进行项目节点综合评价
项目节点综合评价报告
在节点日、年底等日期对任务完成情况进行总结
总结报告（包括质量、进度、经费使用情况）、综合评价表和财务决算说明书、项目决算报表
1
根据各单位总结报告、综合评价表、项目节点验收报告，分析任务完成情况和预算执行情况
任务完成情况报告、预算执行情况分析报告
2
提出意见
提出意见
根据预算管理制度，提出奖惩意见
预算考核奖惩意见
3
不通过
审核
通过
4
将考核结果通报相关部门
将相关文件归档
讨论下一阶段预算是否调整，是否与参研单位重新讨论项目的预算和决算
5
就预算执行情况与项目主体进行会谈，预测未来经费发生情况
尚未发生成本说明
结束

图 7－5　预算考评流程图

④ 预算工作机构对各参研单位预算完成情况提出奖惩意见，分别上报预算决策机构和预算执行机构。若预算执行机构对奖惩决议有争议，则可以进行申诉，向预算决策机构提交预算完成情况申诉。

⑤ 预算工作机构综合验收委员会、专家委员会和预算委员会的意见，将考核结果进行通报，并分析预算考评结果对将来预算的影响，形成未来可能的预算调整和控制重点。

⑥ 预算工作机构根据考核奖惩情况和资金拨付计划进行拨款，报决策机构备案。

⑦ 预算执行机构对未来将要发生的成本进行说明，并根据考核情况和奖惩结果对自身情况进行反省，提出四方面的改进措施。

⑧ 每次考评需要进行偏差分析，描绘实际成本基线，与预算成本基线做比较，偏差应控制在一定范围内。如果超过偏差允许范围，则应从两方面分析：预算的合理性、成本超支原因。评估预算的合理性，是否要重新调整预算；评估成本的超支是否重大，并追溯到责任人。

⑨ 预算考评相应分为随机时间考评、节点考评和年度考评。三种考评内容类似，但作用不同。随机时间考评的作用是抽查各参研单位预算执行情况，以发现可能存在的问题，规范预算执行工作。节点考评是为了对项目的阶段进行划分、对工作节点的完成情况进行考评，如重大关键技术的公关、重要部件的装配等，以控制项目的技术、质量、进度和成本，进行全方位的考核。年度考评起到督促的作用，提示各参研单位完善对预算的执行工作和对技术、质量及进度的管理工作。

⑩ 每次考评应与决算相结合。因此，在对预算的执行情况进行考评时，要为决算工作提供依据。

⑪ 预算考评与成本控制相结合，将考评的结果运用到之后的成本控制工作中。建立成本数据库，预算的超支要追溯超支原因，从不同角度分析成本构成，如分为材料、人工、制造费用，或分为可控成本、不可控成本，或从耗费数量和单位价格的角度来分析，为今后的成本估算和预算提供数据依据。

⑫ 与预算调整挂钩。每次预算考评的结果都是对预算合理性的考察和成本控制工作有效性的考察，因此，在预算执行情况的分析和任务完成情况的分析中，必须总结出对下一步工作的影响和对整体预算的影响。

根据流程图总结的预算考评财务控制的风险控制文档如表 7－6 所列。

表 7－6 预算考评风险控制文档

业务流程：预算管理财务控制流程设计——预算考评 **流程编号：F1.2**

控制点编号	风险类别				风险描述	控制目标的类型					控制目标具体描述	控制类型（预防性/检验性）	控制时点
	项目决策风险	资源分配不合理	预算管理失控	资产和信息安全威胁		完整性控制	准确性控制	有效性控制	接触性控制	预见性控制			
1	√		√		1. 预算总结不及时、不全面	√	√	√			确保各参研单位按节点和年度进行决算，决算与进度、质量分析相结合	检验性	年度、节点

续表 7-6

控制点编号	风险类别				风险描述	控制目标的类型					控制目标具体描述	控制类型（预防性/检验性）	控制时点
	项目决策风险	资源分配不合理	预算管理失控	资产和信息安全威胁		完整性控制	准确性控制	有效性控制	接触性控制	预见性控制			
2	√		√		2. 预算完成情况评价不准确	√	√	√			确保预算工作机构结合各类考核结果形成预算完成情况评价报告	检验性	年度、节点
3	√		√		3. 预算考核结果未和奖惩结合	√	√	√			确保预算工作机构根据预算完成情况提出奖惩意见	检验性	年度、节点
4	√	√	√		4. 对参研单位奖惩不合理			√			确保预算奖惩意见通过决策机构审批	预防性	年度、节点
5	√	√			5. 没有依据预算考评分析对未来预算的影响			√		√	确保预算工作机构根据考评结果分析未来可能的预算调整和控制重点	预防性	年度、节点

7.4 成本费用控制目标

航空研制项目在以市场商业模式运行的条件下，项目主体为了达到商业成功的目的，必然要尽可能地降低成本，以期在研制成功、投入市场后，可以快速收回成本。然而，与一般企业成本费用控制不同，航空研制项目的成本费用控制不仅仅是研究如何降低成本费用，而且它还是一个多维、立体的控制系统，关注所有设计、试验、制造环节，同时重点在成本、技术、质量和进度 4 个方面进行平衡，以实现研制项目的目标。

对于项目主体来说，航空研制项目成本管理的财务控制目标是：

① 确保项目成本费用准确的归集、科学的分配。航空研制项目周期长，参研单位多，费用种类繁杂，因此，只有将费用合理归集、准确核算，才能为航空产品批量生产定价提供正确的依据，为批量生产的效益提供保证。

② 适当控制成本费用的发生。航空研制项目的政治性决定了在项目成本管理时，必须平衡成本、技术、质量和进度 4 个方面。因为成本管理在某种程度上是为项目质量、技术和进度管理提供支持和服务的，所以只能按照预算进行适当的控制，而并非严格控制费用的支出。

③ 适时的评价成本费用。由于航空研制项目的技术、质量和进度有着巨大的不确定性，因此会导致项目成本的增加，从而发生资金短缺风险。为了加强对航空研制项目成本费用的财务控制，保证项目顺利进行，项目主体财务部门需要适时对项目的成本费用情况进行评价，这其中不仅包括项目研制结束阶段对成本费用进行评价，还包括对年度、节点的评价。

7.5 设计思路说明

1. 建立研制成本费用控制专门机构——成本管理委员会

由项目总会计师牵头，参与人员包括项目总设计师、总质量师和项目主体运行中心负责人，以及独立的第三方专家，由项目主体、各参研单位的总会计师共同参与，负责对成本费用的核算、控制和考评工作进行决策、管理和监督。工作采用会议、总结报告和问责的方式进行。必须确立财务人员在成本费用控制中的积极参与地位，才能改变航空研制项目在技术、质量、进度和成本四重约束中，对成本费用的重视程度，才能体现财务人员在项目中所起到的支持、监督和控制的作用。

成本费用管理机构必须和预算管理机构相互联系，二者之间不断进行反馈和信息沟通，才能一方面促进预算的约束效果，另一方面促进成本费用控制的效果。

2. 航空研制项目成本费用控制的特点

① 研制项目的成本费用约束不是一个完全刚性的约束。航空研制项目作为创新技术的项目，运行过程中出现大量的设计变更是一种正常现象，成本费用预算的不断调整成为常态。所以，以完全刚性的预算对成本费用进行约束是不符合现实的，也是不可能实现的，也没有必要。但是软约束并不等于没有约束，在合理的范围内可以接受能够合理解释的成本费用，而不合理的成本费用超支则不能被接受，需要对相关单位、责任人进行追究和惩戒。因此，对于成本费用变更和成本费用执行偏差必须给予足够的重视，分析解释其形成的原因，并进入数据库系统存档。

本书在研究和设计中非常注重航空研制项目的财务支持功能。为实现这一功能，分析制度的建立和数据库的建立及使用至关重要。

② 不能单纯运用某些成本控制方法进行成本控制，不能采用单纯降低成本费用目的的方案。在一般制造企业和一般项目中普遍采用的定额成本法、标准成本法等，无法完全在航空研制项目中贯彻执行。原因在于研制项目中研制对象可能是历史上第一次研制，无法对研制过程中的材料、人工及费用制定定额或者标准消耗量，没有建立定额成本或标准成本的依据。与此同时，目标成本法在航空研制项目中也很难实施，原因在于航空研制项目研制的对象无法采用根据市场售价、目标利润确定目标成本的模式进行成本控制，项目的运行必须要保证研制对象的技术指标、性能要求和安全行驶，不可能以目标成本的实现作为目标，或者说对于一些技术和性能指标是不惜成本费用的代价也要达到的。所以航空研制项目的成本费用控制，只能根据设计、试生产和实验等环节的研制特点，有针对性地采用成本管理的办法，并将各种成本管理模式相结合。在项目研制过程中，责任成本管理必须得到强调，在划清成本费用发生责任的基础上，对成本费用的不合理部分追究责任。

③ 项目主体与参研单位"共担风险，共享利益"的原则要求每个参研单位在研制过程中，尽可能地节省费用开支、降低成本，才能控制自己的支出，在签订的合同价格下获得收益。

对于设计、试验参研单位，成本费用管理的重点是人力资源费用、设计方案的试验费用、设计方案的重大改变带来的费用追加。单纯地降低成本费用，如降低设计人员报酬(可能导致人力资源的流失)，减少试验次数(可能导致试验结果不可靠)，改变试验种类(可能导致试验目的不能实现)，或者减少试验耗材使用、减少评审程序等方式，都会造成不良后果。尽管降低成本费用是进行成本费用控制的目标之一，但不是全部。项目成本费用管理的财务支持功能要求参研单位在项目运行中关注两方面的成本管理：其一，成本费用数据库的建立；其二，成本费用分析制度的建立和完善。成本费用数据库的建立，可以为研制项目批生产后的成本控制提供依据，也为今后类似的研制项目确定成本费用水平的范围和可能的变化幅度提供依据，为正确预测成本费用、确定费用预算提供基础。分析考评制度的建立，有利于参研单位强化对可控研制成本的控制和责任考核，也有利于积累不可控成本的相关数据，便于今后类似项目的成本预测和管理的精细化。

生产参研单位虽然与一般的制造企业业务类型相似，但是又有很大不同。在航空研制项目的生产参研单位中，少见批量生产的部件，大都是定制的专用部件、特殊部件，当然也就无法通过大批量生产来获得规模效益，其成本费用的管理也不能类比大批量生产的管理方法进行。制造参研单位无法完全采用目标成本、定额成本、标准成本等成本控制方法，而应当综合采用成本费用预算约束、成本费用结构分析来进行控制。我们认为，企业可以将需要制造的部件分为一般件、定制件两类。一般件是指航空产品常用件，企业有过生产历史和成本管理数据。对于一般件，可以采用定额成本法、标准成本法等进行成本核算和控制。而定制件是专门为某一航空研制项目生产的产品，企业以前没有生产历史或没有成本管理数据。对于定制件，首先应该考虑以往类似的或可类比的部件的管理经验进行成本和费用的测算；其次采用预算约束、结构分析的方法，确定成本费用合理的范围并进行约束；最后，对于无法预估成本的部件不进行约束，只进行预测和合理节约，在制造完毕后对成本费用的数据资料进行分析，对合理部分进行保留，不合理部分进行扣除，得出合理成本费用区间，作为资料保存。

除此之外，航空研制项目的特性决定了在研制过程中，质量成本的投入巨大。我们认为，对质量成本的预测、核算和分析制度的建立十分必要。

3. 成本费用管理体系包括项目成本费用的日常核算、控制和考评

① 项目主体负责对项目的成本费用进行总体管理，包括制定成本费用核算办法，在重要节点、年末，汇总各参研单位的成本费用报表，对成本费用差异进行分析，结合进度与质量对项目成本费用的耗费进行控制与考评。对于项目主体来说，成本费用的控制更多地集中在向参研单位拨付研制经费上，而成本费用的考评更多地集中在已拨付的研制经费与预算的差异分析上。因为在将各个工作任务外包后，项目主体能够控制的部分只有按照节点的完成情况、进度和质量进行拨款的控制，而对于整个项目成本费用控制的能力较弱。

同时，项目主体还需要对项目的质量成本进行管理，包括制定质量成本计划，对质量成本进行控制、分析与考核。

② 设计、试验参研单位需要对自身所发生的成本费用进行核算，并按照项目主体的要求对本单位的成本费用进行报告、控制与考评。

设计、试验参研单位的间接费用占全部成本的比例很大，采取什么样的间接费用分配标准，成为成本费用核算的关键问题。设计、试验的工作流程相对固定，其各项作业容易确定，且作业消耗的资源容易计量，为完成项目任务而消耗的作业量也容易统计，将资源消耗分配到作业成本库，再根据作业动因分配到项目这一过程是可行的，不难实现。因此，我们认为，设计和实验参研单位可以采用作业成本法核算和控制研制费用。

如前所述，设计变更是导致采购、试制和试验等一系列成本费用上升的重要原因，并且对整个项目成本费用影响极大。由于设计变更导致的后阶段成本发生改变的情况，应作为设计参研单位的成本管理至少是成本费用分析的重要内容，以督促设计、试验单位提高自身工作水平，为降低项目总体成本费用做出贡献。

③ 制造参研单位也同样需要对自身所发生的成本费用进行核算，并按照项目主体的要求对本单位的成本费用进行报告、控制与考评。

由于制造参研单位生产的零部件特殊，故部分零部件需要通过工艺部门、工业工程部门采用技术方法进行成本测算，以作为对成本费用的控制标准。但是进行成本考评时，首先要剔除由于设计变更等制造单位无法控制的原因造成的成本费用超支；其次，要考虑由于零部件首次制造的工艺不完善、人员熟练程度欠佳等造成的可接受的成本费用超支。这样，才能合理地进行成本费用考评。

4. 统一航空研制项目的成本项目，实施项目成本闭环管理

航空研制项目参与单位众多，各单位根据其各自特点设定的成本项目和费用项目各异，为保证航空研制项目的顺利进行，必须对成本费用项目进行统一规定。根据《国防科研项目计价管理办法》，国防科研项目计价成本包括从项目论证阶段到试生产阶段所发生的设计费、材料费、外协费、专用费、试验费、固定资产使用费、工资费、管理费八项内容，如表 7－7 所列。对于航空研制项目，必须根据规定区分可以列入成本费用核算范围的各项支出，列示和报告成本费用的各项数据。

表 7－7 航空研制项目成本核算内容表

成本项目	核算内容
设计费	指项目研制过程中需要发生的论证费，调研费，计算费，技术资料的购买、复制和翻译费，设计用品费，设计评审费等
材料费	指科研项目研制中研制产品必须耗用的各种原材料、辅助材料、外购成品和元器件的费用(包括购买、运输和整理筛选所发生的费用)，以及专用新材料应用试验费、专用电子元器件研制费和燃料动力费等
外协费	指项目研制中由于研制单位自身的技术、工艺和设备等条件的限制，必须由外单位协作所发生的协作加工费用，包括工艺外协和工件外协等(不含项目承包单位拨付分承包单位的科研费)
专用费	指专用于某一项目的费用
试验费	指项目研制过程中用于工艺试验、仿真试验、综合匹配试验、例行试验、可靠性试验、阶段性试验、定型试验、储存试验和打靶、发射、试飞、试航、试车等各种试验验证费用，包括试验过程中所消耗的动力燃料费，陪试品、消耗品的费用，研制单位外场试验的技术保障及参试人员补助费用
固定资产使用费	指项目应分摊的研制单位按规定比例分类计提的固定资产使用费
工资费	指经财政部、国防科工局认定没有事业费拨款的科研单位(包括自收自支的事业单位)、高等院校及各类企业中从事军品研制人员的工资、奖金、津贴、补贴和职工福利费等工资性支出
管理费	指研制项目应分摊的管理费。包括劳保用品费、办公费、公用水电费、会议费、差旅费、取暖费、外事费、交通运输费、图书资料费、科研及办公用房屋建筑物修缮费、专用设备仪器维修费、环境保护费、低值易耗品摊销费、科研器材毁损和报废(盘亏减盘盈)、科技培训费、保险费、审计费、业务招待费等

此外，由于参研单位可能同时进行多个项目，参研单位应采取措施保证项目的封闭性，防止其他项目占用本项目资源。航空研制项目的核算模式可以采用二维双向的模式，横向为八

大成本项目，纵向为根据研制任务分解的成本费用章节。各参研单位按照项目主体的要求，采用统一标准的成本费用报告格式，按研制节点和年度上报项目主体。

5. 建立经常性的财务总结制度

航空研制项目按照生命周期各阶段关键节点、年度，进行阶段性财务总结。在项目生命周期各阶段关键节点进行阶段性财务总结时，参研单位应结合项目的进行向项目主体提供充分合理的成本费用使用报告，并对今后成本费用的变化及时报知项目主体。

7.6　成本费用财务控制流程和关键控制点

本书涉及的航空研制项目成本费用管理体系包括六个子流程：项目主体成本费用管理流程、项目主体质量成本管理流程、设计试验参研单位成本核算流程、制造参研单位的成本核算流程、设计试验单位的成本控制与考评流程、制造参研单位成本费用控制与考评流程。

7.6.1　项目主体的成本费用管理流程

研制项目中项目主体的成本费用管理流程设计如图 7－6 所示。

项目主体成本费用管理流程说明如下：

① 项目成本管理委员会制定出针对本项目的成本费用管理制度，并设立相应的管理机构，明确成本费用管理责任。在此基础上形成正式的费用成本管理制度，制度中应包括费用成本的内容以及核算、控制和考评的程序和责任部门。

② 财务部门根据费用成本管理制度，建立起项目成本费用核算办法，下发至项目主体各部门以及各参研单位。

③ 在项目重要节点、年度，项目主体的审计部门要对各参研单位的成本费用报表的合理性进行审核，核实各参研单位上报的成本费用报表的真实、准确性。项目主体财务部门汇总各参研单位上报的项目成本报表，并形成各重要节点、年度的项目成本费用汇总表。

④ 根据预算和项目成本费用汇总表，财务部门分析实际发生的项目成本与预算之间的差异，以及差异产生的原因；同时，分析实际成本费用以及与预算的差异对后阶段预算的影响，对成本费用控制的重点有何影响。编制项目成本费用差异分析报告。

⑤ 成本管理委员会审阅项目成本费用汇总表和项目成本差异分析报告，以会议形式讨论下阶段成本费用管理重点问题，形成阶段成本费用管理工作提示，下达财务部门和各参研单位。

⑥ 成本管理委员会确定项目成本费用监控的要素，通过这些要素的监控，可以对项目的进展情况进行测量。进行项目费用监控的目的不是强制项目的进度及其相关成本要与提前制定的计划和预算相符合，而是要对实际的项目绩效进行报告，使项目主体运行中心把进度数据作为对工作进展速度进行调整的基础，使得项目预算修订更加恰如其分。监控要素要真实地反映项目的进展情况和绩效成果。监控要素应尽可能包括如下内容：工作开始的实际时间；任务工作完成量；所花费的工作量、时间；实际花费的成本费用；完成任务还需要的工作量、时间和成本；项目相关资源的其他消耗量。

⑦ 运行中心按照成本管理委员会的要求提供项目进度情况说明，财务部门按照挣值法确定项目成本目标的完成情况。挣值法是进行项目成本管理的一种技术性方法，它主要用来测

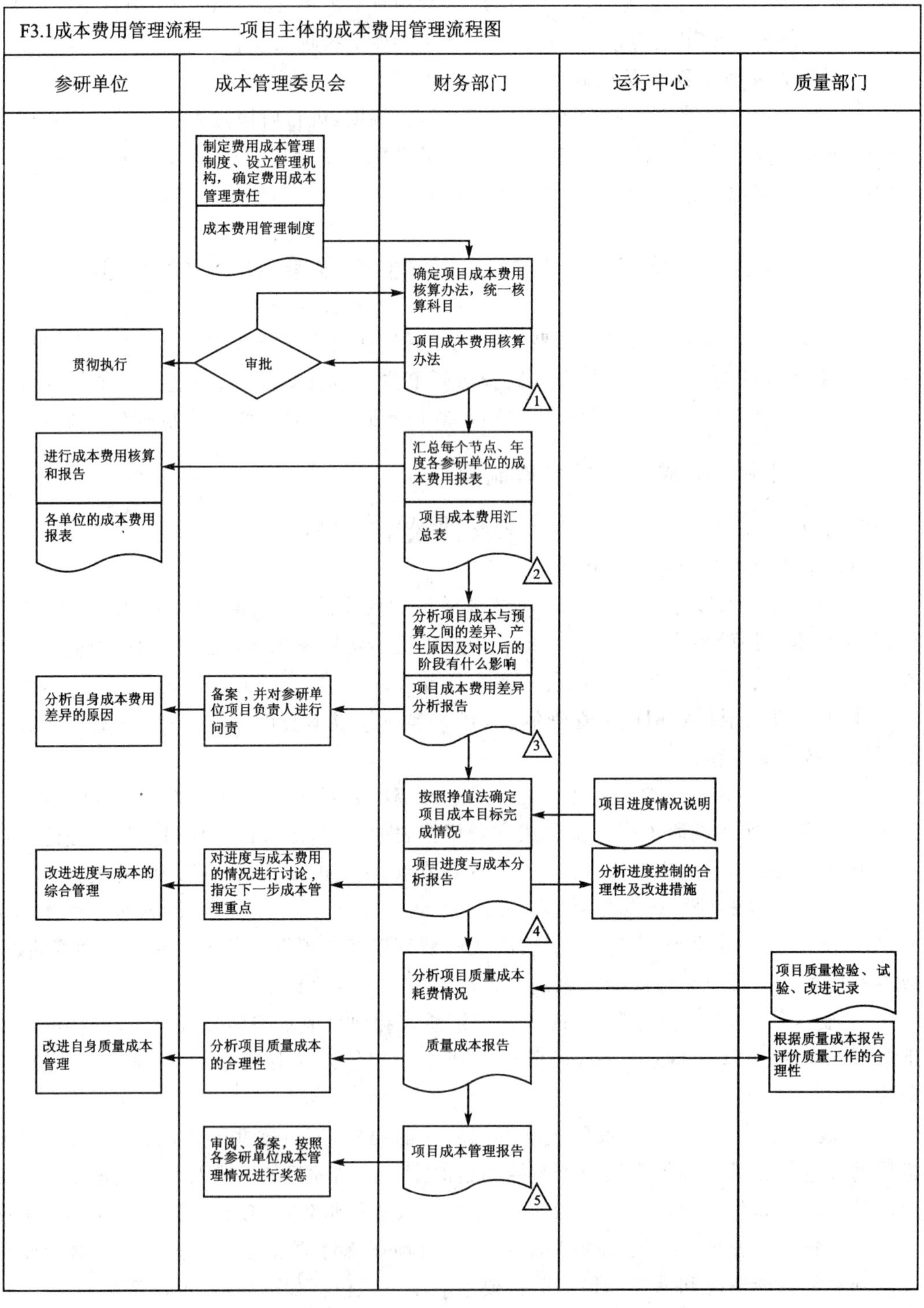

F3.1成本费用管理流程——项目主体的成本费用管理流程图

参研单位	成本管理委员会	财务部门	运行中心	质量部门
	制定费用成本管理制度、设立管理机构，确定费用成本管理责任 成本费用管理制度			
贯彻执行	审批	确定项目成本费用核算办法，统一核算科目 项目成本费用核算办法 1		
进行成本费用核算和报告 各单位的成本费用报表		汇总每个节点、年度各参研单位的成本费用报表 项目成本费用汇总表 2		
分析自身成本费用差异的原因	备案，并对参研单位项目负责人进行问责	分析项目成本与预算之间的差异、产生原因及对以后的阶段有什么影响 项目成本费用差异分析报告 3		
		按照挣值法确定项目成本目标完成情况	项目进度情况说明	
改进进度与成本的综合管理	对进度与成本费用的情况进行讨论，指定下一步成本管理重点	项目进度与成本分析报告 4	分析进度控制的合理性及改进措施	
		分析项目质量成本耗费情况		项目质量检验、试验、改进记录
改进自身质量成本管理	分析项目质量成本的合理性	质量成本报告		根据质量成本报告评价质量工作的合理性
	审阅、备案，按照各参研单位成本管理情况进行奖惩	项目成本管理报告 5		

图 7－6　项目主体的成本费用管理流程图

量目标实施与目标期望之间的差异，所以又称做“偏差分析法”，用来对项目的成本费用进行控制。通过测量和计算完成工作的预算成本与已完成工作的实际成本，以及在本期间计划工作的预算成本，得到有关计划实施的进度和费用偏差，从而达到判断项目成本执行情况的目的，使项目主体运行中心能够根据这些信息对项目成本的发展趋势做出比较合理的预测，并提出相应的解决措施。形成的项目进度与成本综合分析报告，呈报成本管理委员会、预算管理委员会和运行中心，对项目的进度和成本进行分析。

⑧ 根据质量部门提供的项目质量检验、试验和改进记录，财务部门分析项目质量成本耗费情况，编制质量成本报告。

⑨ 财务部门连同质量、设计和运行中心，综合项目成本汇总表、项目成本差异分析报告、进度与成本综合分析报告、质量成本报告以及各参研单位的成本费用分析报告，形成项目成本管理报告。报告中要比较研制期间内的费用绩效、工作包超支和低于预算的情况、应完成节点、已完成节点等。

⑩ 成本管理委员会对项目成本管理报告进行审阅并备案，同时召开成本费用考核会议，进行如下工作：第一，偏差分析。将项目实际情况与计划或期望绩效进行比较，包括费用、进度、质量和技术攻关成果的偏差。第二，趋势分析。描述一定期间的项目情况，以决定项目成本费用管理是否有所改进或恶化，并委托独立人员确定项目管理中有关费用情况与既定标准的符合程度，并提交相应的审计报告。审计的内容包括：对该项目科研经费内控制度和科研合同执行情况的检查；对该项目科研费成本报表真实性、合理性的审查；对年度科研支出财务预算执行情况的审查。审计报告应以技术、进度、质量、成本等为依据，提出问题和改进建议。第三，按照成本费用管理制度进行对各参研单位的奖惩。

根据流程图总结的项目主体成本费用管理财务控制的风险控制文档如表 7－8 所列。

表 7－8　项目主体成本费用管理风险控制文档

业务流程：成本费用管理的财务控制流程设计——项目主体成本费用管理总流程　　流程编号：F3.1

控制点编号	风险类别				风险描述	控制目标的类型					控制目标具体描述	控制类型（预防性/检验性）	控制时点
	项目决策风险	成本费用核算失真	成本费用管理失控	资产和信息安全威胁		完整性控制	准确性控制	有效性控制	接触性控制	预见性控制			
1	√	√			1. 制定的成本费用管理制度、成本核算办法不合理	√	√	√			确保成本费用管理制度、核算办法经过委员会全体协商讨论并签署	预防性	总体设计阶段前期
2	√	√			2. 成本费用核算内容不完整、计算出现错误	√	√	√			确保项目主体正确汇总各参研单位的成本费用报表	检验性	年度、节点
3	√	√	√		3. 成本费用差异分析不准确	√	√	√		√	确保准确编制成本费用差异分析报告并呈报委员会审阅	检验性	年度、节点
4	√	√			4. 成本与进度分析不合理	√	√	√		√	确保采用净值法进行成本费用偏差分析	预防性	年度、节点

续表 7－8

控制点编号	风险类别				风险描述	控制目标的类型					控制目标具体描述	控制类型（预防性/检验性）	控制时点
	项目决策风险	成本费用核算失真	成本费用管理失控	资产和信息安全威胁		完整性控制	准确性控制	有效性控制	接触性控制	预见性控制			
5	√	√			5. 项目成本费用管理情况分析不符合实际	√	√	√		√	确保成本费用管理分析报告结合了质量、进度方面的考核	检验性	年度、节点

7.6.2　项目主体的质量成本管理流程

项目主体的质量成本管理流程如图 7－7 所示。

项目主体质量成本管理流程描述如下：

① 质量部门和财务部门共同进行质量成本预测：根据历史研制经验和质量成本耗费，分解质量成本结构，对项目质量成本进行预测，并且在分析各研制期研制工作和质量要求后，预测各研制期研制工作的质量目标。对预测结果进行分析和判断，即根据整理分析资料，对预测得出的结果进行判断，为编制质量成本计划奠定基础。形成质量成本预测报告。

② 依据质量成本预测结果，财务部门进行质量成本的计划。计划的具体内容包括：

- 总质量成本计划，即反映该研制期内研制对象的总质量成本额。
- 质量成本构成比例计划，即反映该研制期内质量成本结构、各种有关基数及其之间的比例情况。
- 质量费用计划，即反映研制期内质量费用的分配和质量费用水平的计划。

由于质量成本计划是实际工作的指南，因此必须保证其准确性和指导性。先由各参研单位编制质量成本计划，再由项目主体质量部门和财务部门汇总编制总计划。

③ 参研单位财务部门进行质量成本核算，在重要节点和每年末将本期的质量成本报表和质量成本控制情况说明上报项目主体财务部门。核算采用以会计方法为主、统计方法为辅的核算方法，就是用会计方法核算可以追溯对象的质量成本，用统计方法核算无法追溯对象的质量成本。通常的做法是：

- 可直接追溯到研制项目的质量成本，按会计核算方式进行归集。
- 不能直接追溯到研制项目的质量费用，按统计科目进行归集。
- 对于所归集的质量费用，能够找到合理的分配标准的，分摊到参研单位的各个项目中，计入项目质量成本；不能找到合理的分配标准的，按照质量费用计划确定的标准分摊到项目质量成本之中，单独列示。

项目主体财务部门按照重要节点和年度汇总各参研单位上报的质量成本报表，形成项目总体质量成本报表。

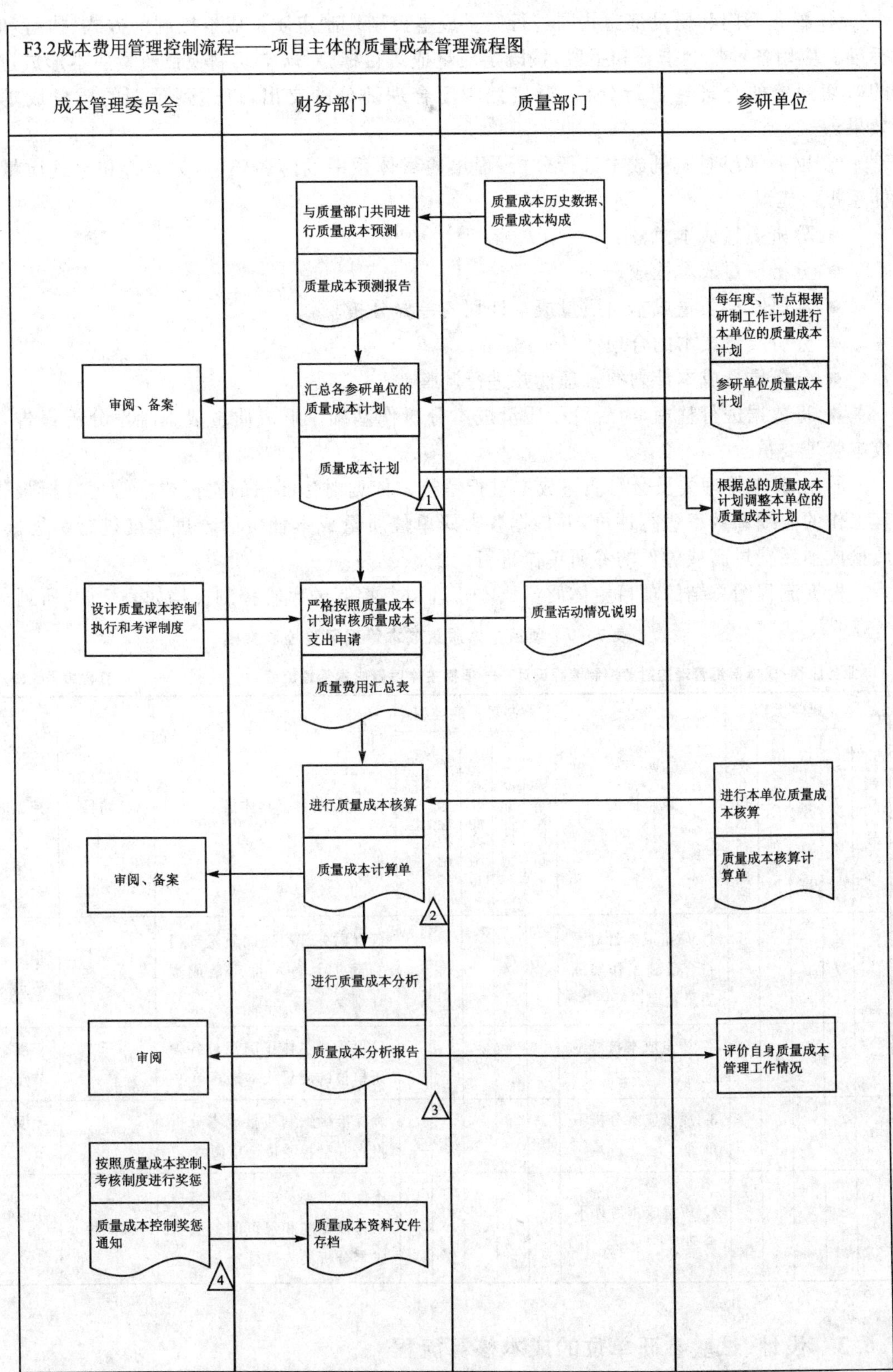

图 7-7　项目主体的质量成本管理流程图

④ 财务部门和质量部门共同进行质量成本控制。制定质量成本控制的方式、执行和考核标准。应用各种控制措施和手段，按既定质量成本目标，对航空研制项目质量成本形成过程中的一切耗费的合理性进行分析，严格控制不合理部分的支出，以达到预期的质量成本控制效果。

⑤ 财务部门对质量成本进行分析，提出质量体系中的薄弱环节，为完善和改进质量成本体系提出建议。

- 分析质量成本总额。
- 分析质量成本构成。
- 本研制期质量成本与质量成本计划的差异分析。
- 分析质量成本的合理性。
- 分析质量成本计划的合理性并进行调整。
- 将数据进行整理，为后阶段质量成本分析作基础。形成质量成本管理分析报告，上报成本管理委员会。

⑥ 由成本管理委员会对质量成本进行考核。依据财务部门的质量成本管理分析报告，对其工作的业绩和效率进行评价，并依据各参研单位质量成本耗费的合理程度进行奖惩。对于质量成本耗费过高或过低的参研单位进行问责。

根据流程图总结的项目主体质量成本管理财务控制的风险控制文档如表 7－9 所列。

表 7－9 项目主体质量成本管理风险控制文档

业务流程：成本费用管理的财务控制流程设计——项目主体质量成本管理流程　　　流程编号：F3.2

控制点编号	风险类别				风险描述	控制目标的类型					控制目标具体描述	控制类型（预防性/检验性）	控制时点
	项目决策风险	成本费用核算失真	成本费用管理失控	资产和信息安全威胁		完整性控制	准确性控制	有效性控制	接触性控制	预见性控制			
1	√	√			1. 质量成本计划不符合研制工作实际质量管理目标	√	√	√			确保财务部门连同质量部门共同汇总各单位质量成本计划	预防性	年度、节点
2	√	√			2. 质量成本核算不准确	√	√	√			确保项目主体正确汇总各参研单位的质量成本计算单	检验性	年度、节点
3	√	√	√		3. 质量成本分析不准确	√	√	√		√	确保准确编制质量成本分析报告并呈报委员会审阅	检验性	年度、节点
4	√	√			4. 质量成本考评不合理	√	√	√		√	确保成本委员的考评严格按照考核标准和经审阅的质量成本分析报告进行	预防性	年度、节点

7.6.3 设计、试验参研单位的成本核算流程

设计、试验参研单位成本核算流程如图 7－8 所示。

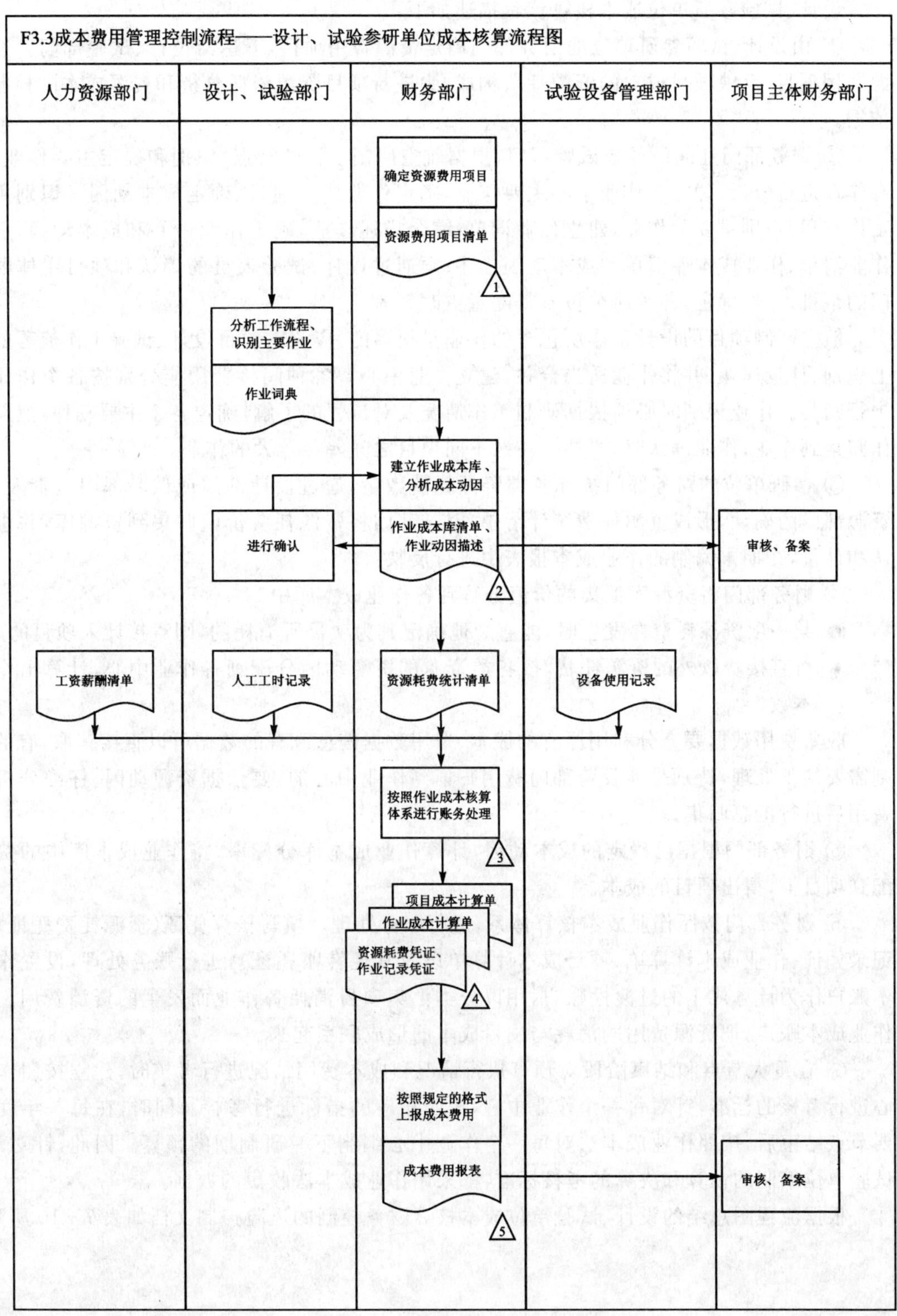

图 7-8　设计、试验参研单位成本核算流程图

设计、试验参研单位成本核算流程描述如下：

① 由设计、试验参研单位的财务部门确定资源费用项目，下达给设计、试验部门。通过资源费用项目，反映项目成本的资源耗费构成，为进行项目资源消耗分析和资源成本的控制提供依据。

② 财务部门连同设计或试验部门，根据航空研制项目的特点，识别和确定主要作业，对所有作业进行分析，确定各作业中心主要作业，确定作业成本项目，确定成本动因。识别主要的工作流程，识别重要的作业，建立作业词典；综合描述作业，确定作业中心和成本动因，形成的作业清单、作业成本库清单和成本动因描述；须通过设计、试验人员的确认和项目主体财务部门的审批，一经确定，各参研单位不得随意更改。

航空研制项目的设计工作所包含的作业是很多的，应该在项目设计、试验工作流程的基础上识别、计量作业，并将作业适当合并，建立作业中心。各种间接费用应分别按各个作业中心进行归集。作业识别时必须根据研制工作情况及对流程的了解，确定各个主要动作，然后将动作归集到作业；作业确认时，要特别注意不同项目之间差异较大的作业。

③ 参研单位的财务部门统计各类资源耗费数量，通过设计部门或试验部门负责人、人力资源部门的确认，形成资源耗费统计清单；财务部门将资源耗费价值归集到资源库，并进行确认和计量，在期末编制的作业成本报表中进行反映。

④ 财务部门将资源库汇集的价值分解到各作业成本库中。

- 某一项资源耗费在发生时，能直观地确定其为项目所消耗的，则直接计入项目的成本。
- 将直接费以外的资源耗费，按各类资源的资源动因分配到各作业中心，计算出作业成本数。

收集费用数据要充分利用原有的成本、费用数据信息。有的数据可以直接获取，有的数据则需要加工处理，特别是涉及跨部门费用归集到作业中心的，要依据资源动因，仔细分析各项费用后进行汇总归集。

⑤ 财务部门根据已确定的成本动因，计算作业成本库分配率，将作业成本库中的费用分配到项目上，得出项目的成本。

⑥ 财务部门按照作业成本核算体系，进行账务处理。填写核算凭证（资源耗费凭证、作业记录凭证、作业成本计算单、项目成本计算单以及常规转账凭证），进行账务处理，设置作业成本账户作为计算成本的过渡性账户，用以分类汇集项目消耗各作业而发生的资源费用。通过作业成本账户，把资源费用的消耗与项目成本的形成联系起来。

⑦ 在重大节点和结束阶段对预算执行情况和成本费用情况进行考核时，建立按照作业中心进行考核的标准，针对每一个作业中心，按照相应的指标进行考核。同时，在每一年度和重要节点结束后，按照作业成本法对每一个作业中心编制下一研制期的预算。因此，针对设计、试验单位编制的预算和决算的考核标准，都采用作业成本法收集的数据。

根据流程图总结的设计、试验单位成本核算财务控制的风险控制文档如表 7－10 所列。

表7-10　设计、试验单位成本费用核算风险控制文档

业务流程:成本费用管理的财务控制流程设计——设计、试验单位的成本费用核算流程　　流程编号:F3.3

控制点编号	风险类别				风险描述	控制目标的类型					控制目标具体描述	控制类型（预防性/检验性）	控制时点
	项目决策风险	成本费用核算失真	成本费用管理失控	资产和信息安全威胁		完整性控制	准确性控制	有效性控制	接触性控制	预见性控制			
1	√	√			1. 资源耗费项目确定不合理	√	√	√			确保选择适当的资源耗费项目归集作业的消耗	预防性	总体设计阶段前期
2	√	√			2. 作业、作业成本库和成本动因不符合实际	√	√	√			确保财务部门连同设计、试验部门共同分析工作流程和重点作业，清单经过确认与审核	预防性	总体设计阶段前期
3	√	√			3. 作业成本核算不准确	√	√	√			确保财务部门按照预定的作业成本核算要求进行账务处理	检验性	随时
4	√	√	√	√	4. 作业成本法核算资料未经妥善保存	√	√	√		√	确保核算资料的保密和存档	预防性	随时
5	√	√			5. 作业成本法的成本费用报表不合理	√	√	√		√	确保成本费用报表按照统一格式列示，并附加作业消耗信息	检验性	年度、节点

7.6.4　制造参研单位的成本核算流程

本书设计的制造参研单位成本核算流程如图7-9所示。

制造参研单位成本核算管理的流程说明如下：

① 制造参研单位车间统计为生产项目零部件所产生的人工工时、设备使用工时、材料领用数量，车间主任在区分了本项目所产生的人工工时统计记录、设备使用工时统计记录和领料单上签字确认后，传递到财务部门。人事部门将工资薪酬清单传递到财务部门。

② 财务部门按照成本费用核算办法，核算项目产生的直接人工、直接材料，并按照之前确定的标准分配间接费用(如车间水电费、工艺设计费、工装设计费、修理费、机物料消耗费、折旧费等)，形成项目直接人工费用清单、直接材料清单、制造费用清单。

③ 核算项目产生的管理费用，如差旅费、会议费、交通费、信息通信费、咨询费、办公费等，合理地分摊至项目。

④ 对于一般件，可以采用定额成本或标准成本核算；对于定制件，采用实际成本核算。

⑤ 按照二维双向的格式编制成本费用报表，上报至项目主体财务部门。

根据流程图总结的项目生产制造参研单位成本核算财务控制的风险控制文档如表7-11所列。

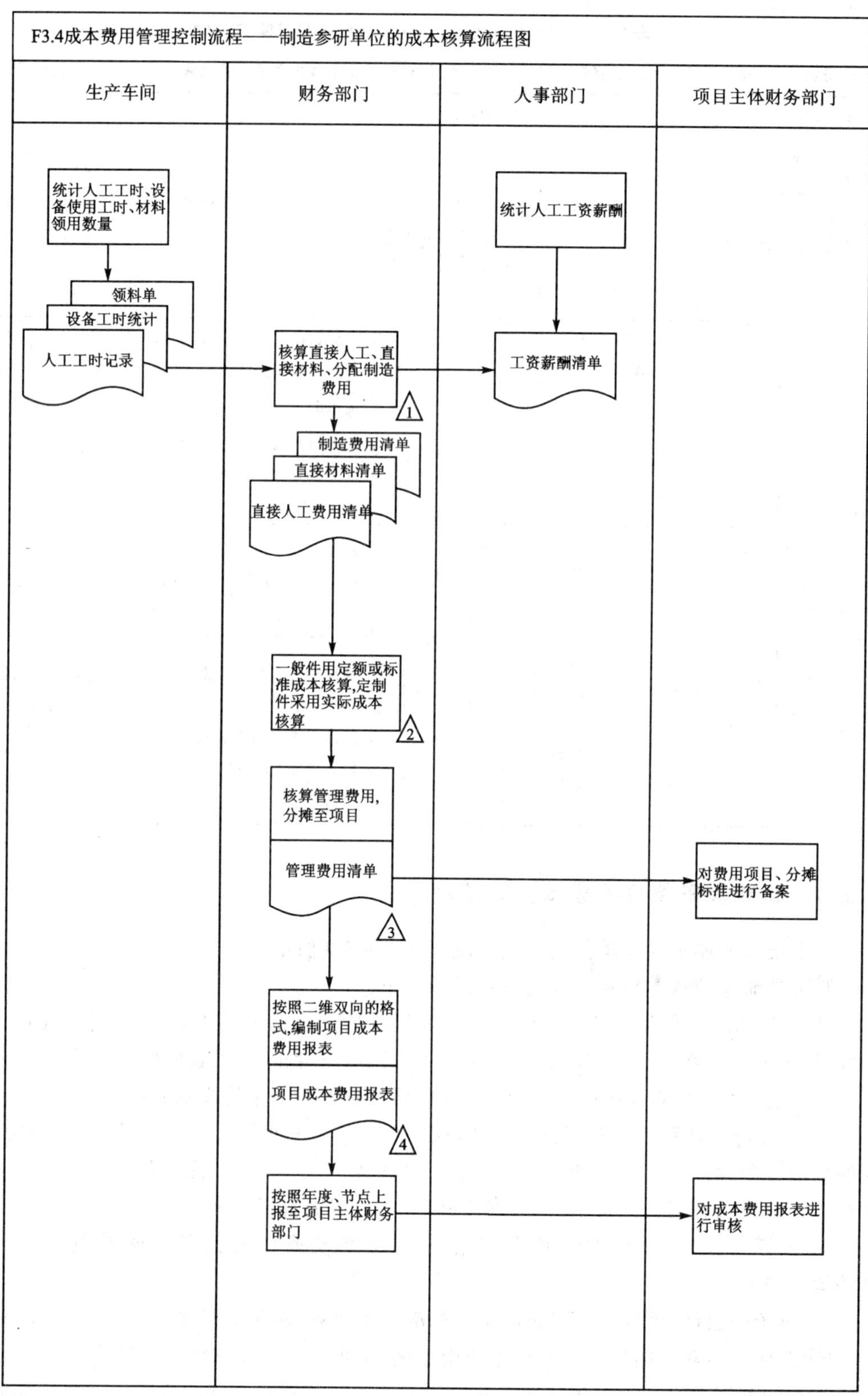

图 7-9 制造参研单位的成本核算流程图

表 7-11　制造单位成本费用核算风险控制文档

业务流程:成本费用管理的财务控制流程设计——制造单位成本费用核算流程　流程编号:F3.4

控制点编号	风险类别				风险描述	控制目标的类型					控制目标具体描述	控制类型(预防性/检验性)	控制时点
	项目决策风险	成本费用核算失真	成本费用管理失控	资产和信息安全威胁		完整性控制	准确性控制	有效性控制	接触性控制	预见性控制			
1	√	√			1. 生产成本核算不准确	√	√	√			确保财务部门依据正确的凭证,正确核算生产成本	检验性	随时
2	√	√			2. 成本核算方法选择不当	√	√	√			确保一般件按照标准或定额成本核算,定制件按照实际成本核算	检验性	随时
3	√				3. 管理费用核算不准确	√	√	√		√	确保财务部门依据经项目主体确认的分配方式分配管理费用	检验性	随时
4	√	√	√		4. 未按照统一格式进行成本费用报告	√	√	√		√	确保参研单位按照统一格式报告	检验性	年度、节点

7.6.5　设计、试验参研单位的成本费用控制与考评流程

设计、试验参研单位的成本费用控制与考评流程图如图 7-10 所示。

设计、试验参研单位成本费用控制与考评流程说明如下:

① 财务部门连同设计、试验部门,根据作业统计清单,与前期或其他类似研制项目的作业消耗相比较,确定本期项目所消耗的作业量是否合理,作业成本库统计消耗的资源是否合理,提出改进作业、变更作业、增加作业或删除作业的建议。着重分析由于疏忽导致的设计变更所发生的人力资源加班费用等额外支出是否合理。

② 财务部门将每一个作业中心成本费用与预算进行比较,分析差异产生的原因,形成成本费用差异分析报告。

③ 财务部门根据实际发生的成本费用,预测未来将要发生的项目费用,预测对项目总成本的影响,确定是否需要对该作业成本中心的预算进行变更。若需要变更,则提出预算调整申请,所有预算变更要按照预算管理制度对变更应遵循的程序,包括表格、文档、跟踪系统和核准变更的审批级别,进行变更。

④ 财务部门连同质量部门、设计或试验部门和项目进度控制部门,分别对本研制期的技术、质量、进度、成本进行考评。设计、试验部门要出具本期设计工作是否取得预期成果,是否完成了重大技术攻关,以及发生了几次设计变更或重复试验浪费的说明。质量部门要出具本期设计成果是否达到了预期的水平和适航取证要求,以及由于设计、试验质量原因进行的设计反复修改、试验多次重复的说明。项目进度控制部门要出具是否在规定的时间内完成了设计、试验任务,是否提前、延期及其原因,以及预期的完成时间的报告。

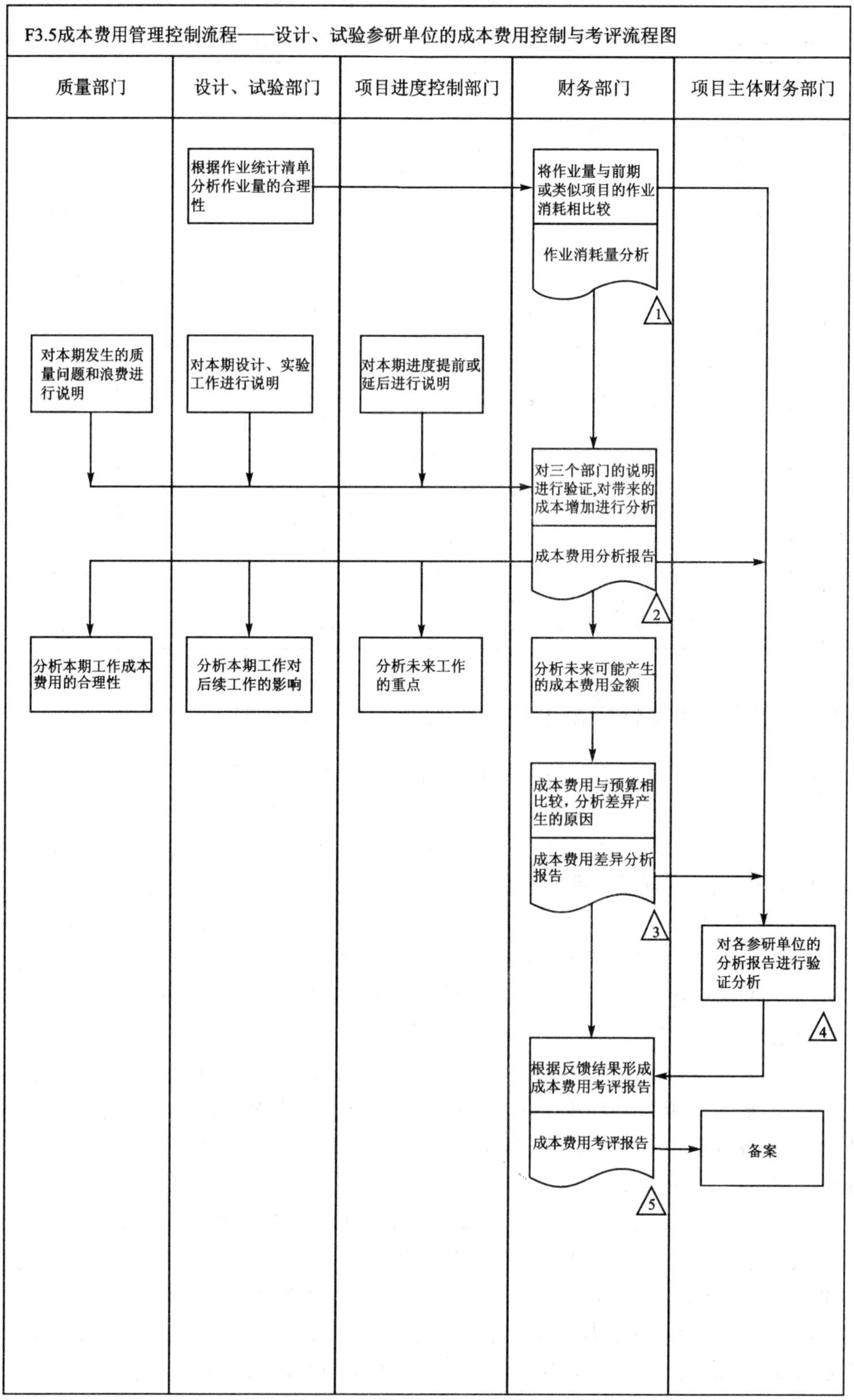

F3.5成本费用管理控制流程——设计、试验参研单位的成本费用控制与考评流程图

质量部门	设计、试验部门	项目进度控制部门	财务部门	项目主体财务部门
	根据作业统计清单分析作业量的合理性		将作业量与前期或类似项目的作业消耗相比较 作业消耗量分析 1	
对本期发生的质量问题和浪费进行说明	对本期设计、实验工作进行说明	对本期进度提前或延后进行说明	对三个部门的说明进行验证,对带来的成本增加进行分析 成本费用分析报告 2	
分析本期工作成本费用的合理性	分析本期工作对后续工作的影响	分析未来工作的重点	分析未来可能产生的成本费用金额	
			成本费用与预算相比较，分析差异产生的原因 成本费用差异分析报告 3	对各参研单位的分析报告进行验证分析 4
			根据反馈结果形成成本费用考评报告 成本费用考评报告 5	备案

图7-10 设计、试验参研单位的成本费用控制与考评流程图

⑤ 参研单位财务部门要将设计、试验部门和质量部门的说明相互印证，并计算设计更改、重复试验、进度提前或拖后带来的本单位成本费用增加以及造成的制造单位成本费用增加的金额，形成成本费用分析报告，并上报项目主体财务部门。分析报告须符合成本费用分析制度，并及时进行存档。

⑥ 项目主体财务部门将各参研单位的成本分析报告进行相互印证后，将信息反馈给参研单位财务部门。

⑦ 参研单位财务部门根据反馈结果，形成成本费用考评报告，同时上报到项目主体财务部门和本单位项目负责人进行奖惩决策，支持下一研制期采购、预算、资金调配的相关决策。

根据流程图总结的设计、试验单位成本费用控制与考评的风险控制文档如表 7－12 所列。

表 7－12　设计、试验单位成本费用控制考评风险控制文档

业务流程：成本费用管理的财务控制流程设计——设计、试验单位成本费用控制考评流程　　流程编号：F3.5

控制点编号	风险类别				风险描述	控制目标的类型					控制目标具体描述	控制类型（预防性/检验性）	控制时点
	项目决策风险	成本费用核算失真	成本费用管理失控	资产和信息安全威胁		完整性控制	准确性控制	有效性控制	接触性控制	预见性控制			
1	√				1. 研制工作消耗的作业量合理性未经分析	√	√	√			确保财务部门连同设计、试验部门对作业量进行分析	检验性	年度、节点
2	√				2. 成本费用分析片面、脱离实际	√	√	√			确保财务部门结合其他三个部门的情况说明，进行成本费用分析	检验性	年度、节点
3	√				3. 成本费用差异分析不准确	√	√	√		√	确保准确编制成本费用差异分析报告并呈报项目主体审阅	检验性	年度、节点
4	√	√	√		4. 项目主体财务部门未核实参研单位的成本费用考评资料	√	√	√		√	确保各参研单位的成本费用分析合理，符合实际	检验性	年度、节点
5	√		√		5. 财务部门的成本费用考评不合理	√	√	√		√	确保奖惩依据项目主体对本单位的成本费用评价	检验性	年度、节点

7.6.6　制造参研单位的成本费用控制与考评流程

制造参研单位的成本费用控制与考评流程图如图 7－11 所示。

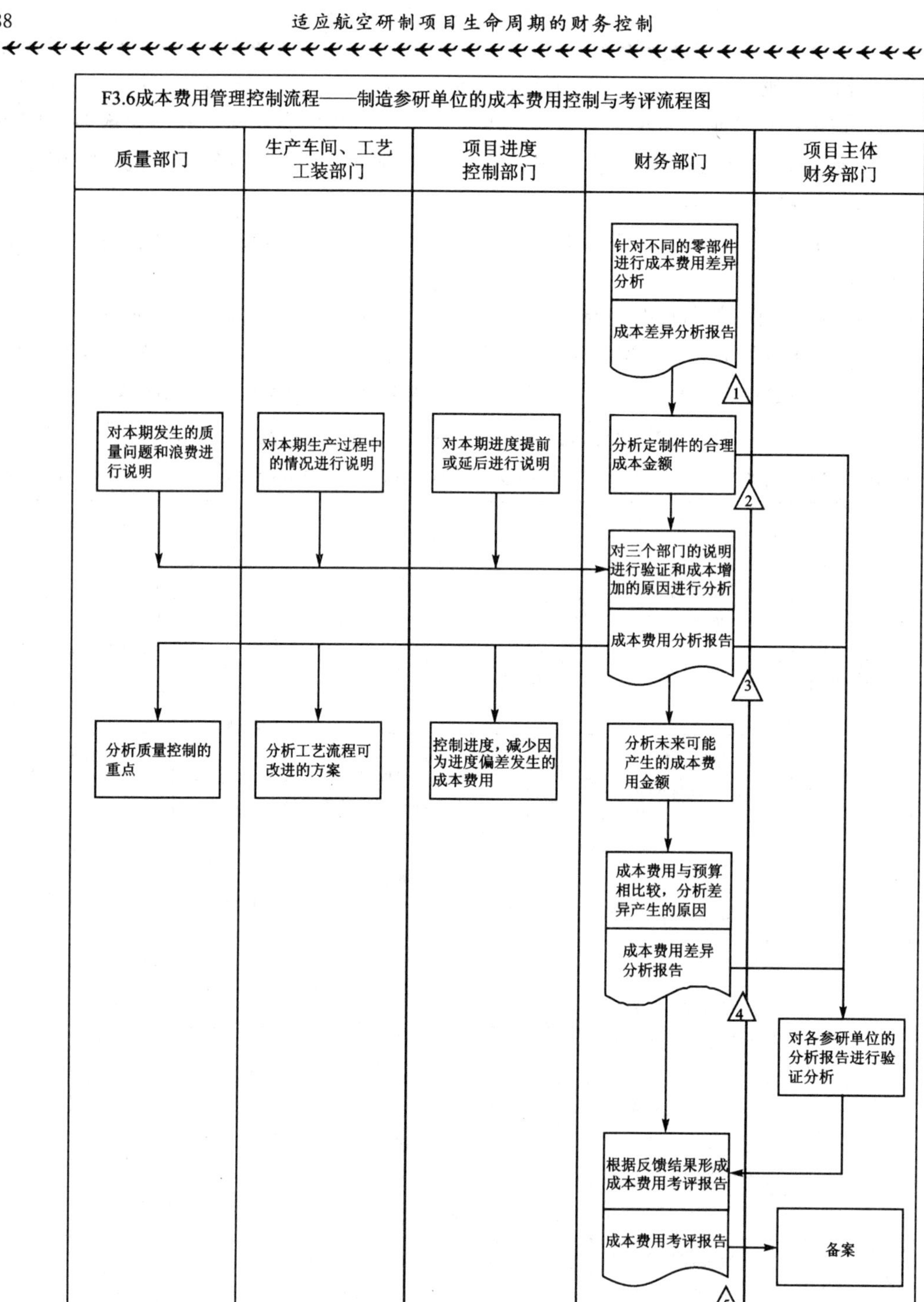

图 7-11 制造参研单位的成本费用控制与考评流程图

制造参研单位的成本费用控制与考评的流程设计说明如下：

① 财务部门针对不同的零部件进行成本控制。一般件用定额成本或标准成本进行控制，定制件采用测算出的成本或可能的合理成本范围进行控制，分析差异产生的原因和产生原因的合理性，形成成本费用差异分析报告。

② 根据差异分析报告分析定制件的合理成本金额，并将成本核算资料和分析文件存档，作为后期成本费用分析的依据。

③ 财务部门、生产车间对于因为设计变更等其他不可控因素造成的零部件报废、材料浪费等损失单独统计和记录，并考虑报废零部件的回收再利用。

④ 财务部门、质量部门、工艺工装部门和项目进度控制部门分别对本研制期的技术、质量、进度、成本进行考评。工艺工装部门要出具本期研制工作是否完成了重大工艺工装技术攻关，以及发生了几次由于设计单位的设计变更和几次因本单位自身工艺工装设计差错造成的浪费说明。质量部门要出具本期研制成果是否达到了预期的质量水平和工艺要求，以及由于自身工艺工装设计质量原因进行的工艺工装流程反复修改、材料人工浪费和由于工人操作不熟练造成的浪费的说明。项目进度控制部门要出具是否在规定的时间内完成了生产任务，是否提前、延期及其原因，以及预期的完成时间的报告。

⑤ 制造参研单位财务部门要将工艺工装部门和质量部门的说明相互印证，并计算工艺工装设计更改、材料浪费、人工浪费、进度提前或拖后带来的制造成本费用增加的金额，结合外部因素造成的成本费用增加，形成成本费用分析报告，并上报项目主体财务部门。

⑥ 主体财务部门将各参研单位的成本分析报告进行相互印证后，将信息反馈给参研单位财务部门。

⑦ 制造参研单位财务部门根据反馈结果，形成成本费用考评报告，同时上报到项目主体财务部门和本单位项目负责人进行奖惩决策。

根据流程图总结的制造参研单位成本费用控制与考评财务控制的风险控制文档如表 7－13 所列。

表 7－13　制造参研单位成本控制与考评风险控制文档

业务流程：成本费用管理的财务控制流程设计——制造参研单位成本费用控制流程　　流程编号：F3.6

控制点编号	风险类别				风险描述	控制目标的类型					控制目标具体描述	控制类型（预防性/检验性）	控制时点
	项目决策风险	成本费用核算失真	成本费用管理失控	资产和信息安全威胁		完整性控制	准确性控制	有效性控制	接触性控制	预见性控制			
1	√				1. 成本费用差异分析报告不合理	√	√	√			确保财务部门区分不同零部件依据适当的标准进行分析	检验性	年度、节点
2	√				2. 未按照实际成本费用合理确定定制件的成本	√	√	√			确保财务部门结合实际发生的成本剔除浪费，确定合理成本	检验性	年度、节点

续表 7－13

控制点编号	风险类别				风险描述	控制目标的类型					控制目标具体描述	控制类型（预防性/检验性）	控制时点
	项目决策风险	成本费用核算失真	成本费用管理失控	资产和信息安全威胁		完整性控制	准确性控制	有效性控制	接触性控制	预见性控制			
3	√				3. 成本费用分析不符合实际	√	√	√		√	确保成本费用分析时区分了设计变更和自身原因的成本费用支出	检验性	年度、节点
4	√	√	√		4. 成本费用差异分析不准确	√	√	√		√	确保准确编制成本费用差异分析报告并呈报项目主体审阅	检验性	年度、节点
5	√		√		5. 财务部门的成本费用考评不合理	√	√	√		√	确保奖惩依据项目主体对本单位的成本费用评价	检验性	年度、节点

第8章　采购与供应商管理的财务控制

8.1　采购与供应商管理的财务控制目标

航空研制项目采购与供应商管理的财务控制直接目标在于保证采购资产安全完整，保证采购业务流程规范并得到有效执行，以及保证采购管理会计信息的质量。其最终目标在于通过财务控制对航空项目采购和供应商管理的风险进行管理，有效地防范采购与供应商管理的风险，保证采购及时、准确，为项目按进度、按质量运作提供重要保障，并对项目成本进行恰当的控制和管理，最终促进航空研制项目的成功。

8.2　设计思路说明

1. 研制项目采购与供应商管理的特点及风险分析

我国航空研制项目的主要运作模式是：由项目主体负责组织项目的整体研发和组装，飞机发动机、航电系统、燃油系统等重要控制系统及关键部件通过面向全球供应商采购取得，项目主体以支付技术咨询费、联合拥有产权等方式与国际供应商展开合作。这种运作模式决定了采购业务在项目研制中的重要地位，主要体现在项目设计、质量控制、进度安排和成本控制四个方面，具体表现如下：

① 采购是联系项目设计与项目实施的纽带，是项目的关键环节。

② 采购直接关系到项目总体的质量水平，采购的质量控制能力决定了航空研制项目质量的高低。

③ 由于采购的时间跨度涵盖整个航空研制项目生命周期的各个阶段，包括项目论证阶段、预发展阶段、工程发展阶段、研制结束阶段，所以采购业务将影响航空研制项目的整体进度。

④ 采购成本占项目成本的60％以上，故控制采购成本是控制项目总成本的基础。

我国航空研制项目运作模式的特殊性及其采购管理的重要地位，使得我国航空研制项目采购与供应商管理和一般采购业务相比具有较多的特点，体现出了航空工业管理的特色以及研制项目的特性。这些特点主要体现在以下几个方面：

① 参与主体呈国际化特点。航空研制项目作为跨国的经济活动，具有参与主体的国际化特点，航空研制项目的采购是全球采购，涉及不同的国家、不同的民族、不同的政治和经济背景，因此，在航空研制项目中要额外考虑经济活动和经济规则的国别差异，以及国际政治风云变动、经济变动、汇率变动等因素所带来的风险，并建立相应的应对措施。

② 采购的部件订购周期长，受不确定因素影响大。航空研制项目国外采购的产品多为定制产品，即根据航空研制项目的特点和要求专门定制并采购的产品。由于这些定制产品设计复杂、制造困难，因此使得定制采购与取得产品之间周期较长。而在此期间航空研制项目的其

他环节又可能由于各种不确定因素，发生诸多变化，导致原定制产品须随之变动，从而增加了项目采购的风险。

③ 采购管理模式特殊。航空研制项目是一种创新性活动，在研制项目过程中，经常会出现变更和修改研制方案、调整项目进度等情况。为适应航空研制项目的创新性，其管理模式不同于一般的采购管理模式，其采购权限不是集中在生产与仓储部门，而是赋予项目设计部门更多的采购权限。

④ 与供应商的关系为战略伙伴关系。在传统采购模式下，供应与需求的关系多为临时或短暂合作的一般买卖关系，而航空研制项目采购则不然。一方面，由于项目对供应商的技术要求较高，研制技术风险大，资金投入巨大，使得研制方难以独立承担，从而寻求供应商共同承担；另一方面，项目研制成功后收益巨大，而这时供应商的进入门槛也陡然升高，供应商为了分享项目收益，就会选择在研制开始时就与研制方合作。因此，航空研制项目采购经常采用战略合作的供应商管理模式。这种战略伙伴关系主要体现在两点：风险共担、利益共享。

⑤ 采购的产品具有严格的技术标准和规范。航空研制项目最基本的技术要求是保证项目研制的航空型号达到国际广泛接受的技术标准和规范。只有同时取得型号合格证、生产许可证以及适航证，才能保证航空项目研制的型号具有销售市场。尤其对于民机而言，不仅要达到国内适航证的标准，同时要打开国际市场，还要达到更为严格的欧美适航证标准。这就要求航空研制项目所采购的产品要来自具有相关认证的供应商。目前我国能达到国外试航标准的供应商极少，大部分产品依赖国外生产这种产品的全球唯一供应商。

⑥ 采购人员参与度高，采购信息关联度强。由于采购业务在航空研制项目中起关键作用，因此在每一个阶段都需要充分考虑采购的有关信息，采购人员需要全程参与研制项目，包括从项目立项阶段的可行性分析，到研制结束阶段的项目后评价。

以上航空研制项目采购的特点，给其带来了特有的风险，具体包括管理风险、技术风险、合同风险、财务风险、供应风险、自然环境风险、经济风险和政治风险。

① 管理风险。航空研制项目国外采购业务的管理风险指在采购过程中，由于计划、组织、控制、协调等管理工作达不到预定的要求，造成研制进度推迟、质量达不到要求、成本上升或项目失败等损失。航空研制项目国外采购的管理风险主要来自采购管理的组织模式不科学、管理制度不完善、权责分配不明确、岗位设置不合理、人员素质不符合要求等。

② 技术风险。航空研制项目国外采购业务的技术风险是指由于设计方案、技术途径、工艺方法发生变化及技术进步等原因造成航空研制项目在国外采购管理遭受损失。技术风险是航空研制项目国外采购业务中面对的最重大的风险之一。技术风险主要源于航空项目自身的创新性、所需技术的复杂性和先进性、国外技术垄断性以及高新技术更新换代快等特性。

③ 合同风险。航空研制项目国外采购业务的合同风险是指由合同因素造成对项目的不利影响和损失。合同风险源于供货方违约、毁约、不履行合同等情况，以及对合同形式和内容上的歧义或争议引发的风险。

④ 财务风险。航空研制项目国外采购业务的财务风险是指由于对资金、费用、应付账款等财务活动管理不力，或预算、估算管理制度不完善而造成经费不到位、资金不足、费用失控、超支严重、无法支付到期应付款项、推迟研制进度等损失。财务风险主要源于项目资金的供应体制不科学，资金、成本、费用的管理水平低下，估算、概算、预算管理制度不规范等。

⑤ 供应风险。航空研制项目国外采购业务的供应风险是指由于不能及时采购到研制项

目所需要的材料和部件，致使项目不能按计划进行而造成的损失。供应风险主要源于对重要材料和部件的依赖性、国外供应商的履约程度以及航空材料市场供应状况等。

⑥ 自然环境风险。航空研制项目国外采购业务的自然环境风险指洪水、地震、火灾、台风、雷电等不可抗拒自然力及恶劣的气候给项目采购带来的风险。环境风险对航空研制项目国外采购业务带来的影响主要体现在采购部件的运输环节上，由于国外采购的部件运程较长，而且多为大中型部件，同时对质量、精度要求很高，因此环境风险一旦发生，势必造成到货延迟，从而影响项目进度，或质量达不到要求。

⑦ 经济风险。航空研制项目国外采购业务的经济风险是指项目研制期内，国际经济形势发生变化，特别是国外供应商的经济状况变数较大而形成的风险。由于航空研制项目的周期较长，参与者遍及全球，供应国的经济动荡或全球金融危机等经济形势都会对项目研制产生影响，因此要充分识别和分析经济风险。经济风险主要来源于通货膨胀、外汇管制、汇率波动和保函风险等。

⑧ 政治风险。航空研制项目国外采购业务的政治风险反映在国内、国际两个方面，是由国内或国际政治形势、国际关系变化的不确定性带来的。国内风险主要来自于国内相关产业政策、税收法律和外交政策的调整变化；国外风险主要来自供应商所在国的政治取向、经济和外交政策的变动，如各国针对某个国家或某类行业制定利益保护政策，采取经济制裁手段，设置贸易壁垒等。

2. 航空研制项目采购管理财务控制流程的总体设计思路说明

针对以上航空研制项目采购管理的特点及其带来的风险，我们在流程设计时着重考虑了以下几个方面：

① 航空研制项目采购应采用集中采购的体制。首先，集中采购有利于控制航空研制项目供应商国际化带来的众多不确定因素，降低因采购周期过长而增加的管理风险；其次，集中采购有利于统一采购产品的技术标准和规范，保证研制项目符合国际认证标准；此外，航空研制项目规模庞大，采购量大，集中采购有利于节约资金、控制成本，也有利于采购预算的编制与管理。

② 航空研制项目采购与供应商管理环节的财务控制，应该能够为“风险联合定义”的供应商合作模式提供财务支持。航空研制项目规模庞大，研制方难以独立承担巨大的投入资金和技术风险，因而必须与供应商采用特殊的风险共担、联合定义的合作模式。风险联合定义管理模式需要高度的财务控制和财务信息配合。考虑到这一点，在流程设计时，对供应商管理流程、招投标管理流程与合同管理流程进行单独阐述，并重点说明财务控制如何介入这些流程。在供应商选择中，财务部门应提供供应商财务评价；在招投标中，财务部门应对招标文件进行财务审核，对投标供应商进行财务资格审查；在合同管理中，财务部门应对合同初稿提供财务改进意见；在研制过程中，财务部门应形成供应商的投入记录和财务信誉记录，通过对供应商的支付方式选择和支付时间控制等实现对供应商的管理。

③ 航空研制项目的采购预算要具有一定的弹性。航空研制项目的采购费用主要通过预算进行控制和管理，因此应充分重视航空研制项目采购预算的管理，实现预算管理与请购审批的有效结合。值得注意的是，由于航空研制项目具有创新性特点，财务控制必须能为这种项目特性提供支持，因此采购预算不能过于刚性，应适当制定标准差异幅度，同时随着项目的进度，根据实际情况对预算进行适时调整。

④ 加强航空研制项目对保值工具选择、实施和监督的管理。由于航空研制项目国外采购费用占采购成本的绝大部分，在整个研制费用中也占据很大比例，因此利率、汇率风险将对项目外币资金的安全带来很大影响。在航空研制项目采购业务中，应使用保值工具以应对利率、汇率等风险。然而使用保值工具为项目规避汇率等风险的同时，又带来了巨大的管理风险，同时保值工具的使用也是我国政府重点监管的内容，所以对保值工具使用的财务控制应引起充分关注，需根据国家的相关法律制度，制定规范的流程加以约束。

⑤ 采购活动的财务控制必须对项目进度管理提供财务支持。由于航空研制项目采购部件多为定制部件，故供应商须依照研制项目的特殊要求，进行特别的设计与加工制作，这使得订购周期较长。而由于定制部件与项目其他环节密切相关，如果在供应商研制该部件的过程中，项目其他环节发生变化，则定制部件须随之变化，从而延长了订购周期，容易延误项目整体进度。考虑到这一点，在流程设计时，对定制产品的采购设置了订购提前期，即按照定制产品正常研制所需的时间，加上可能由于项目变动而延长的时间，以此作为整个订购周期，提前向供应商发出订单，以保证能及时取得定制产品，从而不影响项目进度。

8.3 采购与供应商管理的财务控制流程及关键控制点

8.3.1 采购与供应商管理的财务控制总流程

采购与供应商管理的财务控制总流程如图 8-1 所示。

采购与供应商管理的总流程设计说明如下：

① 采购预算。采购部门根据 WBS 工作分解图，编制采购实物预算。此实物预算中只包括采购的数量和产品类型，未包括金额数据。财务部门根据采购部门编制的采购实物预算，结合市场价格数据，编制采购资金预算。

② 供应商管理。财务部门根据采购部门提供的供应商财务数据，对供应商进行财务评价，并将评价报告提供给供应商评估小组，由供应商评估小组出具综合评估报告，形成供应商数据库。

③ 招投标管理。评标委员会对通过财务等相关资格审查的供应商进行评标，出具评标报告，交财务部门等进行审核，确定中标候选人名单，最后由项目主体确定中标名单。

④ 合同管理。合同谈判小组编制合同，交财务等部门进行审核会签，通过后编制正式合同，经合同管理部门审核通过后，由项目主体签署合同，经财务部门盖合同章后备案。

⑤ 请购管理。部件需求部门根据需求编制请购单，采购部门与财务部门根据采购的实物预算与资金预算对请购单进行审批，通过后编制订购单。

⑥ 运输方式选择与投保管理。财务部门对运输方式进行财务评价，供采购部门选择运输方式参考；财务部门对投保方式进行财务评价，供保险管理部门选择投保方式参考。

⑦ 验收与仓储管理。供应商对采购货物进行验收后，出具验收单，交仓储部门收货入库并编制入库单；财务部门根据验收单与入库单进行账务处理。

⑧ 退货管理。对验收中发现的不合格产品，由采购部门与供应商办理退货或折让处理事宜，由财务部门办理相关财务手续。

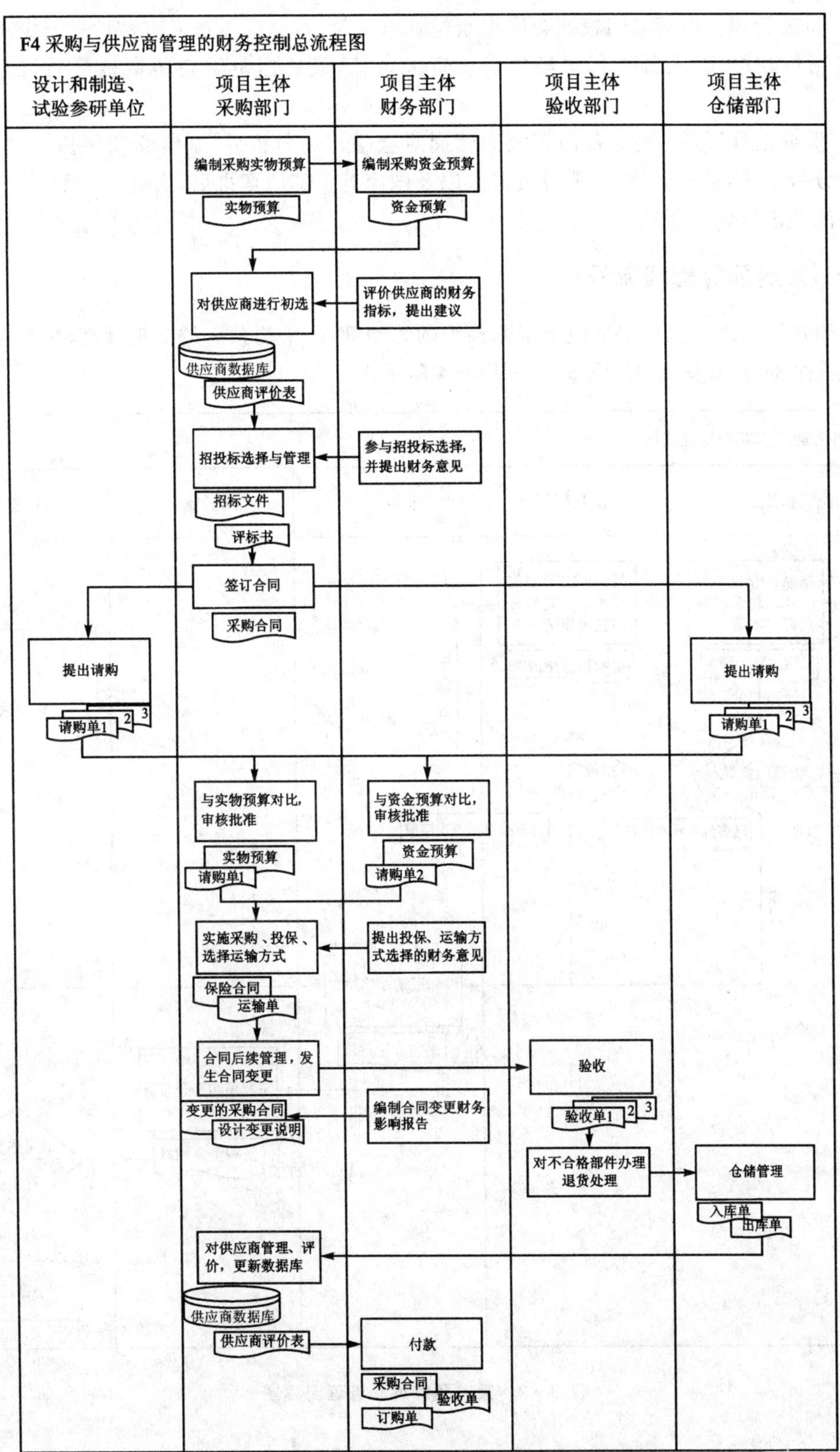

图 8-1　采购与供应商管理的财务控制总流程图

⑨ 付款管理。申请部门根据合同编制付款申请单，经部门负责人审核后递交财务部门审核并编制付款单；对大额支付须经项目负责人审核，最后由出纳按照审核后的付款单进行支付。

⑩ 保值工具管理。财务部门资金运营岗对金融市场分析后，制定套期保值计划，并出具可行性分析报告，经总会计师、项目负责人以及国家有关部门审批后，实施该计划，并对其实施适时监测并进行风险管理。

8.3.2 采购预算管理流程

采购预算管理的流程主要包括采购预算的编制管理、采购预算的变更管理、采购预算的跟踪管理三个部分，如图 8－2、图 8－3、图 8－4 所示。

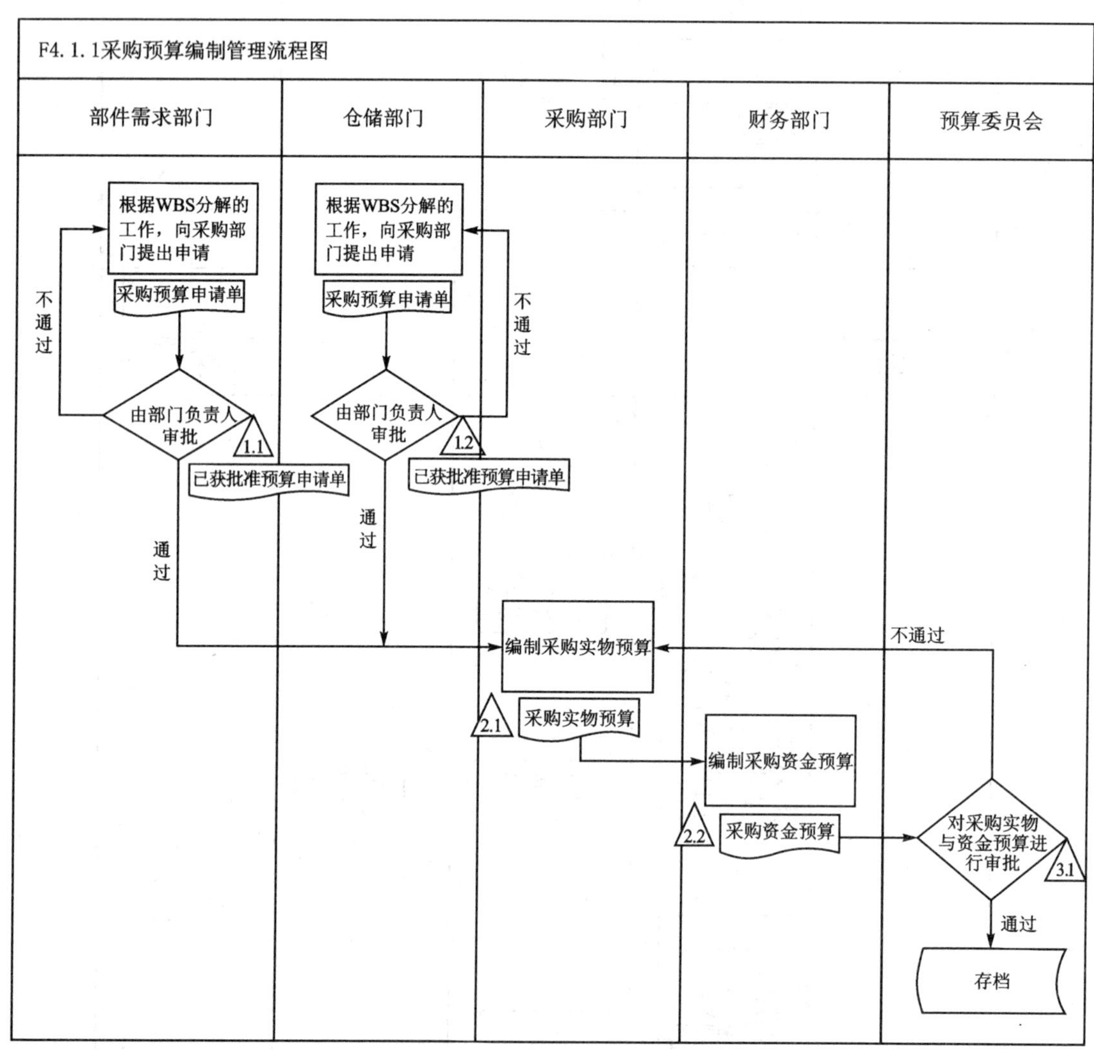

图 8－2 采购预算编制管理流程图

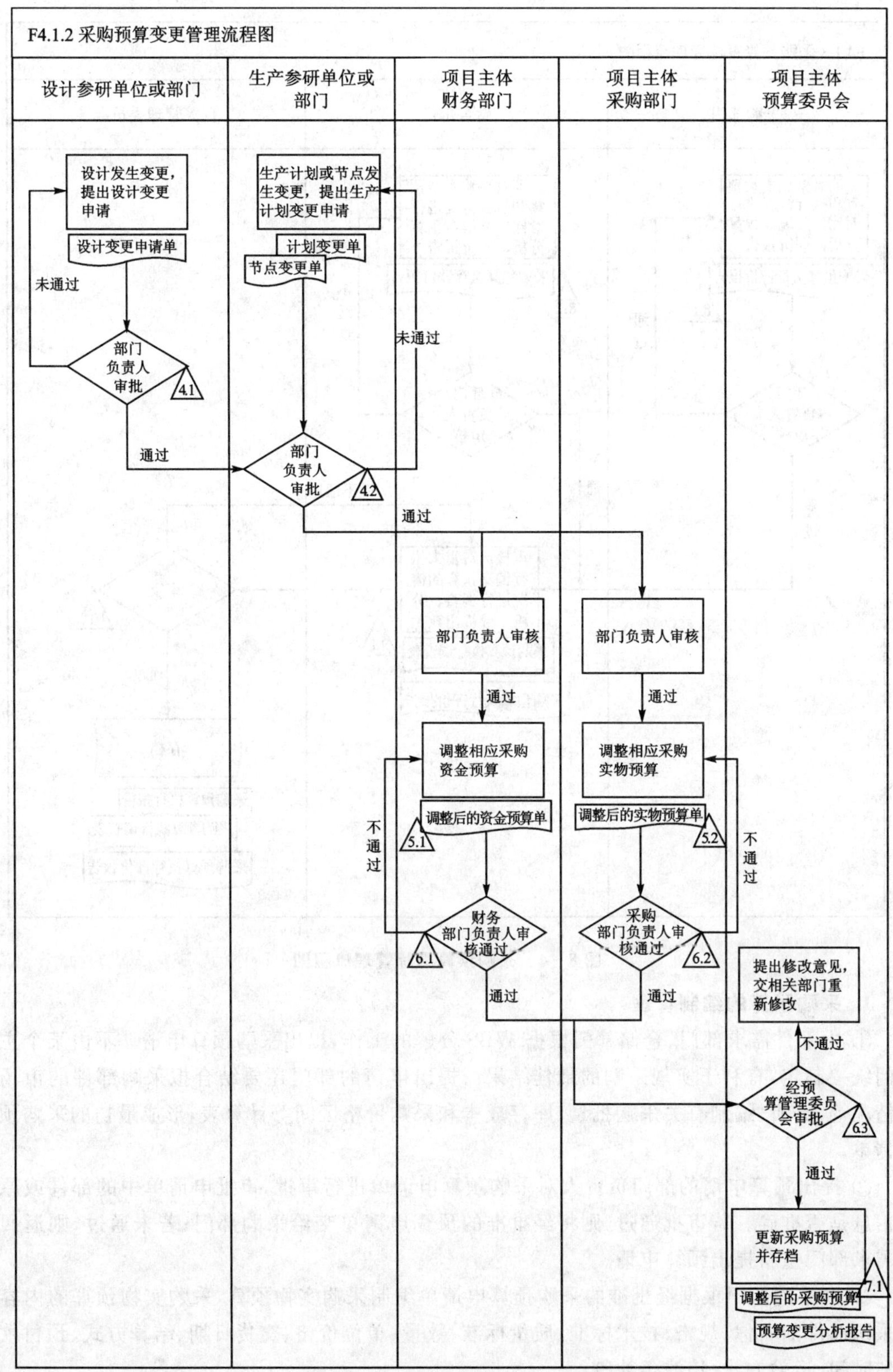

图 8-3　采购预算变更管理流程图

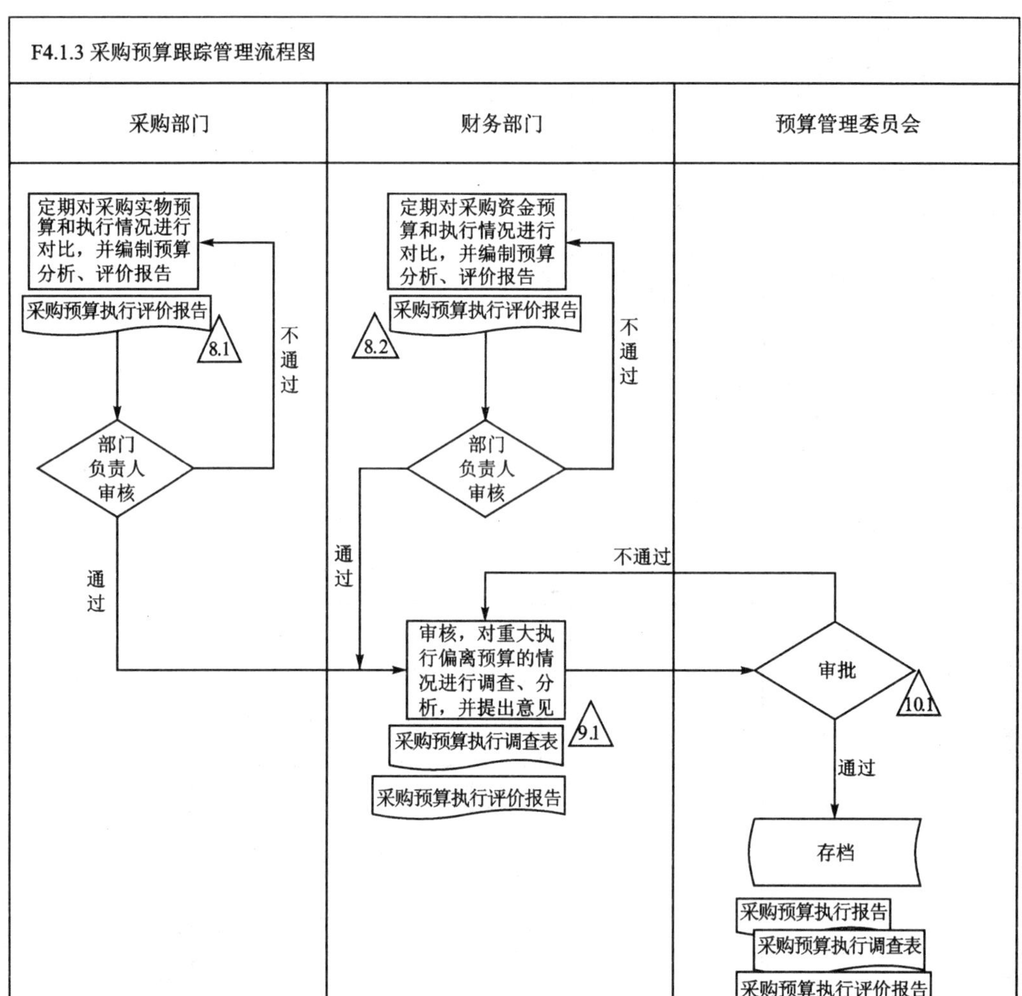

图 8-4 采购预算跟踪管理流程图

1. 采购预算的编制管理

① 由部件需求部门、仓储部门根据 WBS 分解的工作，提出采购预算申请。不由某个主要部门统一制定，有利于实现采购的最佳结果。提出申请的部门还要结合拟采购部件的市场需求情况等，分析、编制有关采购批量、库存成本和采购价格区间等计算表，形成最初的采购预算申请单。

② 提出预算申请的部门负责人对采购预算申请单进行审批，审批申请单中的部件或原材料信息是否准确。若审批通过，则将经批准的预算申请单交给采购部门；若未通过，则返回部件需求部门重新提出预算申请。

③ 由采购部门根据经批准的采购预算申请单编制采购实物预算，采购实物预算的内容包括采购部件的名称、规格、技术标准、质量标准、数量、单位价格、交货日期、结算方式、预付款比例和时间、运输方式、违约条款等。

④ 由财务部门根据经批准的采购预算申请单，结合采购实物预算的内容，如采购数量、规

格等，同时进行必要的市场调查并编制采购资金预算。采购资金预算包括采购资金需要量、采购资金来源、采购资金使用情况预计表。

⑤ 由项目预算管理委员会对采购部门和财务部门编制的采购实物预算与采购资金预算进行审批。审批时关注的内容包括：采购预算和项目的研制计划是否一致，采购预算的内容是否足够全面、具体，采购预算是否具有可行性及采购权责分配的合理性。

⑥ 采购实物预算和采购资金预算经审批通过，由预算管理委员会存档，以备预算变更和预算跟踪管理。

2. 采购预算的变更管理

随着研制项目的进行，可能出现设计、研制计划及节点发生变动，从而导致采购预算也要发生变更的情况，此时采购部门主管或财务部门应根据具体审批的变更单，调整采购实物预算和资金预算。

① 当设计、研制计划或节点发生变更时，设计参研单位或部门和生产参研单位或部门提出变更申请，并相应地填制设计变更申请单、计划变更单、节点变更单等。这些变更单记载内容包括：发生变更的原因、变更产生的影响及应采取的措施。

② 提出变更的单位或部门负责人要对变更单进行审批。对于设计单位或部门提出的变更单，不仅要经过设计单位或部门负责人的审批，同时要交由生产计划参研单位或部门的负责人审批，以保证变更的设计符合项目的研制计划；对于生产计划参研单位或部门提出的变更申请，由其负责人审核该变更是否为研制项目的合理变更。变更单经审批通过后，交给项目主体采购部门和财务部门。

③ 采购部门和财务部门审核经审批的变更单，若通过，则分别调整相应的采购实物预算与采购资金预算，同时编制预算变更分析报告。预算变更分析报告应说明预算变更的原因、变更的内容以及变更产生的影响等相关内容。

④ 部门负责人审核经调整的采购资金预算单和预算变更分析报告，审核通过后，将原采购预算、调整的采购预算及预算变更分析报告上报预算管理委员会，由预算管理委员会审核；若不通过，则提出修改意见，由采购部门和财务部门重新修改，直至预算管理委员会审核通过。

⑤ 预算管理委员会审核通过后，要更新采购预算并及时对预算变更分析报告存档。

3. 预算跟踪管理

航空研制项目应定期对预算进行评价，建立预算跟踪制度，将预算和执行情况进行对比，财务部门从主观原因和客观原因分析差异，并编制预算分析总结报告，交财务部门负责人审批，通过后，交预算管理委员会审批。

① 项目主体采购部门和财务部门分别定期对采购实物预算、采购资金预算和其执行情况进行对比，并编制预算差异表，预算差异表中列示预算与实际执行情况的差异数等信息。

② 项目主体采购部门和财务部门的负责人分别对各自编制的采购预算差异表进行审核，分析差异并对重大执行偏离预算的情况进行调查、分析，提出改进意见，编制采购预算执行评价报告，报告中列示预算差异表、调查情况表、差异原因与解释说明及相关意见等信息。

③ 项目主体采购部门和财务部门将编制的执行评价报告交预算管理委员会审批，若不通过，则提出修改意见，并返回原部门重新修改；通过后，对相关文件要及时存档。

根据流程图总结的采购预算管理财务控制的风险控制文档如表 8-1 所列。

表 8-1 采购预算管理风险控制文档

总流程名称:采购管理 **业务流程编码:F4**

子流程名称:采购预算管理 **子流程编号: F4.1**

控制点编号	风险类别					风险描述	控制目标的类型					控制目标具体描述	控制类型(预防性/检验性)	控制时点
	项目决策风险	法律遵循风险	财务信息失真	资产安全风险	营私舞弊风险		完整性控制	准确性控制	有效性控制	接触性控制	预见性控制			
1.1			√			采购预算申请未经过有效的审批			√			确保采购预算申请符合项目WBS工作计划	检验性	总体设计阶段/试生产阶段
1.2			√											
2.1			√		√	编制的采购预算不符合项目研制计划		√			√	确保项目采购预算的全面性、具体性、合理性	预防性	总体设计阶段/试生产阶段
2.2			√		√									
3.1	√		√			采购预算未经过有效审批		√	√			确保采购预算经过有效的审批	检验性	总体设计阶段/试生产阶段
4.1	√					变更不合理,不符合项目研制计划			√			确保项目变更符合项目研制计划和要求	预防性	试生产阶段
4.2	√													
5.1			√		√	调整的预算不合理,影响预算的执行		√			√	确保根据项目变更合理调整预算	预防性	试生产阶段
5.2				√	√									
6.1			√			编制的调整预算未经过有效审批		√	√			确保编制的调整预算经过有效审批	检验性	试生产阶段
6.2				√										
6.3	√													
7.1			√			调整的采购预算未及时存档					√	确保采购预算及时存档,为采购提供合理的参照信息	预防性	试生产阶段
8.1				√	√	未及时正确评价预算的执行情况		√			√	确保及时、准确地对预算的执行情况进行跟踪、评价	检验性	试生产阶段
8.2			√		√									
9			√	√		未对重大偏离预算情况进行有效处理			√			确保及时、合理地对偏离预算情况进行调查、分析,提出有效处理方案	预防性	试生产阶段
10	√					预算执行评价报告未经过有效审批			√			确保预算执行评价报告经过有效审批	检验性	试生产阶段

8.3.3　供应商管理流程

对于航空研制项目采购环节来说,供应商的选择和对供应商的管理,是较容易出现风险的部分,因此对供应商的管理是采购环节至关重要的活动。供应商管理主要包括项目初期对供应商的选择和在采购过程中对供应商的评价。

供应商评估小组由项目主体设立,专门负责供应商选择、评价、管理的工作。评估小组的成员一般包括财务部门、采购部门、设计部门、仓储部门和质量验收部门等相关人员,项目主体要对评估小组进行一定的资金和人员支持。

1. 供应商选择的管理

供应商的选择主要是由供应商评估小组执行,从项目的战略角度出发,综合分析供应商的各种情况,选择对项目最有利的供应商。航空研制项目的供应商选择应发生在采购部门实施采购之前。实施选择决策前,须向项目的主要供应商索取采购部件的估价、规格、数量、信用条件等信息,对供应商进行经济效益分析和综合分析。

供应商选择的财务控制流程如图 8－5 所示。

供应商选择的财务控制流程可以描述如下:

① 采购部门进行市场调研与分析,寻找合格供应商,对推荐的供应商进行初步评估,并形成初步供应商名单及初步评估意见。

② 项目主体应设立专门的机构——供应商评估小组,进行供应商的选择评估,供应商评估小组对供应商的各种资格和财务、信誉等情况进行分析和评价。分析评价的主要工作有:评价供应商的主要经营状况,包括财务状况、历史经营业绩、经营信誉、管理者的品质和生产规模等;供应商的设计能力,包括设计能力是否能够充分发挥、设计的部件是否具有先进性,是否具有竞争力;供应商的管理水平,包括供应商的管理流程是否合理健全、生产和经营管理过程的稳定性和科学性等;供应商的信誉评估,主要指供应商的品质和信誉管理制度以及员工的道德素质教育状况。由供应商评估小组对初选的供应商提出独立评价意见,形成评估报告,并初步对供应商进行分类,即哪些供应商作为战略合作伙伴,哪些供应商作为普通供应商。

③ 将初选供应商文档及评估报告交给项目主体决策层审核,并对初选供应商进行决策,确定供应商名单及供应商的分类,交给采购部门。

④ 采购部门将供应商名单存档,并建立供应商档案和供应商数据库,同时界定数据库的人员使用权限,并由专人定期维护数据库。

2. 供应商评价的管理

航空研制项目应建立供应商考核评价机制,定期对供应商的履约等情况进行评价,及时更新合格供应商的数据库。供应商评价的财务控制流程如图 8－6 所示。

具体的流程可以描述如下:

① 采购部门定期召开供应商沟通会议,了解供应商情况,定期对供应商进行调查和实地考察,并编写供应商调查报告和供应商沟通会议报告,记录供应商调查和沟通情况,如供应商所面临的问题、需要项目组配合哪些工作等。

② 由供应商评估小组尽可能收集资料,包括对已有供应商的调查报告、网络等渠道收集的供应商资料。

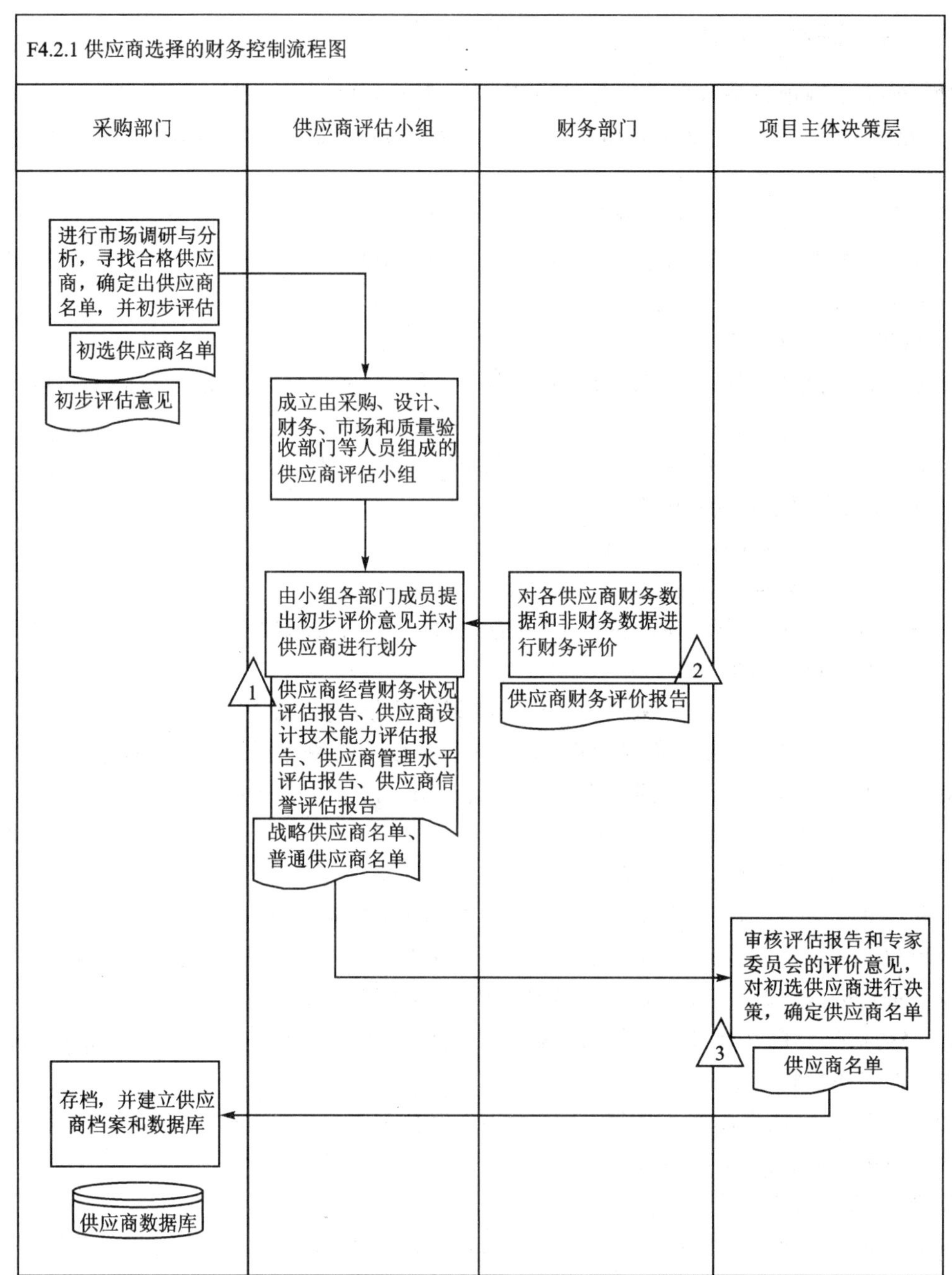

图 8－5　供应商选择的财务控制流程图

③ 编制评估因素和权数对应表、供应商评价标准。列出评估因素及确定权数，如质量、价格、技术、交货期等各评估因素，并赋予各因素一定的权数，各方面的权数之和为 1。

④ 评估因素和权数对应表及供应商评价标准要经相关部门复核，并提出反馈意见，交回供应商评估小组；该小组根据反馈意见，修改评估因素和权数对应表及供应商评价标准，并形成供应商评价表。

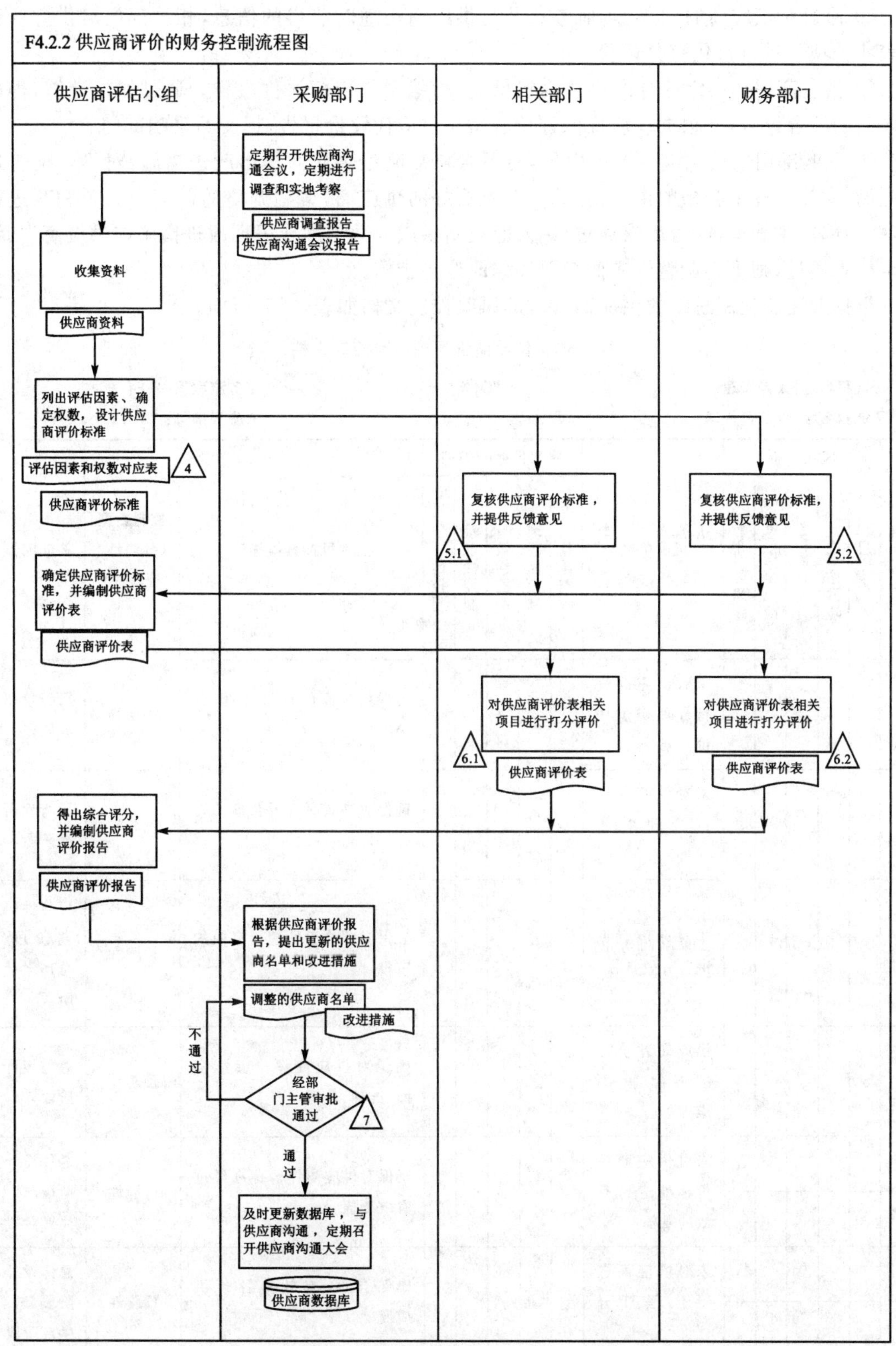

图 8－6　供应商评价的财务控制流程图

⑤ 通过对供应商的调查、实地考察及与供应商沟通时获得的信息，相关部门对供应商评价表相关项目进行量化打分评价。

⑥ 供应商评估小组综合评价并确定供应商，编制供应商评价报告。通过加权计算，得出供应商的综合评分，并根据供应商的评价表编制供应商评价报告，提交给采购部门。

⑦ 采购部门根据供应商评价报告，对不合格战略型供应商提出改进措施，对不合格普通供应商，淘汰一些不合格的供应商，选择开发更好的供应商，编制调整的供应商名单和改进措施，并经部门主管审批，若审核通过，则及时更新供应商数据库或根据改进措施与供应商沟通；若审核未通过，则重新调整供应商名单和修改改进措施。

根据上述流程图总结的供应商管理的风险控制文档如表 8－2 所列。

表 8－2　供应商管理的风险控制文档

总流程名称：采购管理　　　　**业务流程编码：F4**

子流程名称：供应商管理　　　　**子流程编号：　F4.2**

控制点编号	风险类别					风险描述	控制目标的类型					控制目标具体描述	控制类型（预防性/检验性）	控制时点
	项目决策风险	法律遵循风险	财务信息失真	资产安全风险	营私舞弊风险		完整性控制	准确性控制	有效性控制	接触性控制	预见性控制			
1	√				√	未对供应商进行合理初步评价与划分		√	√			确保供应商的评价合理、分类准确	预防性	可行性研究阶段
2			√		√	未对供应商进行合理财务评价		√	√			确保对供应商进行合理的财务评价	预防性	可行性研究阶段
3	√		√			未对评价意见进行有效审核			√			确保对评价意见进行有效的审批	检验性	可行性研究阶段/总体设计阶段
4	√		√			供应商评价标准不合理、不准确	√	√			√	确保对供应商评价标准全面、准确、合理	预防性	总体设计阶段
5.1			√		√	未对供应商评价标准进行有效的复核			√			确保对供应商评价标准经过有效复核	检验性	总体设计阶段/试生产阶段
5.2			√		√									
6.1					√	未对供应商进行合理打分评价		√	√			确保合理、有效地评价供应商	预防性	总体设计阶段/试生产阶段
6.2					√									

续表 8-2

控制点编号	风险类别					风险描述	控制目标的类型					控制目标具体描述	控制类型（预防性/检验性）	控制时点
	项目决策风险	法律遵循风险	财务信息失真	资产安全风险	营私舞弊风险		完整性控制	准确性控制	有效性控制	接触性控制	预见性控制			
7	√					未对供应商评价结果进行正确处理			√			确保根据供应商评价报告，采取合理、有效的供应商管理控制措施	检验性	总体设计阶段/试生产阶段

8.3.4　招投标管理流程

航空研制项目的招投标程序共分为以下几个阶段性工作，即招标—投标—开标—评标—中标。其中招标程序又分为若干阶段，每个阶段又分为若干首尾相应的工作。下文将对招投标阶段的流程进行描述。

招投标管理部门：由项目主体设立，专门负责航空研制项目的招投标管理，包括招标方案制定、发布招标信息、接收投标文件、组织开标、发布中标结果等工作。

招投标管理的财务控制流程如图 8-7 所示。

招投标管理的财务控制流程说明如下：

① 确定负责招投标的人员，组织负责招投标的机构、部门，成立招投标管理部门。招投标管理部门制定招标方案，其主要内容包括：招标范围、招标方式、招标时间、招标进度计划、招标费用计划及解决方案等。编制后的招标方案要经项目主体审批，项目主体审核招标方案的制定是否合理、准确。若审核不通过，则返回招投标管理部门重新制定，直到审核通过为止。

② 招投标管理部门根据招标方案编制招标相关文件，具体包括：招标公告、招标文件、资格预审文件、研制工作清单等。其中招标文件包括：投标人须知、要求投标提交的投标函、投标价格要求及计算方法；技术规范及图纸资料等。资格预审文件主要包括：资格预审邀请、资格预审须知、资格预审申请文件内容和格式、资格预审评审标准和方法等。编制的招投标相关文件要报相关部门负责人审批、专家论证并备案。对于审批未通过的文件，需要重新编制，审批通过后交招投标管理部门备案。

③ 招投标管理部门向供应商数据库中具备承担部件设计制造能力的供应商发出邀请和招标文件。投标邀请书上要载明项目概况、投标人资格预审公告、获取招标文件的办法及投标截止时间等。招投标管理部门接收符合规定的投标文件，退回不符合规定的投标文件，并列出投标文件清单，同时根据资格预审文件规定的预审方法，由相关部门对投标供应商进行资格预审，确定通过资格预审的投标人名单，并发出资格预审合格通知书。

④ 由项目主体决策层成立评标委员会，评标委员会成员由项目组的代表和有关技术、经济、质量、法律等方面的专家构成，专家人选是从政府有关部门组建的评标专家库中选取的评标专家，人数为 5 人以上，单数，其中技术、经济等方面的专家不得少于成员总数的 1/3。

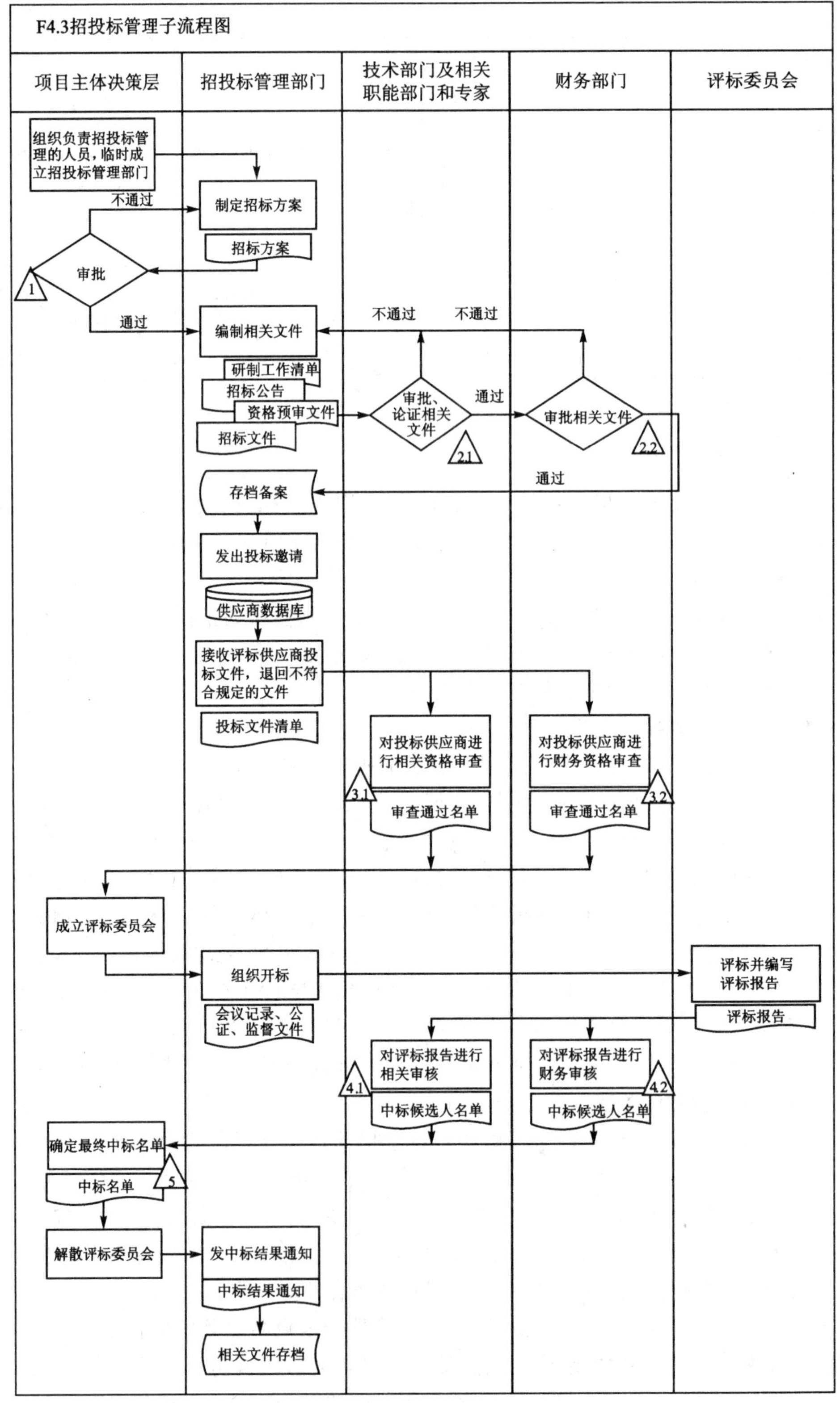

图 8－7 招投标管理子流程图

⑤ 招投标管理部门组织开标会，邀请所有投标单位参加，作会议记录，邀请监督部门或公证机构进行现场监督和公证。评标委员会进行评标，按照有关法规和招标文件的规定，审查投标文件的符合性和完整性，确认投标文件的有效性，对于实质上不符合要求的投标应予拒绝。接着，评标委员会要进行详细评审，根据评标需要，要求投标供应商对投标文件做必要的澄清、说明或者纠正，调整偏差。依据评审办法和招标文件的规定，独立对每个有效投标供应商的标书进行评价、打分，然后汇总每个供应商每项评分因素的得分，依据少数服从多数的原则，形成评标结论。同意的评委在评标记录上签名；对评审结论有异议的评委，要以书面形式阐述其不同意见和理由；对于拒绝在评审报告签名，且不陈述理由的，视为同意评审结论。评标委员会根据全体评标成员签字的原始评标记录和评标结果编写报告，再经过评标委员会核对后签字确认。

⑥ 评标结束后，评标委员会向相关部门及项目主体提交评标报告。其主要内容包括：评标委员会成员名单；基本情况和数据表；开标记录；符合要求的投标一览表；废标情况说明；评标标准、方法或评标因素一览表；经评审的评分比较一览表；经评审的投标人排序；推荐的中标候选人名单等。由相关部门审核后，提出中标候选人名单，并交项目主体审批。由项目主体确定中标名单。评标委员会提交评标报告后，即告解散。

⑦ 招投标管理部门向中标的投标单位发出中标结果通知书，中标单位收到通知书后，按规定提交履约担保，并约定签订合同的相关事宜；对未中标的供应商发出中标结果通知，同时及时将相关文件存档。

根据流程图总结的风险控制文档如表 8－3 所列。

表 8－3　采购管理风险控制文档

总流程名称：采购管理　　　　**业务流程编码：F4**

子流程名称：招投标管理　　　　**子流程编号：F4.3**

控制点编号	风险类别					风险描述	控制目标的类型					控制目标具体描述	控制类型（预防性/检验性）	控制时点
	项目决策风险	法律遵循风险	财务信息失真	资产安全风险	营私舞弊风险		完整性控制	准确性控制	有效性控制	接触性控制	预见性控制			
1	√					招标方案未经过有效的审批		√	√			确保招标方案经过有效的审批	检验性	总体设计阶段
2.1		√	√			招标相关文件未经过有效论证、审批		√	√			确保招标文件、研制工作清单、资格预审文件等编制得合理、有效	预防性	总体设计阶段
2.2			√											
3.1			√	√	√	未对投标供应商进行有效资格审查			√			确保投标供应商符合研制项目的基本要求	检验性	总体设计阶段
3.2			√		√									

续表 8-3

控制点编号	风险类别					风险描述	控制目标的类型					控制目标具体描述	控制类型（预防性/检验性）	控制时点
	项目决策风险	法律遵循风险	财务信息失真	资产安全风险	营私舞弊风险		完整性控制	准确性控制	有效性控制	接触性控制	预见性控制			
4.1			√	√		评标报告未经过有效审核			√			确保评标报告经过有效的审核，并与实际评标情况相符	预防性	总体设计阶段
4.2			√											
5	√			√	√	中标供应商名单不正确		√	√			确保中标供应商名单合理、准确	预防性	总体设计阶段

8.3.5 合同管理流程

合同管理子流程是项目组与中标供应商签订的采购协议，具体包括合同的谈判—合同订立—合同的审核—合同执行情况的跟踪。鉴于航空研制项目采购风险巨大，在合同管理的子流程中应充分考虑可能存在的风险，因此在合同管理的子流程中设置了填写和审核合同管理风险审核清单。此外，由于航空研制项目的合同多为大宗性采购的合同，如果仅由采购部门负责合同的谈判和草拟合同，是不能达到合同合理性目标的。因此在设计流程时，设计合同谈判小组专门负责合同的谈判和草拟，还涉及合同管理部门负责合同的审核和合同执行情况的跟踪管理。由于合同的审定与签订的职责应相互分离，所以合同谈判小组和合同管理部门人员要保持相对的独立性。其中合同谈判小组由设计、技术、财务等相关部门人员和技术、经济、法律等相关专家及咨询顾问组成。合同管理部门要由具有相应胜任能力的人员组成。

合同管理子流程分为合同签订与审批流程和合同变更流程；同时，合同变更可以由外部供应商提出，也可以由内部的设计、生产计划等相关责任参研单位或部门提出。因此将合同变更流程分为外部供应商提出的合同变更和内部提出的合同变更。

合同管理财务控制流程图如图 8-8、图 8-9、图 8-10 所示。

1. 合同签订与审核管理

合同谈判小组：在项目主体中组建，专门负责航空研制项目在签订合同之前的合同谈判、合同编制等工作。合同谈判小组由具有相关胜任能力的技术、财务、法律等部门人员和专家组成，同时项目主体决策层要指定一名合同谈判小组负责人。

合同签订与审核财务控制的流程说明如下：

① 在招投标确定中标供应商后，由项目主体决策层组建合同谈判小组，由谈判小组与中标供应商进行谈判，并编制合同谈判问题上报表，将合同谈判的问题上报给项目主体和其他部门。

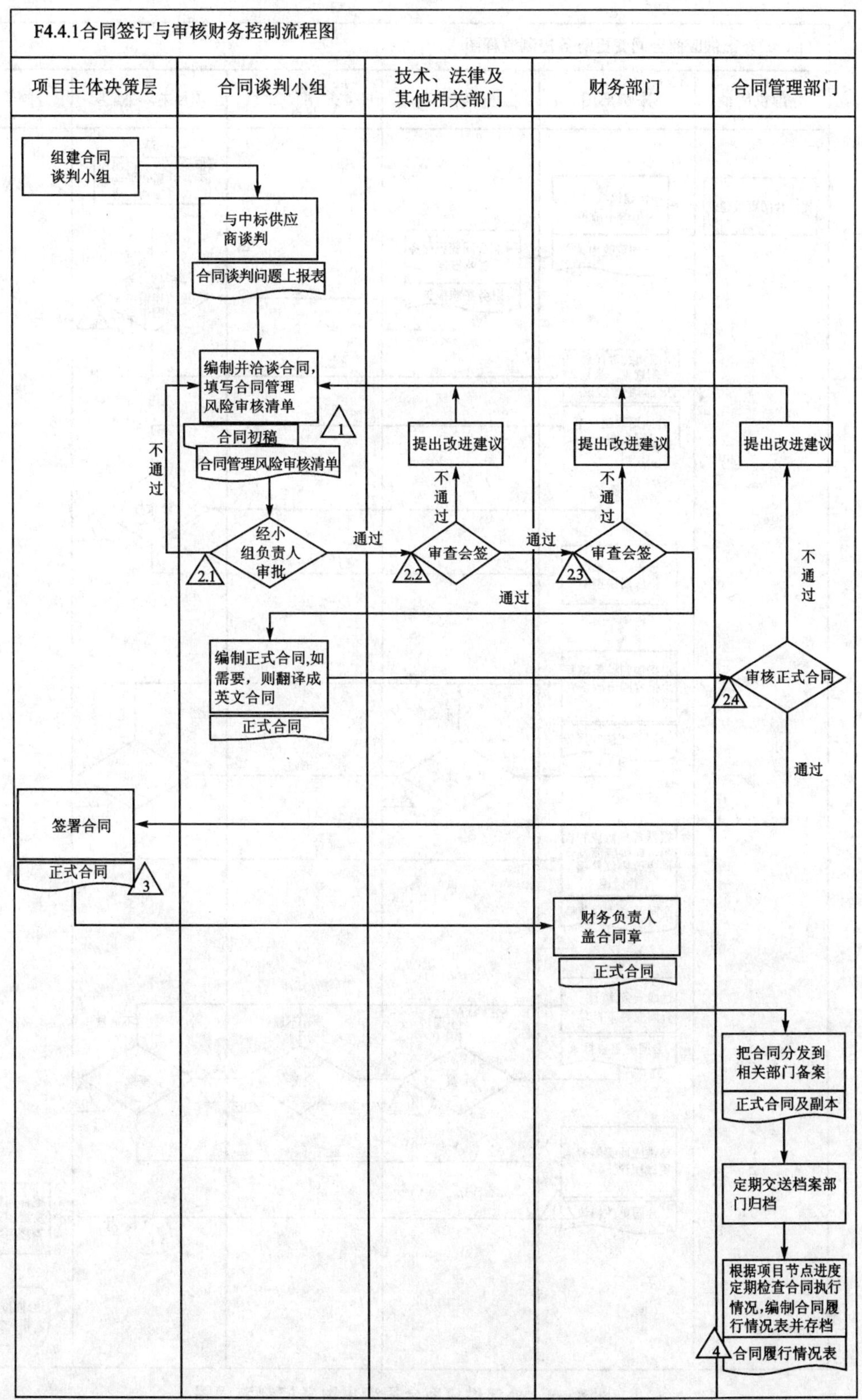

图 8-8　合同签订与审核财务控制流程图

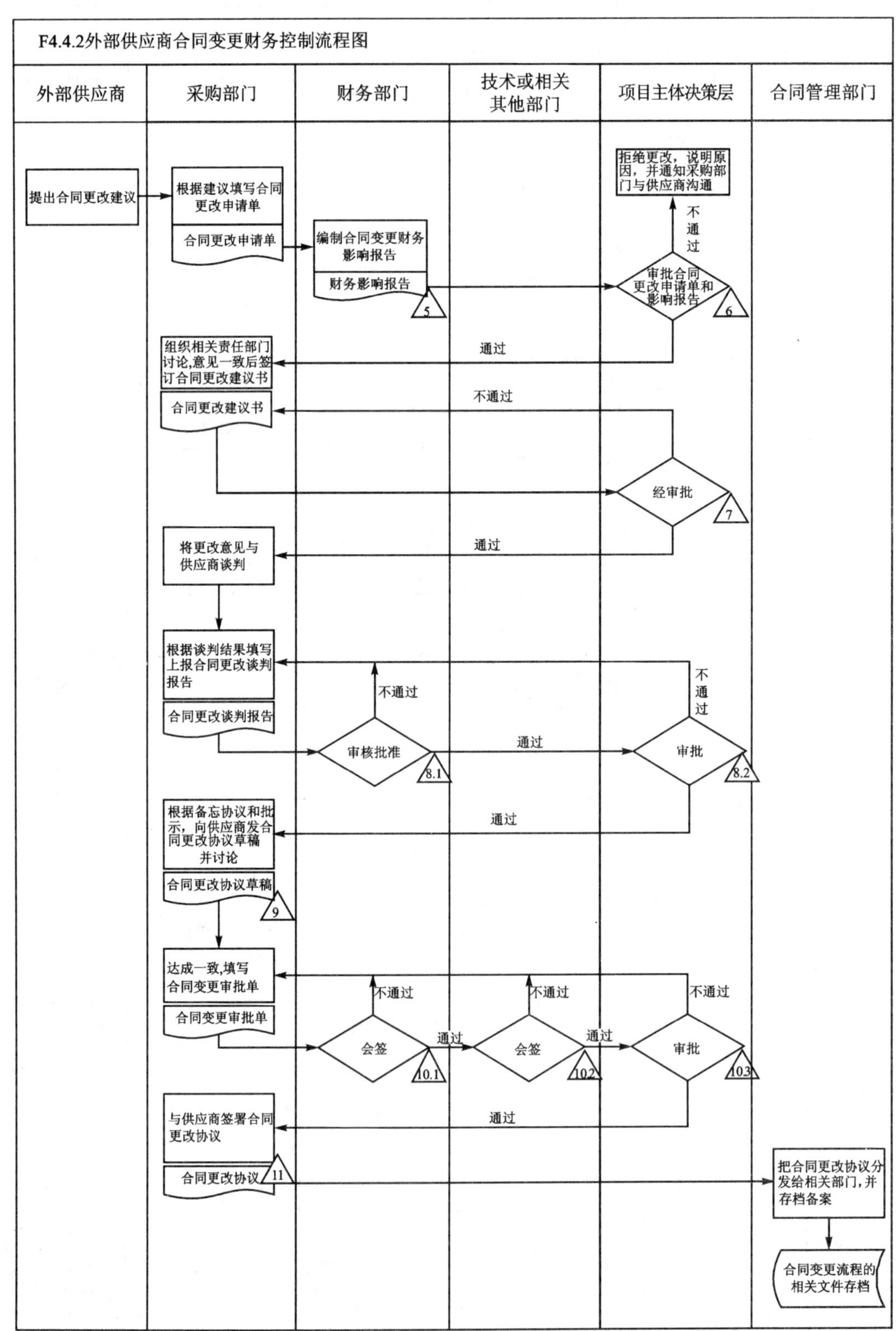

图 8-9 外部供应商合同变更财务控制流程图

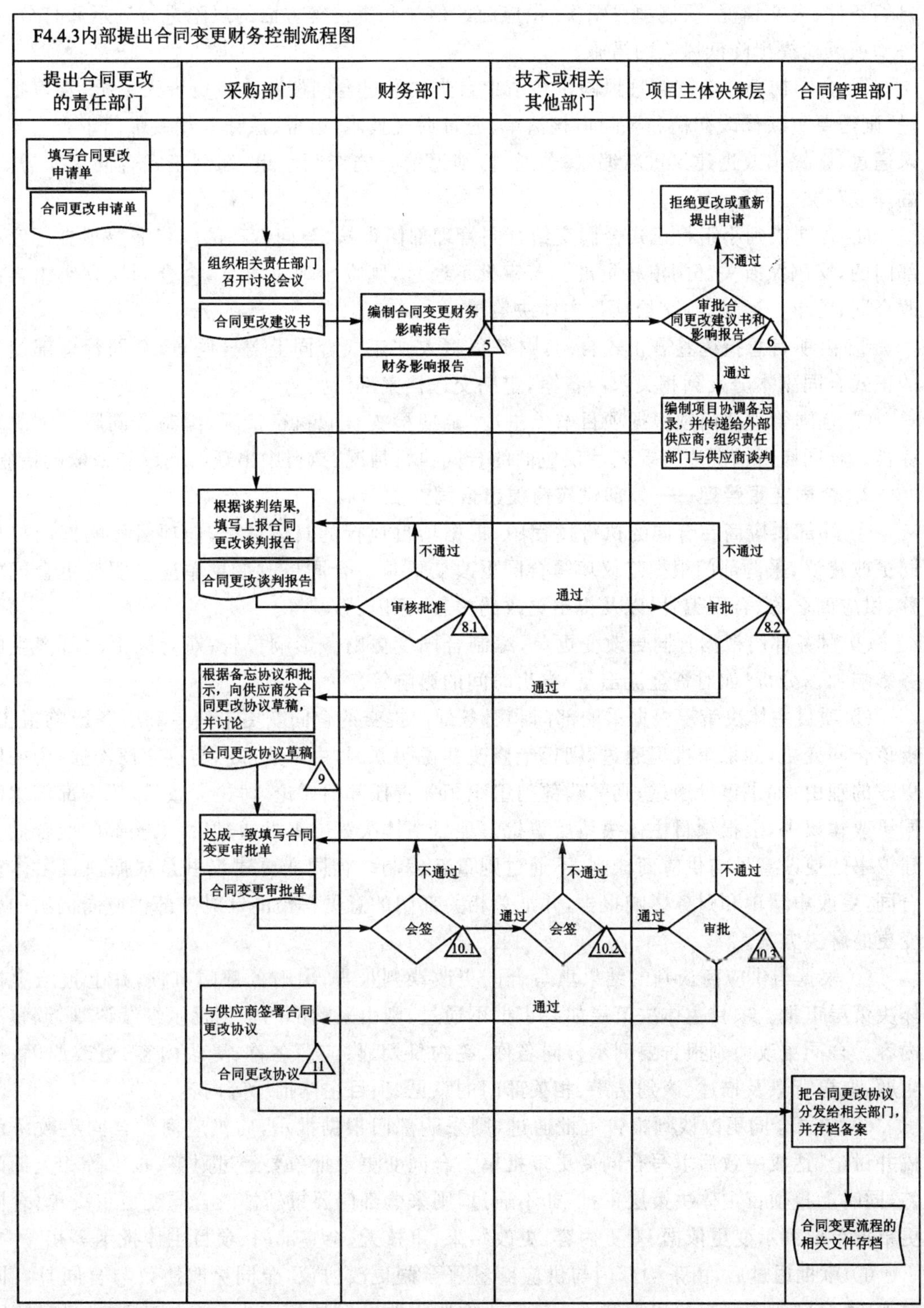

图 8-10　内部提出合同变更财务控制流程图

② 根据项目主体和相关部门对合同问题上报表的反馈，编制并洽谈合同，同时编制合同初稿，填写合同管理风险审核清单。合同管理风险审核清单主要对政治文化环境、经济环境、

自然条件、人文情况、研制项目情况、供应商的信誉和资信等方面的风险进行列示和打分，并对每一项风险提出降低风险的措施。

③ 合同初稿和合同管理风险审核清单首先要经过合同谈判小组负责人审批，若审批未通过，则需要重新修改初稿和风险审核清单，通过后交技术、财务、法律等相关部门审查会签。若未通过，则提出改进建议重新编制；若通过，则返给合同谈判小组，编制正式合同。如需要，则翻译成英文合同。

④ 合同谈判小组将正式合同交给合同管理部门审核，合同管理部门将需要报批国家有关部门的，交国家有关部门审核批准。若审批不通过，则提出改进意见，由合同谈判小组再次修改合同；若审批通过，则交给项目主体决策层。

⑤ 由项目总指挥签署正式合同，财务负责人在正式合同上盖合同章，合同管理部门签订的正式合同副本分发到相关部门备案，定期交送档案部门归档。

⑥ 合同管理部门须根据项目节点进度，定期检查合同执行情况，编制合同履行情况表并存档。合同履行情况表主要列示供应商的合同执行情况、执行中出现的问题和采取的措施等。

2. 合同变更管理——外部供应商提出合同变更

① 外部供应商在合同的执行过程中，根据项目执行的具体情况，向项目采购部门提出合同更改建议，采购部门根据建议填写合同更改变更单。合同更改变更单应注明变更合同的名称、供应商名称、合同编号，以及提出更改的内容、原因、影响等。

② 财务部门根据合同更改变更单，编制合同变更财务影响报告，对合同更改所产生的财务影响加以分析，如对资金流出量、支出时间的影响等。

③ 项目主体决策层根据采购部门和财务部门提交的合同变更申请单和财务影响报告，审批该合同变更，如果审批不通过，则拒绝修改并说明原因，由采购部门与供应商沟通，说明同意更改的理由；如果审批通过，则采购部门组织相关责任部门讨论，讨论一致后，采购部门编制合同更改建议书，上报项目主体决策层审批。项目主体决策层审批通过后，采购部门就合同更改建议书的更改意见与供应商谈判，不通过则重新编制。合同变更建议书是根据项目主体审批合同，更改申请单和财务影响报告，并汇总相关部门的意见得出的针对外部供应商提出的合同变更的解决方案。

④ 根据与供应商谈判的结果填写合同更改谈判报告，由财务部门审核，并上报给项目主体决策层审批。项目主体决策层如果审批不通过，则由采购部门根据批示继续谈判，调整谈判内容。合同更改谈判报告要列示合同名称、签约日期、供应商名称、更改内容、更改原因、报告主题、变更背景及描述、谈判结果、相关部门的意见、项目主体批示等内容。

⑤ 如果合同更改谈判报告审批通过，则采购部门根据批示，向供应商发合同更改协议草稿并讨论，达成一致后填写合同变更审批单。合同变更审批单要经过财务、技术等相关部门会签，同时上报项目主体决策层审批，如不通过，则采购部门要重新修改合同变更审批单，合同变更审批单要列示变更依据、变更内容、更改结果、审核人、会签部门、项目主体批示等相关内容。

⑥ 审批通过后，由采购部门与供应商签署合同更改协议，合同更改协议与合同具有同等效力，由合同双方授权的代表签字。签字人原则上为合同原签署人。合同更改协议自签字之日起生效。

⑦ 由采购部门将合同更改协议下达到合同执行部门，并将相关文件存档备案，各部门按照新的合同约定执行。

3. 合同变更管理——内部提出合同变更

① 提出合同更改的责任部门，根据合同更改的内容填写合同变更申请单，合同更改变更单要注明变更合同的名称、供应商名称、合同编号、提出更改的内容、原因、影响等。

② 采购部门组织相关责任部门召开讨论会议，并编制合同更改建议书，财务部门根据合同更改建议书，编制合同变更财务影响报告，上报项目决策层审批，如果不通过，则拒绝更改或重新提出申请；如果通过，则编制项目协调备忘录，并传递给外部供应商，组织责任部门与供应商谈判。项目协调备忘录是指在项目主体和供应商针对项目的某一问题将签署的协议，该备忘录的目的是在双方共同合作的基础上，保证在问题处理上的相互理解和支持，具有合作协议的意思。

③ 采购部门根据与供应商的谈判结果，填写上报合同更改谈判报告，合同更改谈判报告要列示合同名称、签约日期、供应商名称、更改内容、更改原因、报告主题、变更背景及描述、谈判结果、相关部门的意见、项目主体批示等内容。合同更改谈判报告经财务部门审核，并上报给项目主体审批。项目主体如果审批不通过，则由采购部门根据批示继续谈判，调整谈判内容。

④ 如果合同更改谈判报告审批通过，则采购部门根据批示，向供应商发合同更改协议草稿并讨论，达成一致后填写合同变更审批单。合同变更审批单要经过财务、技术等相关部门会签，同时上报项目主体审批，如不通过，则采购部门要重新修改合同变更审批单。合同变更审批单要列示变更依据、变更内容、更改结果、审核人、会签部门、项目主体批示等相关内容。

⑤ 审批通过后，由采购部门与供应商签署合同更改协议。合同更改协议与合同具有同等效力，由合同双方授权的代表签字后，签字人原则上为合同原签署人。合同更改协议自签字之日起生效。

⑥ 由采购部门将合同更改协议下达到合同执行部门，并将相关文件存档备案，各部门按照新的合同约定执行。

根据上述流程图总结的合同管理风险控制文档如表 8－4 所列。

表 8－4　合同管理风险控制文档

总流程名称：采购管理环节　　　　**业务流程编码：F4**

子流程名称：合同管理　　　　**子流程编号：F4.4**

控制点编号	风险类别					风险描述	控制目标的类型					控制目标具体描述	控制类型（预防性/检验性）	控制时点
	项目决策风险	法律遵循风险	财务信息失真	资产安全风险	营私舞弊风险		完整性控制	准确性控制	有效性控制	接触性控制	预见性控制			
1	√	√		√		合同条款不完整、内容不合理	√	√	√			确保合同相关条款制定得完善	预防性	总体设计阶段/试生产阶段

续表 8-4

控制点编号	风险类别					风险描述	控制目标的类型					控制目标具体描述	控制类型（预防性/检验性）	控制时点
	项目决策风险	法律遵循风险	财务信息失真	资产安全风险	营私舞弊风险		完整性控制	准确性控制	有效性控制	接触性控制	预见性控制			
2.1	√					合同文件未经过有效的审批或审核			√			确保合同文件经过有效审核	检验性	总体设计阶段/试生产阶段
2.2	√	√												
2.3	√													
2.4	√													
3	√			√	√	合同签订人未经过有效授权			√	√		确保合同签订人有权限或是经过项目负责人合理授权的	预防性	总体设计阶段/试生产阶段
4	√			√		合同履行情况未得到有效的跟踪控制	√		√			确保合同得到有效的控制管理	预防性	试生产阶段
5	√		√			合同变更对财务影响未被合理估计		√	√			确保合理预见合同变更对财务的影响	预防性	试生产阶段
6	√			√		合同变更不符合计划，未得到有效审批			√			确保合同变更符合研制项目的计划，并得到有效审批	检验性	试生产阶段
7	√					合同变更建议书未得到有效审批			√			确保合同变更建议书得到有效审批	检验性	试生产阶段
8.1				√		合同更改谈判报告未经过有效审批			√			确保合同更改谈判报告经过有效审批	检验性	试生产阶段
8.2				√										
9	√	√		√		更改协议内容不全面、不准确、不合理	√	√	√			确保合同更改协议内容全面、准确、合理	预防性	试生产阶段

续表 8-4

控制点编号	风险类别					风险描述	控制目标的类型					控制目标具体描述	控制类型（预防性/检验性）	控制时点
	项目决策风险	法律遵循风险	财务信息失真	资产安全风险	营私舞弊风险		完整性控制	准确性控制	有效性控制	接触性控制	预见性控制			
10.1	√					合同变更审批单未经过有效审批或会签			√			确保合同变更审批单经过有效审批或会签	检验性	试生产阶段
10.2	√	√												
10.3	√													
11	√			√		签署合同更改协议未经过有效授权			√	√		确保合同更改协议签署人有权限或经过项目负责人合理授权	预防性	试生产阶段

8.3.6　请购管理流程

请购审批是根据航空研制项目的计划，由具有相应请购权力的部件需求部门提出请购，并经过相关部门审批后方可实施采购的过程。请购审批具体包括请购和审批两个子流程。对于航空研制项目而言，关键、重大原材料和部件与一般原材料和部件有着不同的请购和审批流程，所以航空研制项目的请购审批将区分为关键、重大原材料及部件的请购审批和一般原材料及部件的请购审批。

请购管理的财务控制流程图如图 8-11、图 8-12 所示。

1. 请购审批管理——关键、重大原材料和部件

① 设计、制造或试验参研单位项目经理按研制计划提出关键材料和部件请购，编制请购单，并附文件说明相关技术指标、质量要求等信息，由参研单位负责人根据研制计划审核，若不通过，则退回项目经理修改或补充执行；若通过，则将请购单和相关附件提交给采购部门。

② 采购部门根据实物预算审核请购单及其附件，若该请购符合实物预算，则交财务部门审核。

③ 财务部门根据采购资金预算，对符合采购实物预算的请购单及其附件进行审核，若该请购符合采购资金预算，则交采购部门编制订购单并执行采购实施流程。

④ 若请购未通过采购实物预算或者未通过采购资金预算，则应交与项目主体决策层联合审批，若审批通过，则交采购部门编制订购单并执行采购实施流程；若审批未通过，则由项目主体决定终止请购或退回申请部门修改或补充执行。

2. 请购审批管理——一般原材料和部件

① 提出请购的单位可以是设计、制造和试验参研单位或者仓储部门。参研单位提出请购，项目经理按研制计划提出材料和部件请购，编制请购单，并附文件说明相关技术指标、质量要求等信息，由参研单位负责人根据研制计划审核，若不通过，则退回项目经理修改或补充执

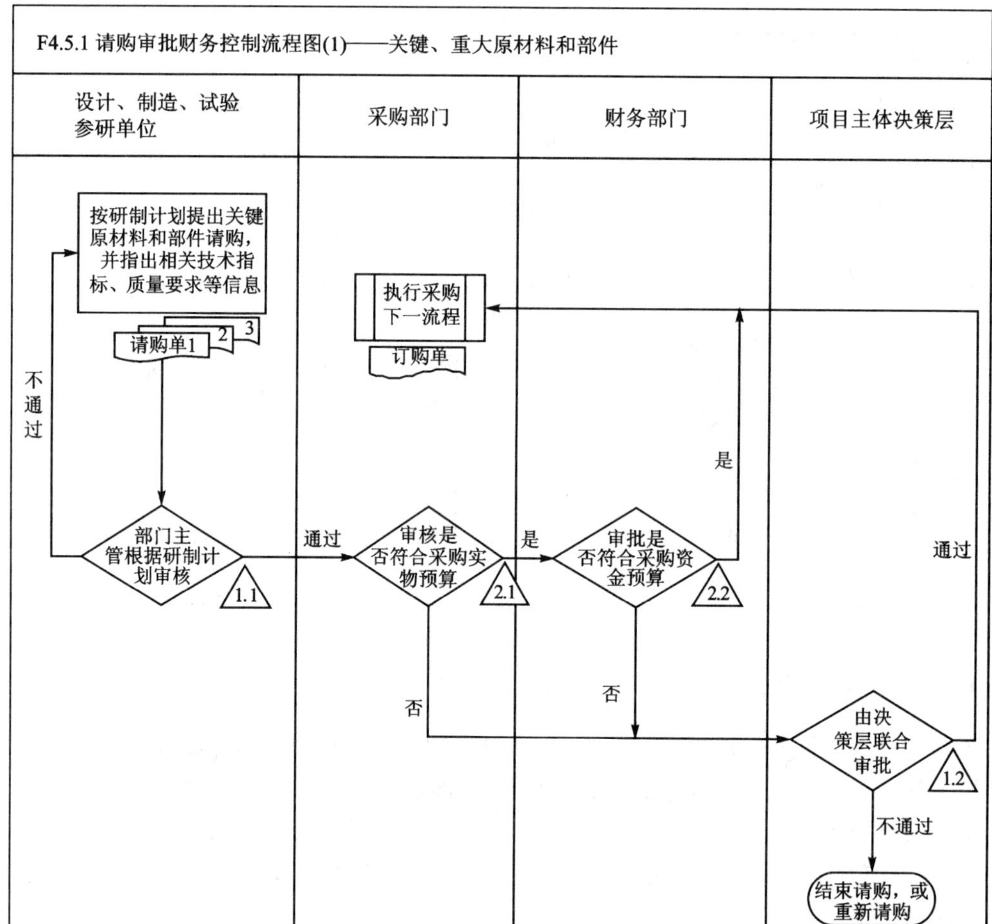

图 8-11　请购审批财务控制流程图(1)

行;若通过,则将请购单和相关附件提交给项目主体仓储部门。

② 仓储部门提出请购,按照经济订货批量提出零部件的请购,编制请购单,经仓储部门审批后,连同相关附件交采购部门。仓储部门对收到的请购单进行审核:检查库存物品数量能否满足请购物品数量;若库存物品数量不能满足请购物品数量,则将请购单和相关附件交采购部门进行采购。

③ 采购部门根据实物预算审核请购单及其附件,若该请购符合采购实物预算,则交财务部门审核;若不符合,则终止请购或退回请购单位修改。

④ 财务部门根据采购资金预算,对符合采购实物预算的请购单及其附件进行审核,若该请购符合采购资金预算,则交采购部门编制订购单并执行采购实施流程;若不符合,则终止请购或退回请购单位修改。

根据上述流程图总结的请购管理风险控制文档如表 8-5 所列。

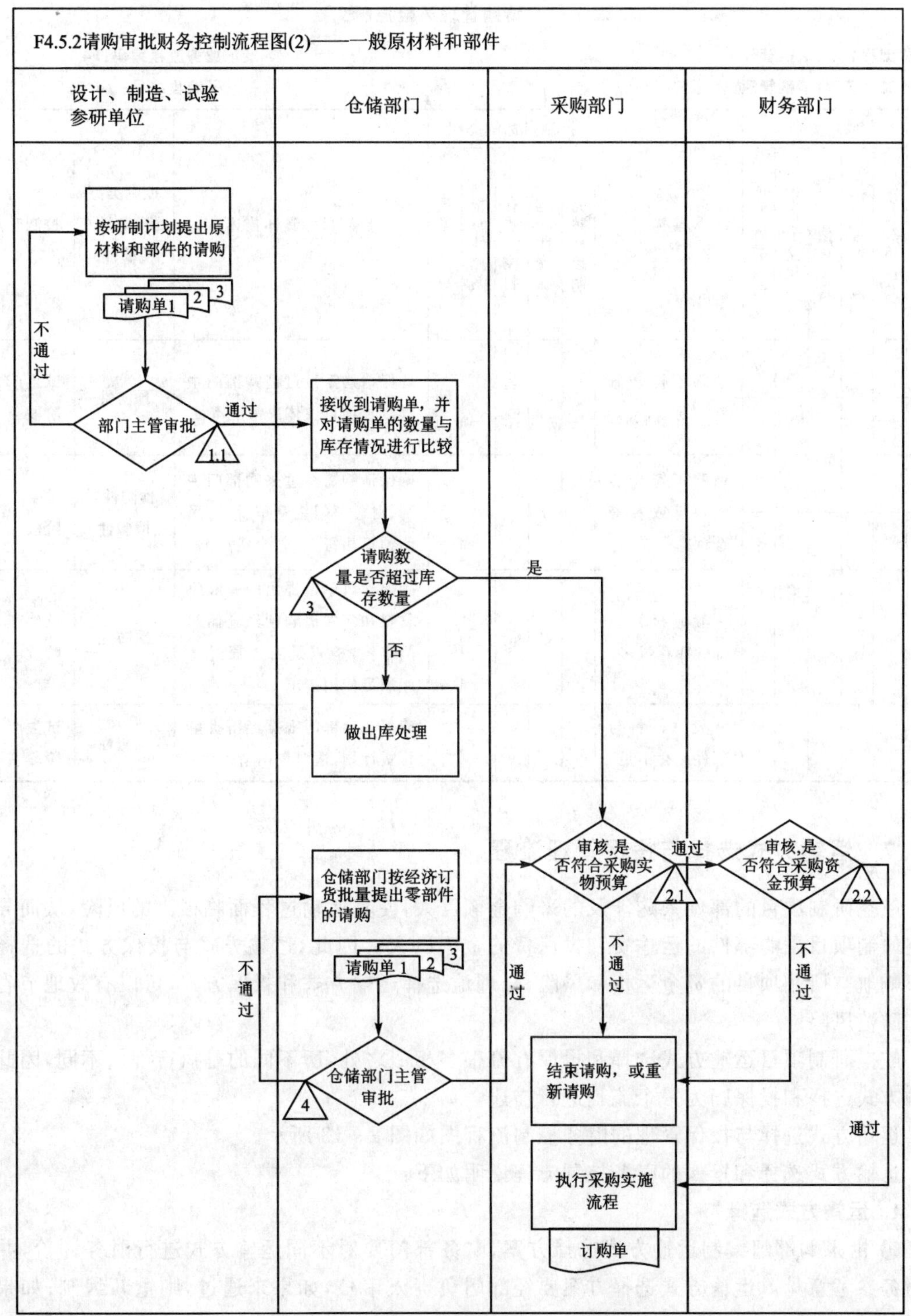

图 8－12　请购审批财务控制流程图(2)

表 8－5 请购管理风险控制文档

总流程名称：采购管理 **业务流程编码：F4**

子流程名称：请购管理 **子流程编号：F4.5**

控制点编号	风险类别					风险描述	控制目标的类型					控制目标具体描述	控制类型（预防性/检验性）	控制时点
	项目决策风险	法律遵循风险	财务信息失真	资产安全风险	营私舞弊风险		完整性控制	准确性控制	有效性控制	接触性控制	预见性控制			
1.1	√			√	√	请购不符合研制计划	√	√	√			确保请购需经过请购部门主管以及项目主体决策层审批	预防性	试生产阶段
1.2	√			√	√									
2.1	√			√		请购不符合实物预算或者资金预算		√	√		√	确保请购需经过采购部门主管、财务部门主管审批，与采购预算相符	预防性，检验性	试生产阶段
2.2	√		√	√										
3			√	√		一般原材料与部件库存过多		√	√			确保参研单位提出的一般原材料和部件请购须经仓储部门审核，检查是否能通过仓库满足使用需求	预防性	试生产阶段
4			√	√		一般原材料与部件库存不足		√	√			确保仓储部门根据经济批量订货计划，适时提出请购	预防性	试生产阶段

8.3.7 运输方式选择与投保管理流程

航空研制项目的部件采购涉及的采购金额巨大，使其运输过程面临很大的风险，从而导致航空研制项目采购部件的运输费和投保费的金额巨大。因此，运输方式与投保方式的选择直接影响航空研制项目的资金运作和风险，合理地选择运输方式和投保方式，可以有效地节省资金和防范风险。

航空研制项目运输方式选择和投保有着很多相似之处，所不同的是执行部门不同，因此将运输方式选择和投保归为一个流程进行描述。

运输方式选择与投保管理的财务控制流程图如图 8－13 所示。

运输方式选择和投保的财务控制流程说明如下：

1. 运输方式选择

① 由采购部门编制运输方式选择方案，财务部门要对不同运输方式进行财务评价，并提供财务参考意见。运输方式选择方案要经部门负责人审核，如果未通过，则重新编制；如果通过，则编制运输单。

② 采购部门根据运输单填制资金流出审批单，由部门负责人审批资金流出审批单，通过后交给财务部门执行付款流程；若未通过，则返回，重新编制资金流出审批单。

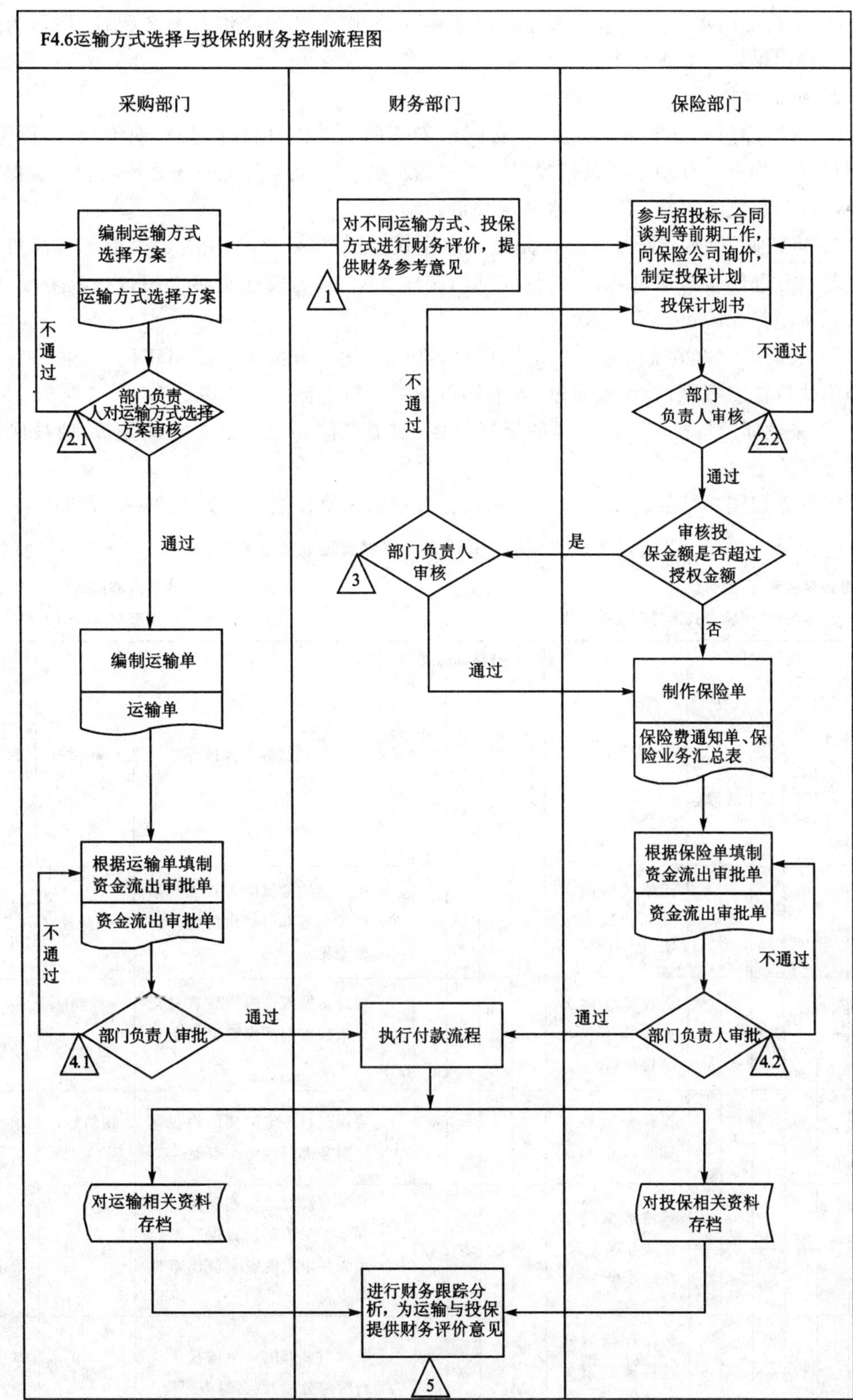

图 8－13　运输方式选择与投保的财务控制流程图

③ 采购部门将相关运输方式选择的资料存档，财务部门要进行财务跟踪分析，为运输方式的选择提供财务评价意见。

2. 投保选择

① 保险部门人员要参与招投标、合同谈判等前期工作，向保险公司询价，制定投保计划，编制投保计划书。计划书要包括投保的对象、投保方式、保险公司的选择等内容。投保计划书要经过部门负责人审核，审核不通过需要重新编制。

② 审核通过后，判断投保金额是否超过授权金额，如果超过，则要经过财务部门负责人审核。若财务部门审核通过，则交给保险部门制作保险单；若投保金额未超过授权金额，则保险部门直接制作保险单。

③ 根据保险单填制资金流出审批单，由部门负责人审批资金流出审批单，通过后交给财务部门执行付款流程；如果未通过，则返回重新编制资金流出审批单。

④ 保险部门将相关投保选择的资料存档，财务部门要进行财务跟踪分析，为投保选择提供财务评价意见。

根据流程图总结的运输方式选择和投保管理的风险控制文档如表 8-6 所列。

表 8-6 运输方式选择与投保管理风险控制文档

总流程名称：采购管理 **业务流程编码：F4**

子流程名称：运输方式选择与投保管理 **子流程编号： F4.6**

控制点编号	风险类别					风险描述	控制目标的类型					控制目标具体描述	控制类型（预防性/检验性）	控制时点
	项目决策风险	法律遵循风险	财务信息失真	资产安全风险	营私舞弊风险		完整性控制	准确性控制	有效性控制	接触性控制	预见性控制			
1				√	√	运输或保险方式选择缺乏财务可行性	√		√		√	确保运输或保险方式选择须参考财务部门提供的财务评价意见	预防性	试生产阶段
2.1	√			√		运输或保险方式选择不符合项目计划	√		√		√	确保运输或保险方式选择须经采购部门或保险部门负责人审核	预防性，检验性	试生产阶段
2.2	√			√										
3			√	√	√	保险金额超过标准	√		√			确保超过一定限额的投保须经财务部门负责人审批	预防性，检验性	试生产阶段
4.1			√	√	√	运输或保险手续未办理完，款项已支付	√	√	√			财务部门对运输或保险费用须依据采购部门或保险部门编制并审批的资金流出审批单支付	预防性	试生产阶段
4.2			√	√	√									
5			√			运输保险方式选择缺乏财务效益	√		√			确保财务部门对运输投保执行跟踪分析，做出财务评价	检验性	试生产阶段

8.3.8　验收与仓储管理流程

航空研制项目的验收入库，根据承运人的不同，分为供应商负责运输业务情况下的验收入库和项目主体负责运输业务情况下的验收入库。供应商负责运输是指供应商选择运输单位，承担运输费用，将部件直接运送到项目主体；项目主体对部件进行验收，若验收不合格，则需联系供应商并进行退货或理赔处理。而项目主体负责运输则由项目主体派人到供应商处进行验收，验收通过后选择运输单位运输，部件达到项目主体后需要进行复检，主要检查部件在运输途中是否发生毁损。

验收入库管理的财务控制流程设计如图 8－14、图 8－15 所示。

1. 验收入库管理——供应商负责运输业务

① 采购部门接到到货通知后，传递到货通知单及相关验收参考文件，并告知验收部门准备验收。验收部门核对相关凭证、单据、合同等文件，若发现不符单据或不齐单据，则要求采购部门或财务部门补齐或更正。

② 单据、凭证、合同核对无误后，由专家和质检人员进行检测验收，如果验收不通过，则采购部门要及时联系供应商，并进行退货或理赔处理，财务部门要做财务影响报告，提出协商、索赔等解决方案的建议。

③ 验收通过后，由验收部门编制验收报告，填写验收单，采购部门将验收单和验收报告复核、备案，财务部门、仓储部门将验收单作备案处理。

④ 采购部门根据验收单办理交接手续，在送货回单上签名盖章，并签发收货单，将相关联次交给仓储部门；仓储部门根据验收单和收货单签署入库单，财务部门根据验收单与入库单进行账务处理。

⑤ 仓储部门建立并登记仓储保管台账，保存相关档案，将数据上报数据库。

2. 验收入库管理——项目主体负责运输业务

① 采购部门接到供应商通知后，传递相关文件，组织验收人员准备到供应商处进行部件的验收，验收部门人员核对相关凭证、单据、合同等文件，如果发现不符单据、不齐单据，则向供应商索要单据，或对不符单据、不齐单据进行处理，或由财务部门对不符单据、不齐单据进行处理。

② 单据、凭证、合同核对无误后，由专家和质检人员进行检测验收，如果验收不通过，则采购部门要及时联系供应商，与供应商协商处理；财务部门要根据协商方案编制财务影响报告，提出协商、索赔等解决方案的建议。

③ 验收通过后，由验收部门编制验收报告，填写验收单；采购部门将验收单和验收报告复核、备案；财务部门、仓储部门将验收单作备案处理。

④ 采购部门根据验收单办理交接手续，采购部门选择运输方式将部件从供应商运回项目组相关责任单位。

⑤ 采购部门收到运输单位发出的货物到达通知后，核对运输单据，如果核对无误，则由验收部门进行复检；如果单据不完整或不准确，则与承运商协商，补齐相关单据。

⑥ 验收部门进行复检，主要检查运输途中部件是否发生损坏，如果复检未通过，则与供应商沟通和向保险公司提出索赔；如果复检通过，则由采购部门办理交接手续，在送货回单上签名盖章，并签发收货单。

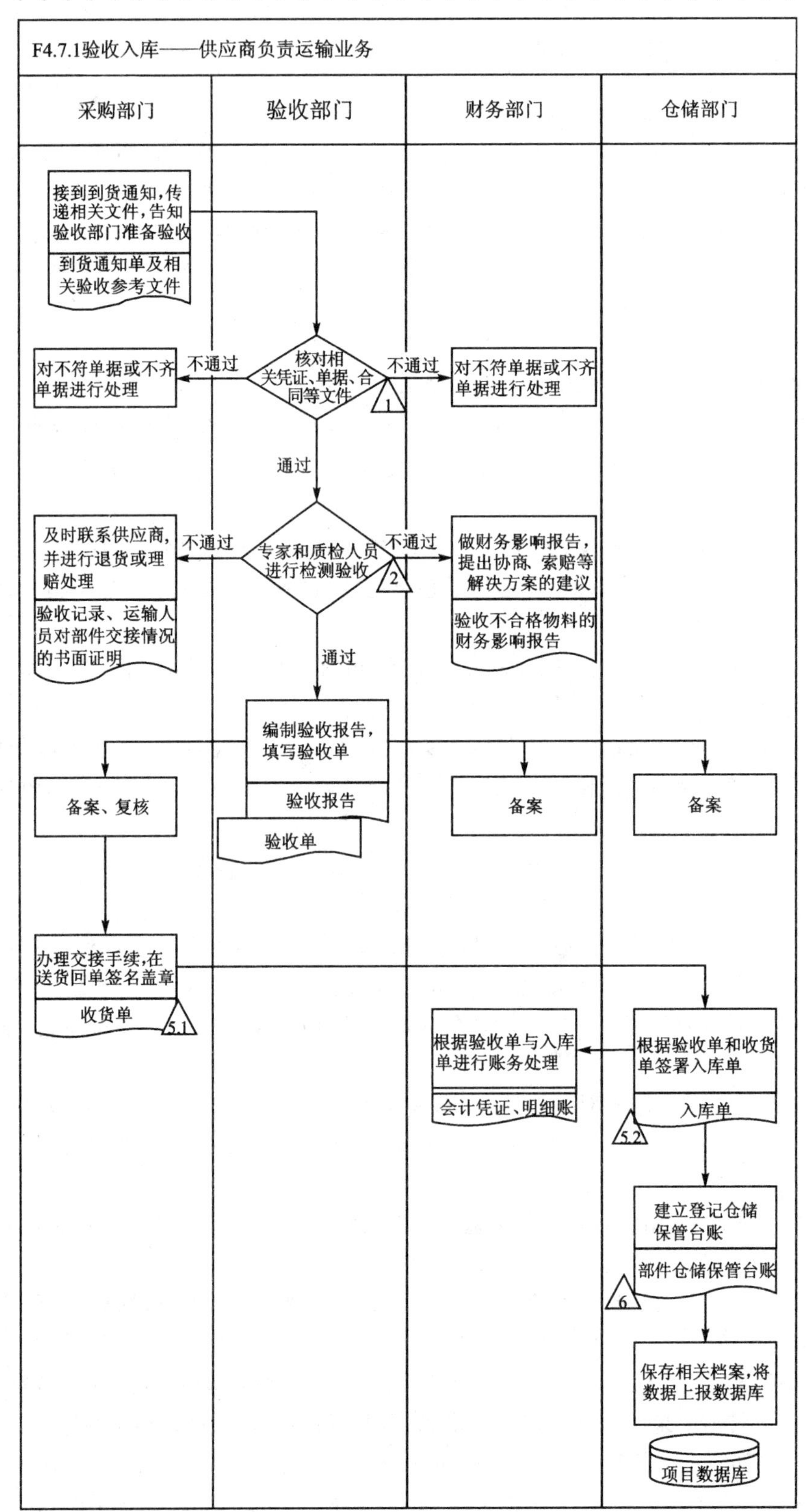

图 8-14 验收管理流程图(1)

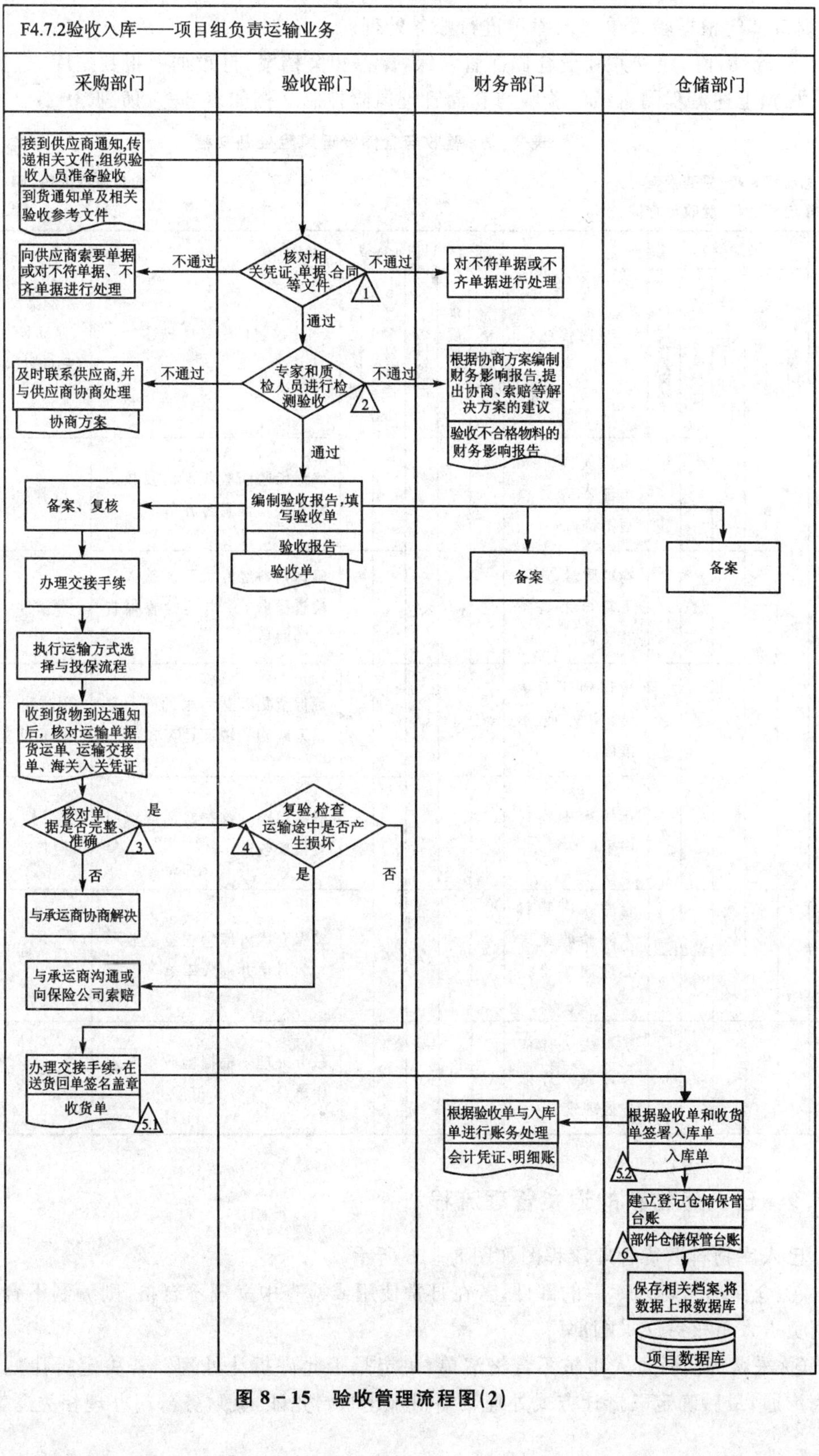

F4.7.2验收入库——项目组负责运输业务

采购部门	验收部门	财务部门	仓储部门
接到供应商通知,传递相关文件,组织验收人员准备验收 到货通知单及相关验收参考文件			
向供应商索要单据或对不符单据、不齐单据进行处理（不通过）	核对相关凭证,单据,合同等文件 1 通过	（不通过）对不符单据或不齐单据进行处理	
及时联系供应商,并与供应商协商处理 协商方案（不通过）	专家和质检人员进行检测验收 2 通过	（不通过）根据协商方案编制财务影响报告,提出协商、索赔等解决方案的建议 验收不合格物料的财务影响报告	
备案、复核	编制验收报告,填写验收单 验收报告 验收单	备案	备案
办理交接手续			
执行运输方式选择与投保流程			
收到货物到达通知后,核对运输单据 货运单、运输交接单、海关入关凭证			
核对单据是否完整、准确 3 是 →；否 ↓	复验,检查运输途中是否产生损坏 4 是；否		
与承运商协商解决			
与承运商沟通或向保险公司索赔			
办理交接手续,在送货回单签名盖章 收货单 5.1		根据验收单与入库单进行账务处理 会计凭证、明细账	根据验收单和收货单签署入库单 入库单 5.2
			建立登记仓储保管台账 部件仓储保管台账 6
			保存相关档案,将数据上报数据库 项目数据库

图 8－15　验收管理流程图(2)

⑦ 采购部门将收货单相关联次交给仓储部门，仓储部门根据验收单和收货单签署入库单，财务部门根据验收单与入库单进行账务处理。

⑧ 仓储部门建立并登记仓储保管台账，保存相关档案，将数据上报数据库。

根据上述流程图总结的验收与仓储管理风险控制文档如表 8－7 所列。

表 8－7 验收与仓储管理风险控制文档

总流程名称：采购管理 **业务流程编码：F4**

子流程名称：验收与仓储 **子流程编号： F4.7**

控制点编号	风险类别					风险描述	控制目标的类型					控制目标具体描述	控制类型（预防性/检验性）	控制时点
	项目决策风险	法律遵循风险	财务信息失真	资产安全风险	营私舞弊风险		完整性控制	准确性控制	有效性控制	接触性控制	预见性控制			
1		√	√		√	验收所需采购单证不齐或填写不符	√	√	√			确保验收前验收部门复核采购相关单证是否齐备	检验性	试生产阶段
2				√	√	物料质量、规格不符合采购条款要求		√	√			确保物料经专家和质检人员检查验收，并出具验收报告与验收单	预防性	试生产阶段
3		√	√		√	货物到达后单证不全或不准确	√	√	√			确保货物到达后采购部门复核采购相关单证是否齐备	预防性、检验性	试生产阶段
4				√	√	运输途中物料产生损坏		√	√	√		确保运输后物料经验收部门复检验收	预防性、检验性	试生产阶段
5.1			√	√	√	仓库入库物料未经验收或未办理购买交接手续	√	√	√	√		确保仓库入库须根据验收单与收货单办理入库单	预防性	试生产阶段
5.2			√	√	√									
6			√	√		货物未入库而会计做入库账务处理	√	√	√			账务处理须根据验收单与入库单，确保账实相符	预防性	试生产阶段

8.3.9 已入库物料的退货管理流程

已入库物料退货管理流程图如图 8－16 所示。

① 仓储部门对入库后的部件，若在日常使用或检查中发现不合格，则编制不合格清单，由部门负责人审核后交采购部门。

② 采购部门负责人审核不合格清单，决定是否允许折让处理。若决定折让处理，则与供应商沟通，最后确定以折让方式处理。编制折让原始凭证，交财务部门办理相关退款手续。

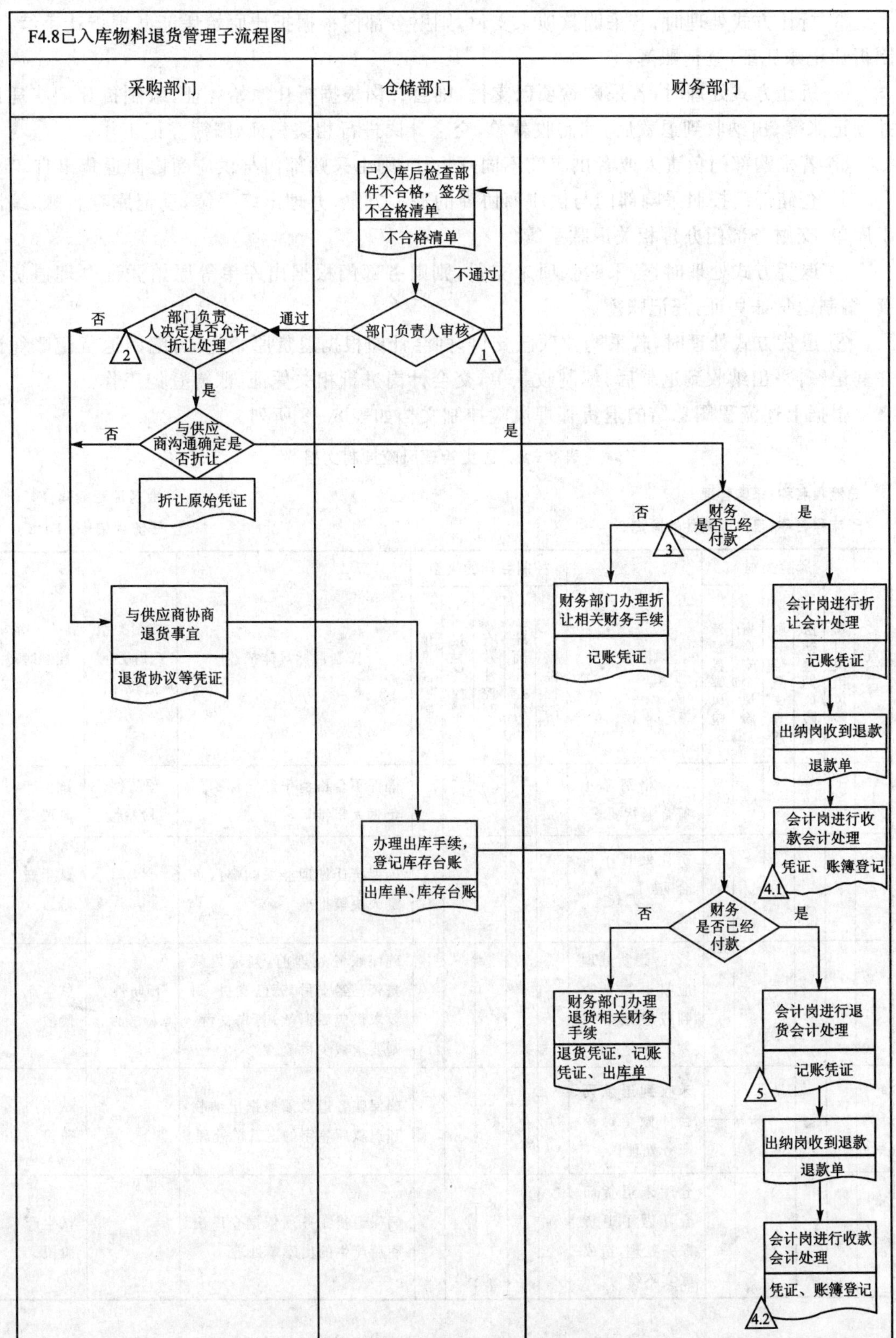

图 8-16　已入库物料退货管理流程图

③ 折让方式处理时，若采购款项未支付，则财务部门根据折让原始凭证办理折让手续，编制折让记账凭证，登记账簿。

④ 折让方式处理时，若采购款项已支付，则会计岗根据折让原始凭证，编制折让记账凭证并登记账簿；出纳收到退款后，编制收款单，交会计岗进行相关凭证、账簿登记工作。

⑤ 若采购部门负责人或者供应商不同意折让，则由采购部门与供应商协商退货事宜。

⑥ 仓储部门按照采购部门与供应商协商的退货方案，办理出库手续，登记库存台账，编制出库单，交财务部门办理相关退款手续。

⑦ 退货方式处理时，若采购款项未支付，则财务部门根据出库单等原始凭证办理退货手续，编制退货账凭证，登记账簿。

⑧ 退货方式处理时，若采购款项已支付，则会计岗根据退货原始凭证，编制退货记账凭证并登记账簿；出纳收到退款后，编制收款单，交会计岗进行相关凭证、账簿登记工作。

根据上述流程图总结的退货管理风险控制文档如表 8－8 所列。

表 8－8 退货管理风险控制文档

总流程名称：采购管理 **业务流程编码：F4**

子流程名称：已入库料件的退货 **子流程编号：F4.8**

控制点编号	风险类别					风险描述	控制目标的类型					控制目标具体描述	控制类型（预防性/检验性）	控制时点
	项目决策风险	法律遵循风险	财务信息失真	资产安全风险	营私舞弊风险		完整性控制	准确性控制	有效性控制	接触性控制	预见性控制			
1		√		√		不合格清单不符合退货要求	√	√	√			确保不合格清单经仓储部门负责人审批	预防性，检验性	试生产阶段
2	√			√		折让处理不符合项目计划要求	√	√	√			确保折让处理经采购部门负责人决策批准	预防性	试生产阶段
3			√	√		折让/退货处理应收退款未收到或应减少付款未减少	√	√	√			确保账务处理前，判定货款是否已经支付，若已支付，则要求供应商退款；若未支付，则要求减少付款	预防性，检验性	试生产阶段
4.1			√	√		未收到退款而会计做了退款账务处理	√	√	√			确保账务退款须根据出纳收到退款后签字的退款单处理	预防性	试生产阶段
4.2			√	√										
5			√	√		仓库未退货而会计做了退货账务处理，造成账实不符	√	√	√			确保退货账务须依据仓库出库后产生的出库单处理	预防性	试生产阶段

8.3.10　付款管理流程

付款管理流程包括项目主体的对外付款管理、信用证的开立与修改管理、信用证的到单付款管理三个部分。

1. 对外付款管理流程

由于采购付款和其他付款管理具有共性，因此本书设计的付款流程不仅包括采购付款，还包括其他重大对外付款，如对参研单位研制经费付款、运输费付款、保险费付款等。付款管理的财务控制流程图如图 8-17 所示。

① 提出申请。提出付款申请的单位可以是采购部门、参研单位或者其他部门（如保险部门等）。第一，采购部门提出申请：由采购部门经办人根据合同管理部提供的采购合同、合同变更协议等文件提出付款申请，编制付款申请单，提交订购单、验收单和入库单等支持性材料，交采购部门负责人审批，若不通过，则将材料退回经办人补充办理；若通过，则把付款申请单、付款审批表、验收单和入库单等传递给财务部门审批。第二，参研单位提出申请：参研单位编制付款申请单、节点工作确认凭证等，提交给财务部门审核。第三，其他部门提出申请：编制付款申请单，连同资金流出审批单等支持性文件，提交给财务部门审核。

② 财务单据审核人员审核采购部门提交的单据上的金额，审批是否符合规定。若不通过，则退回申请单位修改或补充执行；若通过，则提交给财务部门负责人审批。

③ 财务部门负责人审核付款申请是否合规，若不通过，则退回申请单位修改或补充执行；若通过，则在付款申请单上签字，并编制支出单。若付款超出财务部门负责人审批权限，则提交项目总会计师审批；若不通过，则退回申请单位，通过则签字。

④ 出纳根据支出单执行付款，并在支出单上签字。

⑤ 会计岗进行付款账务处理，登记相关付款凭证和账簿。

2. 信用证开立与修改管理流程

信用证开立与修改的财务控制流程图如图 8-18 所示。

① 采购部门审核合同或者合同变更通知单，检查相关合同条款是否规定开立/修改信用证，若合同条款未规定，则与供应商商讨其他付款方式。

② 若合同规定开立/修改信用证，则由采购部门经办人编制开立/修改信证申请单、信用证申请书，且准备合同正（副）本、合同变更通知单等附件，交采购部门负责人审核。

③ 采购部门负责人审核信用证申请及其相关附件，若通过，则签字并将开立/修改信用证申请单、信用证申请书，且准备合同正（副）本、合同变更通知单等相关申请材料，交财务部门审核；若不通过，则退回经办人修改或补充执行。

④ 财务部门经办人对采购部门提交的材料进行复核，核对信用证申请是否与合同相关条款一致，若不一致，则退回采购部门修改或补充办理；若一致，则交财务部门负责人审批。

⑤ 财务部门负责人审核信用证申请，若通过，则检查是否需要进一步审批；若需要，则交项目主体总会计师审批，审批通过后由财务部门信用证管理员保留“编制开立/修改信用证申请单”。此过程若不通过，则退回采购部门修改或补充执行。

⑥ 财务部门经办人将相关单据交银行审核，并填写“信用证登记簿”，若需要外管局备案，则持银行盖章的信用证申请书及相关文件至外管局备案；若不需要，则可直接去银行开证。

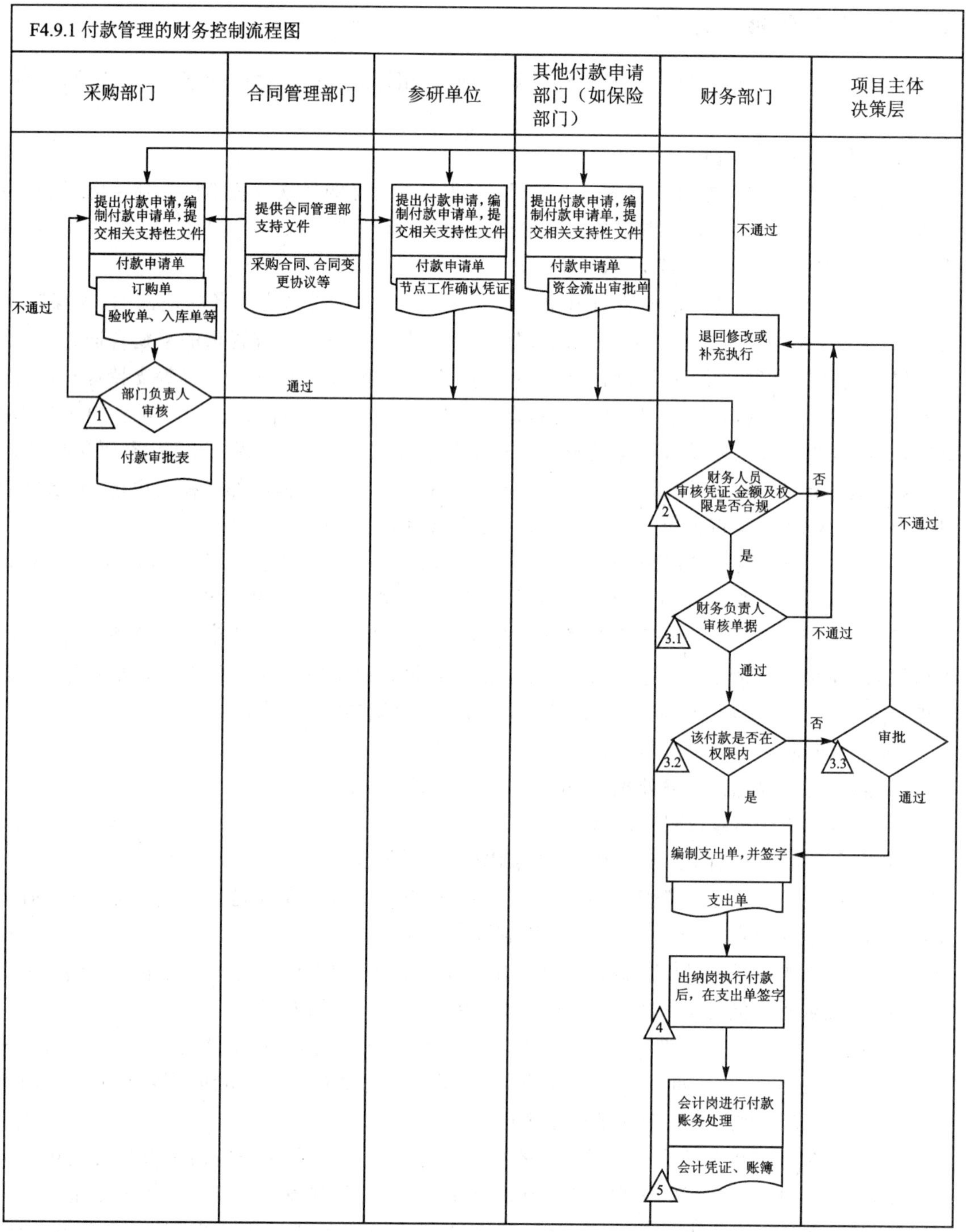

F4.9.1 付款管理的财务控制流程图

采购部门
合同管理部门
参研单位
其他付款申请部门（如保险部门）
财务部门
项目主体决策层

提出付款申请，编制付款申请单，提交相关支持性文件
付款申请单
订购单
验收单、入库单等
提供合同管理部支持文件
采购合同、合同变更协议等
提出付款申请，编制付款申请单，提交相关支持性文件
付款申请单
节点工作确认凭证
提出付款申请，编制付款申请单，提交相关支持性文件
付款申请单
资金流出审批单
不通过
退回修改或补充执行
不通过
1 部门负责人审核
通过
付款审批表
2 财务人员审核凭证、金额及权限是否合规
否
不通过
是
3.1 财务负责人审核单据
不通过
通过
3.2 该付款是否在权限内
否
3.3 审批
是
通过
编制支出单，并签字
支出单
4 出纳岗执行付款后，在支出单签字
会计岗进行付款账务处理
5 会计凭证、账簿

图 8－17　付款管理的财务控制流程图

⑦ 经办人持外管局备案表、信用证申请书及合同正(副)本等相关材料去银行办理开证，银行对相关材料进行审核，若不通过，则退回采购部门修改或补充执行；若通过，则执行开立/修改信用证。

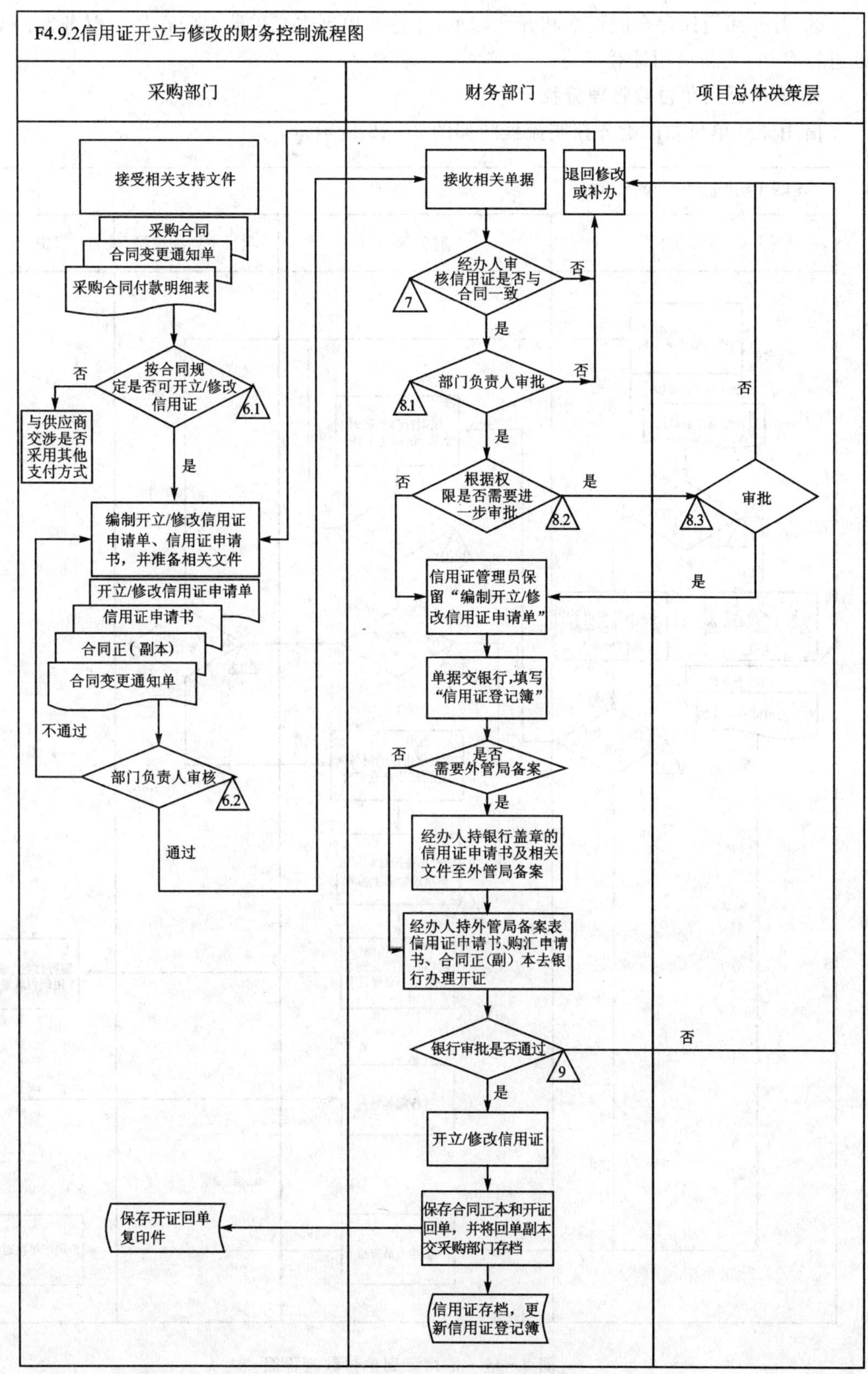

图 8－18　信用证开立与修改的财务控制流程图

⑧ 财务部门保存合同正本和开证回单，并将回单副本交采购部门存档。财务部门对信用证进行存档，更新信用证登记簿。

3. 信用证到单付款管理流程

信用证到单付款的财务控制流程图如图 8－19 所示。

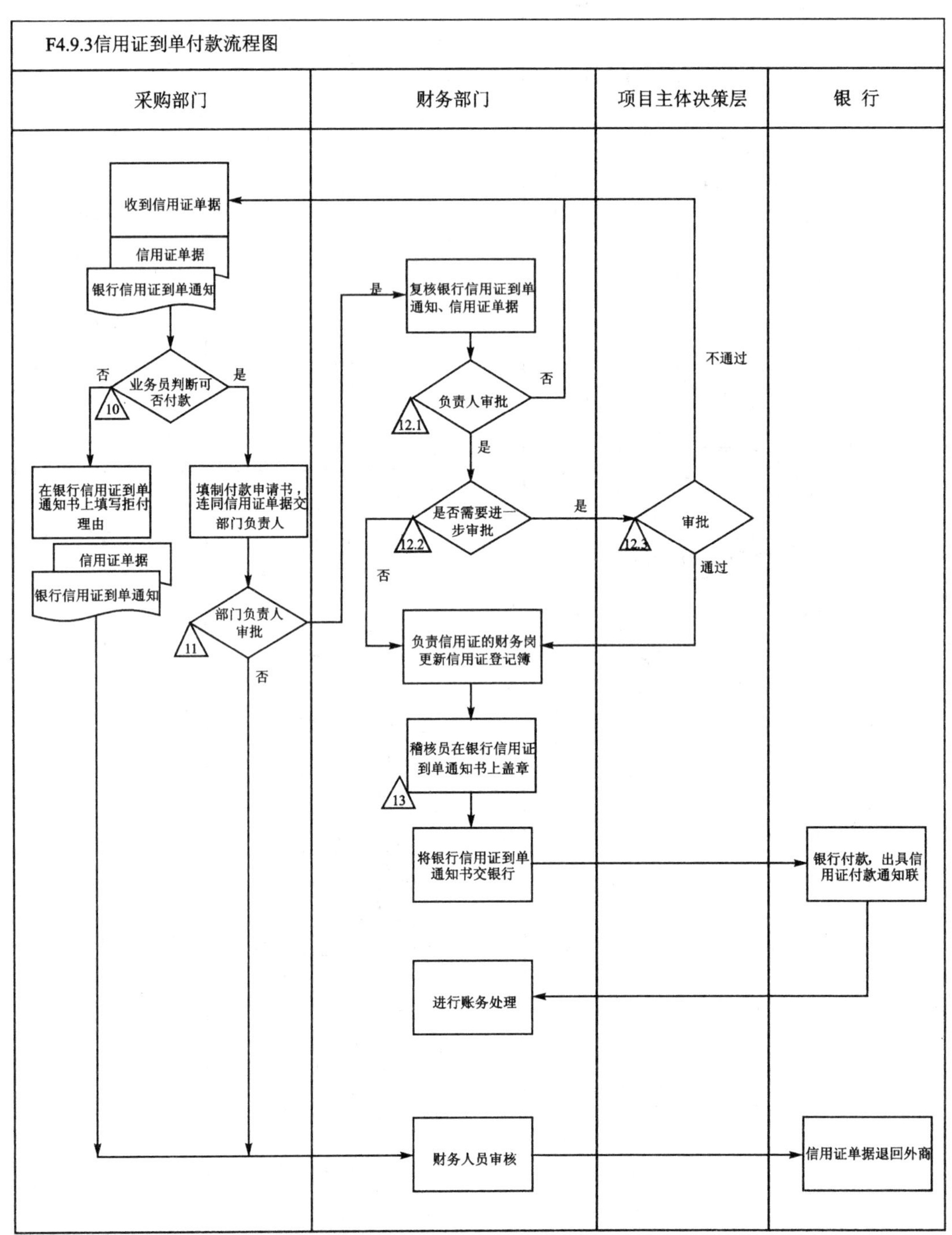

图 8－19　信用证到单付款流程图

① 采购部门收到信用证单据和银行信用证到单通知后，由业务员根据合同判断是否可以付款，若不可以，则在银行信用证到单通知书上填写拒付理由，并将信用证单据与银行信用证到单通知交财务部门，由财务人员审核后，通过银行退回外商。

② 若业务员根据合同判断可以付款，则填制付款申请书，连同信用证单据交部门负责人审核。若采购部门负责人审核未通过，则将信用证单据与银行信用证到单通知交财务部门，由财务人员审核后通过银行退回外商；若采购部门审核通过，则将信用证单据和银行信用证到单通知交财务部门。

③ 财务人员对经采购部门审核的信用证单据和银行信用证到单通知进行复核，主要检查其是否规范、齐全。复核后交财务部门负责人审批。

④ 若财务部门负责人审批未通过，则把信用证单据和银行信用证到单通知退回采购部门；若财务部门负责人审批通过，则检查是否需要进一步审批，若需要，则交项目主体总会计师审批；若不需要，则由负责信用证的财务岗更新信用证登记簿。

⑤ 项目主体审批，若不通过，则把信用证单据和银行信用证到单通知退回采购部门；若通过，则由负责信用证的财务岗更新信用证登记簿。

⑥ 稽核员在经过审批的银行信用证到单通知书上盖章，并将盖章后的银行通知联交出纳解交银行。

⑦ 银行付款，出具信用证付款通知联，交财务部门进行账户处理。

⑧ 财务部门会计岗根据银行通知联回单、发票、进口合同等单据，填写进口业务结算单，并编制记账凭证、银行存款和财务费用明细账。

根据上述流程图总结的付款管理风险控制文档如表 8－9 所列。

表 8－9　付款管理风险控制文档

总流程名称：采购管理　　　　**业务流程编码：F4**

子流程名称：付款管理流程　　　　**子流程编号：F4.9**

控制点编号	风险类别					风险描述	控制目标的类型					控制目标具体描述	控制类型（预防性/检验性）	控制时点
	项目决策风险	法律遵循风险	财务信息失真	资产安全风险	营私舞弊风险		完整性控制	准确性控制	有效性控制	接触性控制	预见性控制			
1			√	√	√	采购付款申请支持文件不符合规定	√	√	√			确保采购付款申请经过采购部门负责人审批	预防性、检验性	试生产阶段
2			√		√	付款申请单据不齐或填写有错	√	√	√			确保付款申请相关单据经财务人员审核	预防性、检验性	试生产阶段
3.1			√	√		付款不符合项目计划			√			确保付款经财务负责人审批，金额超过一定限额的，须经项目主体决策层审批	预防性、检验性	试生产阶段
3.2			√	√										
3.3			√	√										

续表 8-9

控制点编号	风险类别					风险描述	控制目标的类型					控制目标具体描述	控制类型（预防性/检验性）	控制时点
	项目决策风险	法律遵循风险	财务信息失真	资产安全风险	营私舞弊风险		完整性控制	准确性控制	有效性控制	接触性控制	预见性控制			
4			√	√	√	出纳未按照经批准付款申请进行支付	√	√	√	√		确保出纳在付款后在签字单上签字，留下痕迹	预防性	试生产阶段
5			√	√		资金支付账实不符	√	√	√			确保出纳付款后，会计按照支付单据入账	预防性	试生产阶段
6.1		√	√			信用证开立/修改不符合合同条款	√		√			确保采购部门审核合同条款并经采购部门负责人审批后再提出信用证开立/修改申请	预防性	试生产阶段
6.2														
7		√	√			信用证开立/修改不符合合同条款	√		√			确保财务人员将合同与信用证开立/修改申请进行核对	预防性、检验性	试生产阶段
8.1	√					信用证开立/修改不符合项目计划			√			确保信用证开立/修改经过财务部门负责人审批，财务部门负责人权限不足时，须经项目主体决策层审批	预防性、检验性	试生产阶段
8.2	√													
8.3	√													
9		√				信用证开立/修改不符合银行相关规定	√		√			确保信用证开立/修改经银行审批	预防性	试生产阶段
10				√	√	银行信用证到单不完整或有错误	√		√			确保银行信用证到单通知经过业务人员审核，检查是否可以付款	预防性	试生产阶段
11				√		银行信用证到单不符合付款要求	√		√			确保付款申请经采购部门负责人审批	预防性、检验性	试生产阶段
12.1	√			√		银行信用证到单付款不符合项目计划	√		√			确保付款申请经财务部门负责人审批，金额超过一定限额时，须经项目主体决策层审批	预防性、检验性	试生产阶段
12.2	√			√										
12.3	√			√										
13			√	√	√	银行信用证到单付款审批流程不规范	√	√	√			确保付款前经稽核员签章	预防性、检验性	试生产阶段

8.3.11　保值工具管理流程

保值工具管理流程如图 8－20 所示。

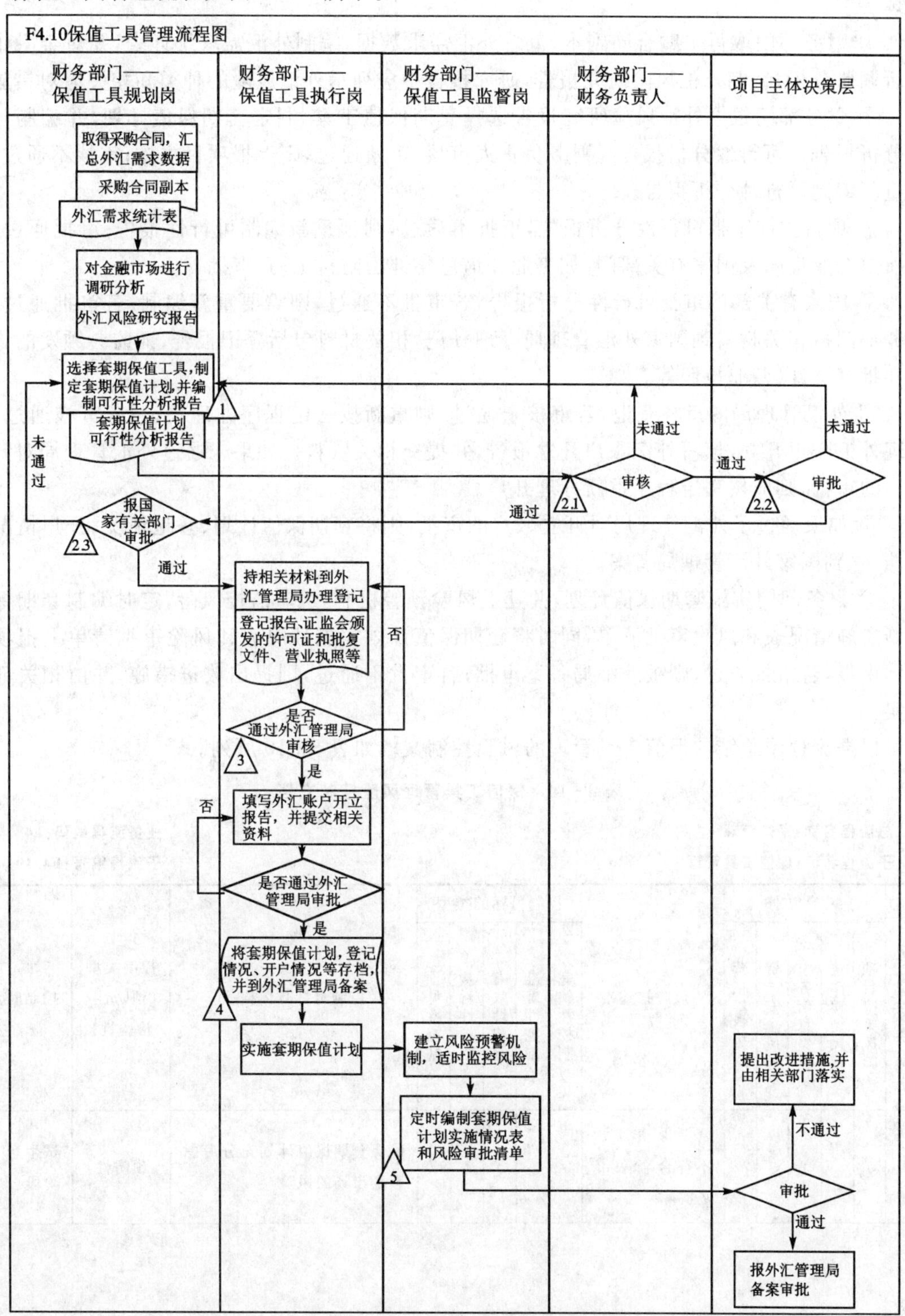

图 8－20　保值工具管理流程图

由于国资委、国家外汇管理局等对国有企业利用期货套期保值工具进行外汇管理有着明确的规定，所以航空研制项目保值工具管理流程要遵循国家的规定，同时体现航空研制项目的管理要求。

① 财务部门取得采购合同副本，汇总外汇需求数据，编制外汇需求统计表，并对金融市场进行调研分析；编制外汇风险研究报告，研究报告中应列示外汇风险的种类和相关应对措施。

② 财务部门根据外汇风险研究报告选择套期保值工具，制定套期保值计划，并编制可行性分析报告。可行性分析报告经财务负责人审核，审核通过，则上报项目主体；审核不通过，则需重新编制可行性分析报告。

③ 项目主体审批可行性分析报告，审批不通过，则须重新编制可行性报告；审批通过，则报航空企业集团及国家有关部门（如工业和信息化部国防科工局）审批。

④ 国家有关部门审批可行性分析报告，若审批不通过，则需要重新编制；若审批通过，则财务部门持相关材料到国家外汇管理局办理登记，相关材料包括登记报告、证监会颁发的许可证和批复文件、营业执照等。

⑤ 外汇管理局的审核登记，若审核未通过，则重新按法定程序办理登记；若审核通过，则办理外汇账户开立，填写外汇账户开立报告，并提交相关资料。如果未通过外汇管理局对开立账户的审批，则应按法定程序重新办理开户。

⑥ 如果通过了外汇管理局对开立账户的审批，则将套期保值计划、登记情况、开户情况等存档，并到国家外汇管理局备案。

⑦ 财务部门实施套期保值计划，并建立风险预警机制，适时监控风险，定时编制套期保值计划实施情况表和风险审批清单，同时将套期保值计划实施情况表和风险审批清单上报项目主体审批，若审批通过，则报外汇局备案审批；若审批不通过，则提出改进措施，并由相关部门落实。

根据流程图总结的保值工具管理的风险控制文档如表 8－10 所列。

表 8－10 保值工具管理风险控制文档

总流程名称：采购管理 **业务流程编码：F4**

子流程名称：保值工具管理 **子流程编号：F4.10**

控制点编号	风险类别					风险描述	控制目标的类型					控制目标具体描述	控制类型（预防性/检验性）	控制时点
	项目决策风险	法律遵循风险	财务信息失真	资产安全风险	营私舞弊风险		完整性控制	准确性控制	有效性控制	接触性控制	预见性控制			
1	√			√		套期保值计划不符合金融市场实际	√		√		√	确保套期保值计划充分考虑金融市场的风险	预防性	试生产阶段

续表 8-10

控制点编号	风险类别					风险描述	控制目标的类型					控制目标具体描述	控制类型（预防性/检验性）	控制时点
	项目决策风险	法律遵循风险	财务信息失真	资产安全风险	营私舞弊风险		完整性控制	准确性控制	有效性控制	接触性控制	预见性控制			
2.1	√	√	√			套期保值计划不符合国家相关规定	√		√			确保套期保值计划按照国家有关规定编制，并经财务负责人以及项目主体决策层审批后再报送国家审批	预防性、检验性	试生产阶段
2.2	√	√	√											
2.3	√	√	√											
3			√			套期保值计划不符合外汇管理局登记要求	√		√			确保登记前按照外汇管理局的要求准备好充分的材料	检验性	试生产阶段
4			√	√		未对套期保值计划进行备案	√			√		确保套期保值计划及其相关材料、情况得到存档与备案	预防性	试生产阶段
5	√			√	√	不能监控套期保值计划执行中的风险	√	√	√			确保有完善的监督机制对套期保值计划进行严格监控	检验性	试生产阶段

第9章　航空研制项目结束的财务控制

9.1　研制结束的财务控制目标

在项目研制结束阶段，大部分研制活动已经完成或基本完成，对项目研制阶段的各种活动进行总体评价的条件已经成熟，财务控制的主要活动是项目研制成本效益的财务评价。在项目研制总体工作完成后，开展研制成本效益财务评价是以在项目起始阶段的项目投资可行性分析和生命周期各阶段项目预算为依据而进行的，因此，项目研制成本效益财务评价的首要目标是对项目起始阶段投资可行性分析和生命周期各阶段项目预算进行总结；航空研制项目立项的最终目标追求的是项目进入批量生产阶段的效益，因此，研制结束阶段财务评价的第二个目标，是通过评价在项目进入批量生产阶段之前建立准确的财务成本指标体系，确保企业后期批量生产效益。

为实现上述目标，项目结束阶段的财务控制必须保证研制成本效益财务评价的准确性、全面性和预见性。

准确、全面的成本效益财务评价，能够清晰、完整地表述研制项目在整个项目生命周期中的成本构成情况、资金运行状况以及项目运行中财务活动的效用；而预见性则体现在良好的项目成本效益评价能够有效地对于后期批量生产的效益情况进行预测和控制，以为企业后期批量生产提供财务依据。相反，缺乏准确性、全面性和预见性的项目研制成本效益财务评价，会使项目在运转结束后，没有可靠的财务论证和总结，无法了解研制过程中的成本构成，无法了解项目运转中的资金状况，更无法为后期的批量生产提供财务依据和评价。

9.2　设计思路说明

对于一般大型民用项目，比如建设施工项目、船舶制造项目等，由于项目重复性大，不同项目之间又存在许多共性，故项目彼此间具有众多可以相互参照借鉴之处，而也正是这种可借鉴性，使得建设项目的不确定性和风险性大为降低；另外，项目各主体之间关系简单明确，项目组织结构重叠、职能划分不清、信息沟通不畅的问题显现得不太严重。

航空研制项目与一般大型民用项目不同，首先是其意义重大，不仅是经济上的意义，还有政治上、军事上的意义，因此历来受到政府高层的关注；第二，众多参研单位之间、各参研单位与项目主体之间关系复杂，增加了项目沟通和管理风险；第三，漫长研制周期以及各种高新技术的使用等使得航空研制项目存在众多不确定因素，又使得项目财务风险、技术风险陡增；第四，每一个航空研制项目都存在大量设计创新、工艺制造创新，这就决定了航空研制项目不会存在一个可以借鉴的成本费用参照对比；第五，航空项目存在高风险的同时也孕育着巨大的收益，各参与单位从共享收益角度考虑，会适量以各种方式与项目主体共担研制风险，而这也是在普通大型项目上很少见的。

因此，从航空研制项目实际情况考虑，本阶段财务控制流程图的设计有以下几方面的特点：

成本、技术、质量和进度组成评价项目成败的四个标准，而这四方面又是高度联系的。对项目的评价是通过对四者综合的评价而定，因此以项目主体为主的项目评价机构做出的项目研制成本效益评价是四者综合的技术经济评价。

基于航空研制项目在设计、技术和工艺上存在大量不可预见性的特点，航空研制项目在充分尊重预算的前提下，并不反对因现实因素变化而导致的实际费用的波动，但是对于预算变更和预算执行偏差必须给予足够的重视，并分析其形成的原因。

① 对于预算的变化不能仅仅局限于项目费用发生之后，财务控制必须具有一定的前瞻性。财务人员在分析已完成研制项目实际发生费用的基础上，对批生产阶段以及今后类似的航空研制项目的预算要做到心中有数，提前针对预算变化做出资金安排。

② 除了项目研制结束后的财务评价，航空研制项目还应按照项目生命周期各阶段关键节点进行财务总结。在项目生命周期各阶段关键节点进行阶段性财务总结时，应充分吸收各个相关利益方，组成共同的项目财务总结组，建立关键节点项目财务总结制度，总结项目进行中所遇到的各种财务问题，并协商找出解决问题的方法，通过这种方式达到风险共担的目的。

③ 基于航空研制项目具有重大的政治、军事意义，航空项目成本效益的财务评价除须由项目主体决策机构审核外，还需要由最高决策机构进行审核。

9.3　研制结束阶段财务控制流程及关键控制点

航空项目研制结束阶段的财务评价是航空研制项目完成研制后进入批量生产阶段前，对项目可行性研究、总体设计和试生产的全过程进行的系统评价，是必不可少的项目财务控制环节之一。财务部门应参与到项目验收委员会中，在对项目进行技术评价、质量评价的同时，编写决算说明书和决算报告，进行财务评价。

9.3.1　研制结束阶段的财务控制总流程

航空项目研制结束阶段财务评价总流程图如图9-1所示。

① 项目研制结束阶段的主要财务活动是项目成本效益的财务评价。一方面通过初期项目可行性分析与生命周期各阶段预算的对比，准确、全面评价项目在整个生命周期内的成本构成、资金使用效益和各项财务活动的效用；另一方面，企业在项目进入批量生产阶段之前建立准确的财务成本指标体系，是企业后期批量生产效益的保证。

② 技术、质量和成本是航空研制项目的三个关键部分，但相互高度联系，因此应将三者作为一个整体由参研单位进行项目工作的自评价，并编制决算说明书、财务决算报表，上报项目主体。参研单位组成项目专项验收小组进行项目自评价，人员包括参研单位内部与此项目有关的设计、工艺、生产、财务和预算各部门人员，其作用是在参研单位内部总结相关经验教训，积累数据。

③ 项目主体对参研单位上报的各参研单位相关技术、质量评价表与项目决算报表进行审核，编制项目总的决算说明书与决算报告；项目主体的内部审计单位应参与到其中，对参研单位的合同签订与执行是否合规、合编内容是否规范进行内部监督。

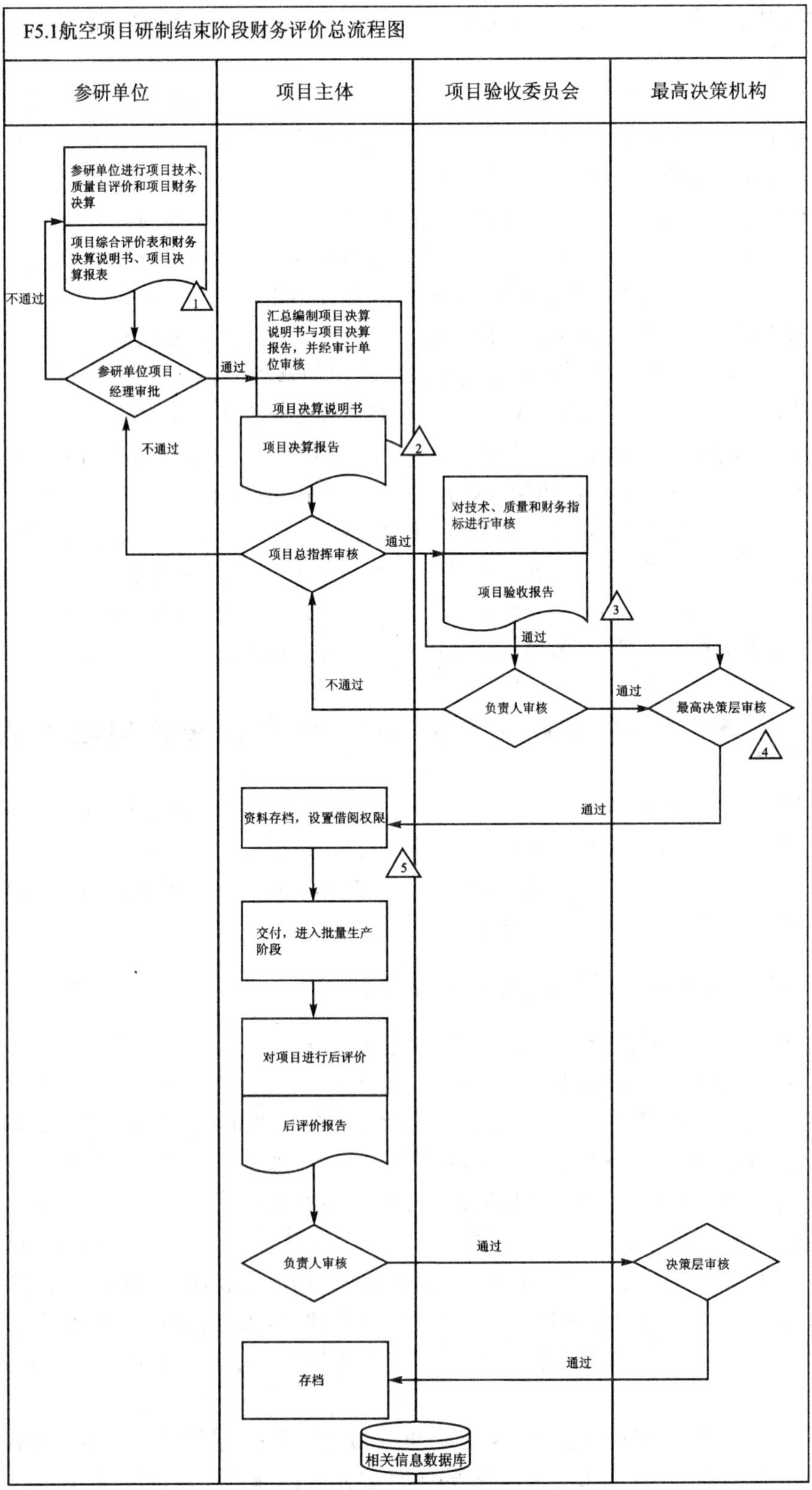

F5.1航空项目研制结束阶段财务评价总流程图

参研单位	项目主体	项目验收委员会	最高决策机构

参研单位进行项目技术、质量自评价和项目财务决算

项目综合评价表和财务决算说明书、项目决算报表

1

不通过

参研单位项目经理审批

通过

汇总编制项目决算说明书与项目决算报告，并经审计单位审核

项目决算说明书

项目决算报告

2

不通过

项目总指挥审核

通过

对技术、质量和财务指标进行审核

项目验收报告

3

通过

不通过

负责人审核

通过

最高决策层审核

4

通过

资料存档，设置借阅权限

5

交付，进入批量生产阶段

对项目进行后评价

后评价报告

负责人审核

通过

决策层审核

通过

存档

相关信息数据库

图 9－1 航空项目研制结束阶段财务评价总流程图

④ 项目验收委员会应由项目投资方、项目参研单位、项目主体相关部门人员共同构成，必要时还应包括外部第三方，如外部审计单位。项目投资方可以通过组织技术、质量和财务方面的专家组成专家组参与项目验收。第三方的作用是保证验收客观、准确；而多方共同参与项目评价基于的是风险共担原则。

⑤ 决算说明书包括：项目概况、预算执行情况、技术经济指标完成情况、资金的筹集和使用情况，主要关注：列示各参研单位项目的详细费用；对照各种费用预算，说明项目预算执行变动情况，做好项目预算对比分析。决算报表应以航空研制项目传统的八大费用项目归集，反映各种成本费用的最终使用情况。

⑥ 航空研制项目后评价是指项目研制结束进入批量生产之后，通过对项目的立项决策、总体设计、试生产、批量生产等全过程进行系统评价，综合研究分析项目实际技术经济状况及其与预期的偏差，主要从经济效益角度分析原因，总结经验，提高决策水平和投资效益。由于项目的后评价不在航空项目的研制阶段，故本书没有对此进行专门研究。

根据流程图总结的风险控制文档如表 9－1 所列。

表 9－1　航空项目研制结束阶段财务评价总流程风险控制文档

控制流程名称：航空项目研制结束阶段财务评价总流程　　　　**控制流程编号：F5.1**

风险点编号	风险类别					风险描述	控制目标的类型					控制目标具体描述	控制类型（预防性/检验性）	控制时点
	项目决策风险	财务评价不准确	财务评价不全面	财务评价缺乏预见性	资产和信息安全威胁		准确性控制	完整性控制	有效性控制	接触性控制	预见性控制			
1	√	√	√	√		自评价不全面、财务决算不准确	√	√			√	建立全面客观的自评价标准以及财务决算与自评价制度	预防性	项目结束阶段
2	√	√	√	√		决算报告内容不全面准确、说明书内容失真	√	√	√		√	确保财务人员的胜任能力，对信息搜集、编制过程与编制人员做出明确规定	预防性	项目结束阶段
3		√	√			验收标准不科学、过程流于形式、验收委员会资质不合格	√	√	√			验收委员会人员选择合理、验收标准明确、验收过程合理，对项目的执行情况及完成情况评价客观准确，对参研单位的履约情况公正客观	预防性、检验性	项目结束阶段
4	√			√		验收报告未经有效审核		√	√		√	确保验收报告经过项目主体及最高决策机构的审核，保证决策层对项目进度的掌控	预防性、检验性	项目结束阶段
5					√	资料保管不善				√		资料整理、存档，设置借阅权限，保证研制资料的安全	预防性	项目结束阶段

9.3.2 参研单位和项目主体研制结束的财务评价流程

1. 参研单位研制结束的财务评价流程

参研单位结束阶段的财务评价流程图如图 9－2 所示。

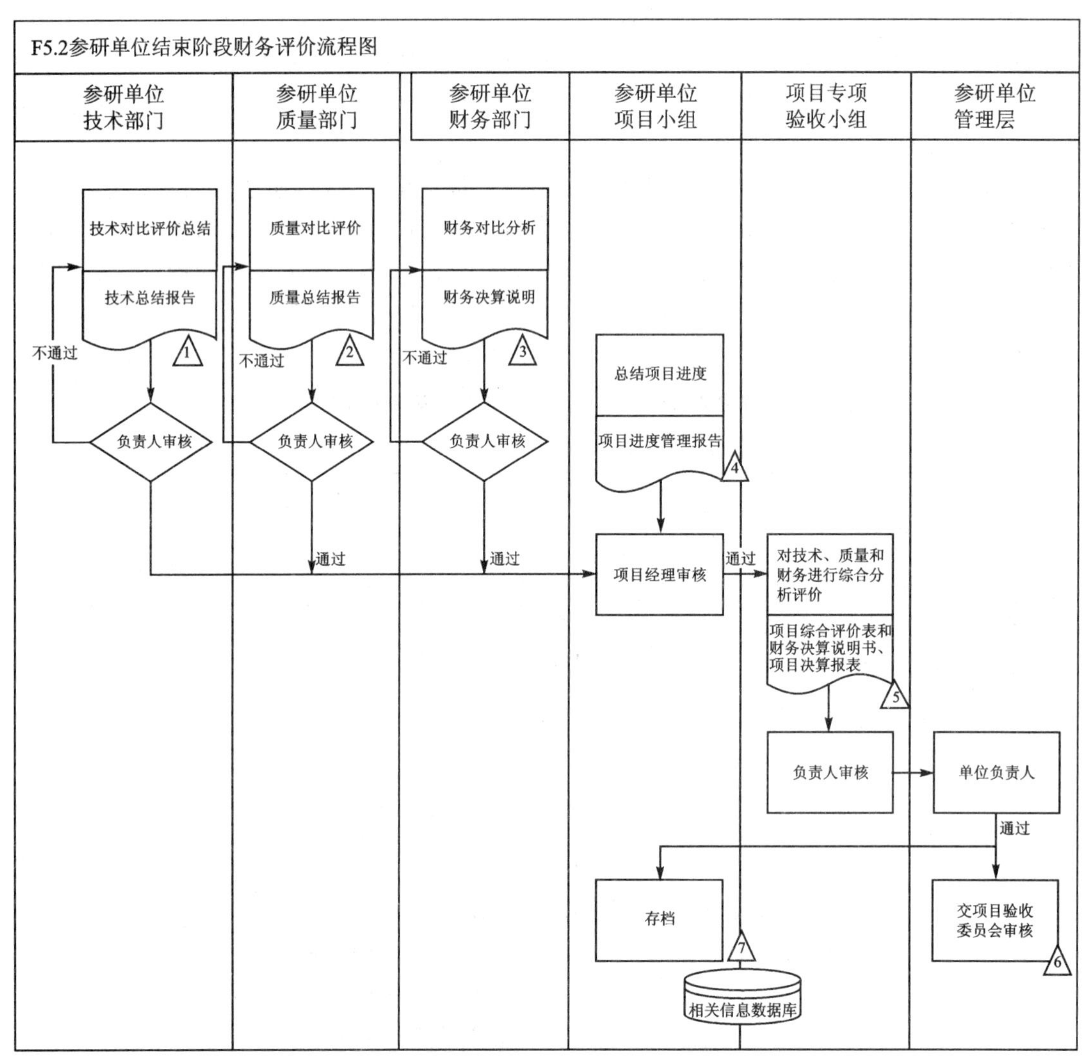

图 9－2　参研单位结束阶段财务评价流程图

参研单位可能同时进行多个项目，内部组织结构一般为矩阵式组织结构。为加强对项目的管理，会强调项目经理和针对各项目进行验收的专项验收小组在组织结构中的地位和作用。

① 图 9－2 为结束阶段时，各参研单位内部对项目技术、质量、成本和进度四方面所做的综合总结，分别由项目内部的三方面负责人员及项目经理进行。项目经理的主要作用是对研制项目的技术、质量、进度和财务管理的总结进行全面的审核，并向参研单位专设的项目专项验收小组报告。

② 财务部门提供的财务决算说明应包括以下报表：项目成本费用汇总表、预算超支情况分析表、设计变更追加费用表以及质量成本报表。

由于项目时间周期很长，故设计思路和工艺技术等的变化会对原有设计产生影响。设计变更追加费用表记录了项目在试生产过程中由于对之前设计进行优化而导致的试制费用的增加，此表的作用是为对设计变更进行经济技术评价做数据准备。质量成本报表反映的是因保证航空项目研制的质量造成的试制费用的增加，作用是对质量保证和质量改进进行经济效益评价。

③ 技术、质量、成本和进度四方面作为项目基础单独总结具有针对性，主要是各自相关部分原计划与实际结果间的比较。

④ 专项验收小组通过综合比较分析，即技术经济评价、提交综合的决算说明书以及报表，作为对项目研制的总结。

⑤ 参研单位对项目情况的总结一方面具有对外性质，主要是向项目主体说明受托责任的完成情况，并为编制项目决算报告服务；另一方面具有对内性质，为单位以后从事相似项目研制的管理积累经验数据。

根据流程图总结的风险控制文档如表 9－2 所列。

表 9－2　参研单位结束阶段财务评价流程风险控制文档

控制流程名称：参研单位结束阶段财务评价流程　　控制流程编号：F5.2

风险点编号	风险类别					风险描述	控制目标的类型					控制目标具体描述	控制类型（预防性/检验性）	控制时点
	项目决策风险	财务评价不准确	财务评价不全面	财务评价缺乏预见性	资产和信息安全威胁		准确性控制	完整性控制	有效性控制	接触性控制	预见性控制			
1	√	√	√			技术评价不客观，技术总结不全面	√	√			√	对技术自评价的人员构成、评价标准、评价流程做出规定，建立科学完善的技术总结报告制度	预防性	项目结束阶段
2	√	√	√			质量评价不客观，质量总结不全面	√	√			√	对质量自评价的人员构成、评价标准、评价流程做出规定，建立科学完善的质量总结报告制度	预防性	项目结束阶段
3	√	√	√			财务评价不客观，财务总结不全面	√	√			√	对财务自评价的人员构成、评价标准、评价流程做出规定，建立科学、完善的财务总结报告制度	预防性	项目结束阶段
4	√	√	√			项目进度管理报告失真	√	√	√		√	对评估项目进度的人员构成、采用的评估方法进行规定，科学合理地评估项目实际进度	预防性	项目结束阶段

续表 9－2

风险点编号	风险类别					风险描述	控制目标的类型					控制目标具体描述	控制类型（预防性/检验性）	控制时点
	项目决策风险	财务评价不准确	财务评价不全面	财务评价缺乏预见性	资产和信息安全威胁		准确性控制	完整性控制	有效性控制	接触性控制	预见性控制			
5	√	√	√	√		评价内容单一，未综合技术、质量、成本对项目进行评价	√	√	√		√	对项目专项验收小组的人员构成、技术、质量和财务进行综合分析评价所采用的方法、步骤给予明确规定	预防性、检验性	项目结束阶段
6	√			√		项目验收委员会未对项目验收文件进行有效审核	√	√	√	√	√	验收委员会人员选择合理，验收标准明确，验收过程合理，对项目的执行情况及完成情况评价客观、准确，对参研单位的履约情况公正、客观	预防性、检验性	项目结束阶段
7					√	数据保存不善或未得到有效使用				√	√	正确保存数据，并定期对储存设备进行维护	预防性	项目结束阶段

2. 项目主体研制结束的财务评价流程

项目主体结束阶段财务评价的流程如图 9－3 所示。

① 项目主体财务部门主要对重大采购费用的执行与完成情况进行审核，并对项目资金的筹集与使用安排、风险共担情况、资金保值工具的运用和汇率风险规避方式等进行分析。

② 项目主体验收机构对各方提供的决算说明书、决算报告进行审核，项目财务部门依据经审核后的资料，汇总编制项目决算说明书、项目决算报告，其内容包括设计、技术、工艺、材料等变更引起的费用变化分析表、质量成本报表、重大采购费用分析表、项目资金筹集使用分析表、汇率和利率风险管理情况表等。

③ 项目资金筹资使用分析表对项目所有资金的筹集和使用情况进行总结说明，对资金的筹集形式、筹集渠道、筹集时间、筹集金额做出说明；对资金的分配使用、按节点拨付、各参研单位间资金的分配、预算变更进行说明。

④ 重大采购费用分析表对国内外重大采购详细费用进行说明，包括招标过程中不同投标者投标价格的对比、质量的比较；国际结算信用证的使用情况以及与其相关的运费保险等附加费用。

⑤ 汇率与利率风险管理说明书是对航空研制项目涉及的巨额外币交易和持有的外币资产、负债进行汇率和利率的风险管理情况进行的说明，包括各种金融工具的选择及其管理效益。

⑥ 由于航空研制项目具有高度探索性，生命周期长，因此在设计和试制过程中，设计思路可能发生变更，工艺路线也可能变更；而且，为了保证研制出来的飞机及其零部件的质量，参研

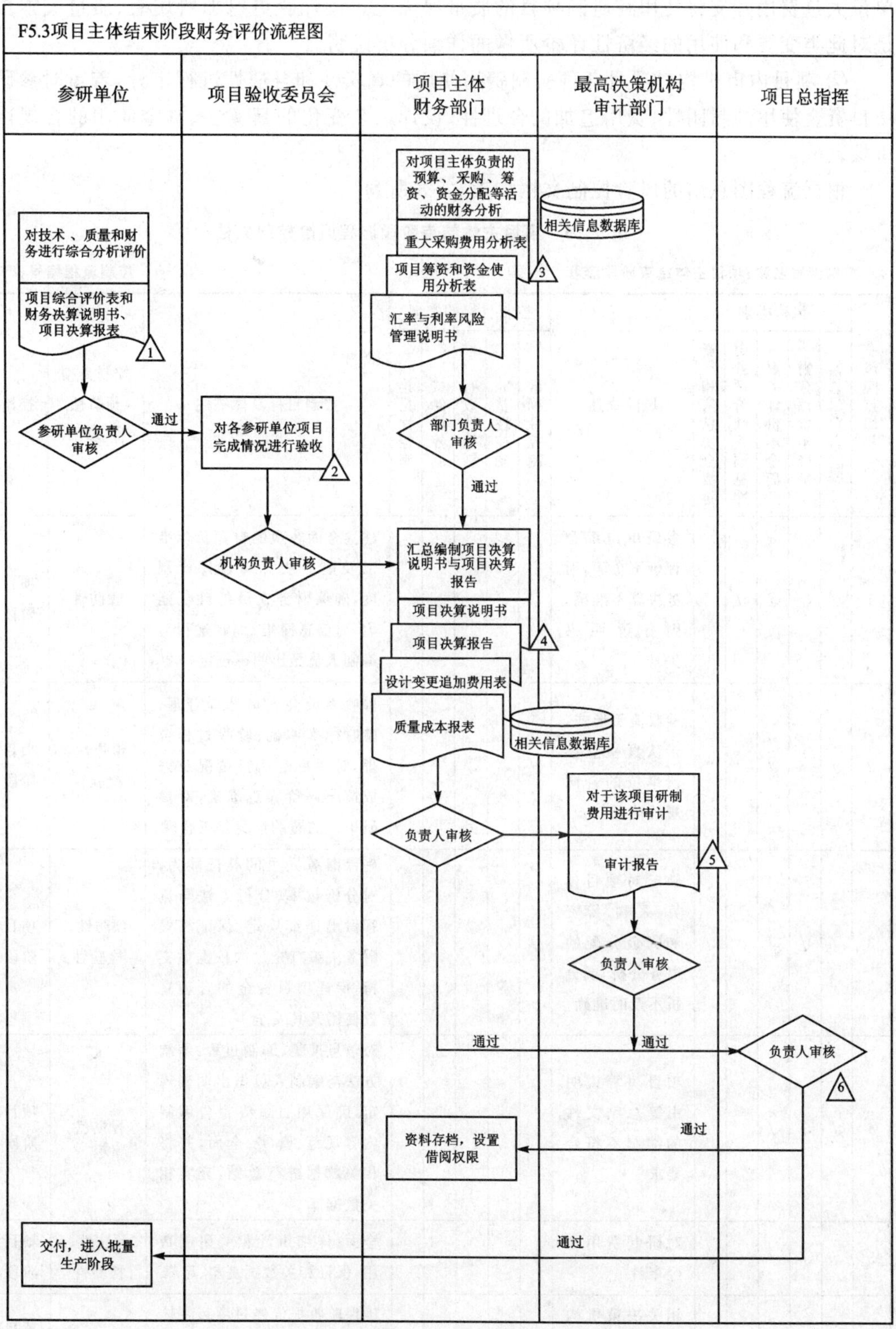

F5.3项目主体结束阶段财务评价流程图

参研单位	项目验收委员会	项目主体财务部门	最高决策机构审计部门	项目总指挥

对项目主体负责的预算、采购、筹资、资金分配等活动的财务分析

相关信息数据库

重大采购费用分析表

项目筹资和资金使用分析表

3

对技术、质量和财务进行综合分析评价

项目综合评价表和财务决算说明书、项目决算报表

1

汇率与利率风险管理说明书

部门负责人审核

参研单位负责人审核

通过

对各参研单位项目完成情况进行验收

2

通过

机构负责人审核

汇总编制项目决算说明书与项目决算报告

项目决算说明书

项目决算报告

4

设计变更追加费用表

质量成本报表

相关信息数据库

对于该项目研制费用进行审计

负责人审核

审计报告

5

负责人审核

通过

通过

负责人审核

6

通过

资料存档，设置借阅权限

通过

交付，进入批量生产阶段

图 9－3　项目主体结束阶段财务评价流程图

单位大量费用开支将使用在研制项目的质量保障上。设计变更追加费用表、质量成本报表即是对此类变更和使用的经济性评价所做的详细分析说明。

⑦ 项目内审机构对项目各种研制费用使用的真实性和合法性进行审计，着重对参研单位项目资金使用的封闭性、费用追加的合理性、设计工艺变化的真实性、资金使用的合规性进行审核。

根据流程图总结的风险控制文档如表 9-3 所列。

表 9-3　项目主体结束阶段流程风险控制文档

控制流程名称：项目主体结束阶段流程　　**控制流程编号：F5.3**

风险点编号	风险类别					风险描述	控制目标的类型					控制目标具体描述	控制类型（预防性/检验性）	控制时点
	项目决策风险	财务评价不准确	财务评价不全面	财务评价缺乏预见性	资产和信息安全威胁		准确性控制	完整性控制	有效性控制	接触性控制	预见性控制			
1	√	√	√	√		参研单位综合评价不全面，财务决算不准确，财务说明书失真	√	√				建立全面客观的自评价标准以及财务决算与自评价制度，确保财务人员的胜任能力，对信息搜集、编制过程与编制人员做出明确规定	预防性	项目结束阶段
2	√	√	√			验收流于形式，未认真检查参研单位的合同履约情况	√	√	√		√	验收委员会人员选择合理、验收标准明确、验收过程合理，对项目的执行情况及完成情况评价客观准确，对参研单位的履约情况公正客观	预防性、检验性	项目结束阶段
3	√	√	√		√	缺乏对项目预算、采购、筹资和资金分配的财务分析，或分析不及时准确	√	√	√			确保财务人员的胜任能力，对分析频率、分析方法与流程做出详细规定，保证相关财务决策有充足的依据做支持，保证项目资金的合理高效使用及其安全	预防性、检验性	项目结束阶段
4	√	√	√			项目决算说明书等总结文件的编制不符合要求	√	√	√			对信息搜集、编制过程、编制方法与编制人员做出明确规定，确保项目最终报告编制内容规范、真实、全面，并将相关数据进行总结，充实相关数据库	预防性	项目结束阶段
5	√	√	√		√	对研制费用未经审计	√	√	√	√		全面、详细审计相关研制费用，保证相关数据真实、可靠	预防性、检验性	项目结束阶段
6	√			√	√	相关决策机构缺乏对项目最终报告的审核	√	√	√		√	确保验收报告经过项目主体及最高决策机构的审核，保证决策层对项目进度的掌控	预防性	项目结束阶段

9.3.3　研制项目重要节点的决算与财务评价流程

我国航空研制项目围绕“型号”和“节点”具有两大特点：以“型号”为研制主体和以“节点”计算进度。所谓“节点”即项目进行过程中的一些标志性事件，如项目总体设计完成、关键技术过关、关键零部件生产出来等。节点作为型号研制进度管理的主要内容，包括两个层次：第一个层次为项目级别的，如航空项目总体设计完成、样机完成等，这涉及与项目有关的各方，需要项目主体负责组织、各方按项目“节点”总结评估、汇总数据进行总结分析并为以后阶段的工作做好准备；第二个层次为以参研单位为基础的“节点”级别，比如包括发动机设计完成、关键部件加工成功等。这种“节点”又分为两种形式：一种是该参研单位的“节点”处于整个项目的关键路径上，该单位项目进程的延迟会对整个项目造成影响，因此此类“节点”与项目级“节点”类似，需要项目主体调整整个项目的进程及其他参研单位的进程安排；另一种“节点”处于项目次要线路上，其特点是仅仅与某个参研单位有关，对其他单位项目进程没有影响，因此这种“节点”仅仅需要相关单位加以关注即可。

本部分财务控制将分为项目层次节点财务评价和参研单位层次节点财务评价，并以流程图分别说明。

1. 项目层次节点财务评价流程

项目层次节点财务评价流程图如图 9－4 所示。

① 各参研单位分别从技术、质量和成本方面对项目当前阶段实际情况与原计划情况对比，分析差异原因，并在当前情况的基础上对以后阶段情况进行预测，提出改进意见。

② 设计变更分析表包括设计变更的合理性及因设计变更造成的飞机及其零部件技术参数变更和设计变更造成的研制费用的变化的分析说明。

③ 项目主体对项目各阶段的评估包括技术、质量、成本、进度四方面计划与实际发生对比分析，主要生成项目主体在结束阶段生成的文件（参照项目结束阶段流程），为最终的验收做数据准备；另外，对参研单位资金的预测进行汇总处理，提出资金筹措及运用的调整方案，比如变化的预算需要额外的资金筹措，包括筹措方式、渠道及数额等；除此之外，根据参研各方节点项目完成情况和预算，拨付下一阶段研制经费。

④ 项目主体审计机构还需要对各参研单位项日部分的预算执行情况、研制经费利用的合规性进行审核。

⑤ 项目主体与各个参研单位应根据项目进行情况安排新的研制经费使用计划，并在下个关键节点之前严格按照新计划使用经费。

根据流程图总结的风险控制文档如表 9－4 所列。

2. 参研单位层次节点财务评价流程

参研单位层次节点财务评价流程图如图 9－5 所示。

① 参研单位项目组织内部的技术、质量和财务管理人员从各自角度对项目当前阶段实际情况与原计划情况进行对比，参研单位项目经理对项目进度负责，并综合分析差异原因，在当前研制任务完成情况的基础上，对以后阶段研制情况进行预测，提出航空研制项目在技术、质量、财务和进度四方面的改进意见。

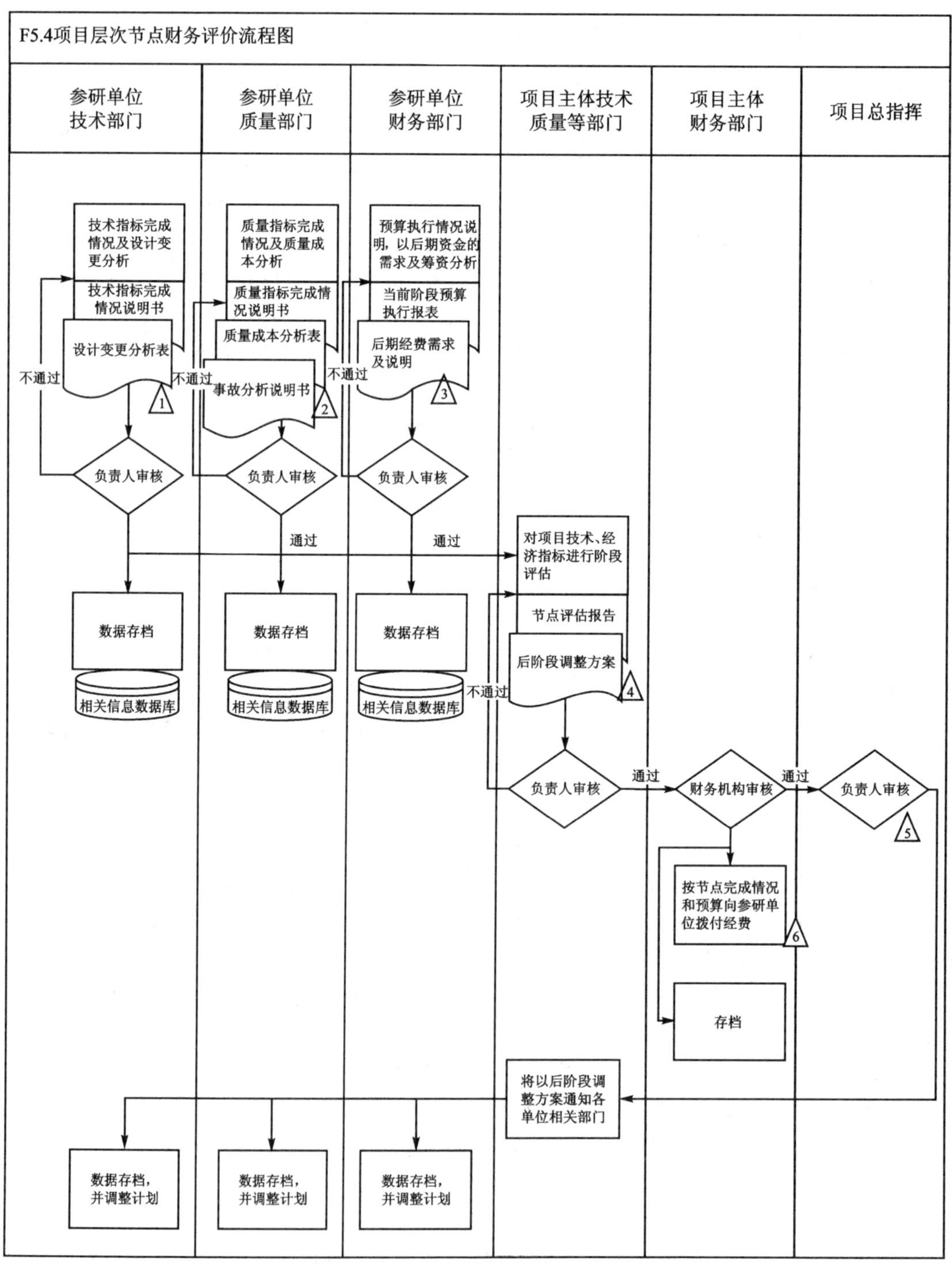

图 9-4 项目层次节点财务评价流程图

表 9-4 项目层次节点财务评价流程风险控制文档

控制流程名称：项目层次节点财务评价流程　　**控制流程编号：F5.4**

风险点编号	风险类别					风险描述	控制目标的类型					控制目标具体描述	控制类型（预防性/检验性）	控制时点
	项目决策风险	财务评价不准确	财务评价不全面	财务评价缺乏预见性	资产和信息安全威胁		准确性控制	完整性控制	有效性控制	接触性控制	预见性控制			
1	√	√	√			技术目标完成情况不客观，设计变更不合理	√	√				建立全面客观的年度技术科研结果评价方法、评价标准及报告制度，以及设计变更报告制度	预防性	项目重要节点
2	√	√	√			质量目标完成情况不客观，质量成本分析不全面	√	√				建立全面客观的年度质量科研结果评价方法、评价标准，以及报告制度、质量成本分析报告制度	预防性	项目重要节点
3	√	√	√	√		预算不能得到认真贯彻执行，缺乏对后期预算需求量的预计	√	√	√		√	建立预算执行情况评价标准及评价体系，规定评价人员的构成及评价方法；对预计后期预算的方法进行规定并形成制度	预防性、检验性	项目重要节点
4	√			√		后阶段项目调整方案脱离实际	√	√	√		√	保证相关人员的专业胜任能力，选择较为科学的调整方案，并保证与参研单位的沟通	预防性、检验性	项目重要节点
5	√			√		决策层缺乏对项目进度的掌控	√	√			√	确保项目调整方案经过项目主体及最高决策机构的审核，保证决策层对项目进行情况的掌控	预防性、检验性	项目重要节点
6					√	未根据项目进行情况向参研单位拨付研制经费			√		√	规定按节点拨付的流程，根据完成情况及时向参研单位拨付经费，保证项目顺利进行	检验性	项目重要节点

② 项目专项验收小组根据项目实际进度和技术、质量、财务管理情况向参研单位管理层和项目主体提出评估报告以及以后阶段项目研制的调整方案。

③ 项目主体对评估报告和调整方案进行审核，并考虑该部分进行调整对其他参研单位研制工作的影响；根据项目实际进展拨付项目资金。

④ 由于参研单位层次节点仅仅涉及该参研单位内部项目进程，因此需要引起参研单位内部各级项目管理部门的关注，关注的重点是根据项目实际已完成的情况和偏差，在参研单位内部进行资源调整和管理重心的调整；而项目层次“节点”由于涉及面较广，因此需要项目主体的高度关注，关注的重点也应在整个项目涉及的参研单位间进行调整。

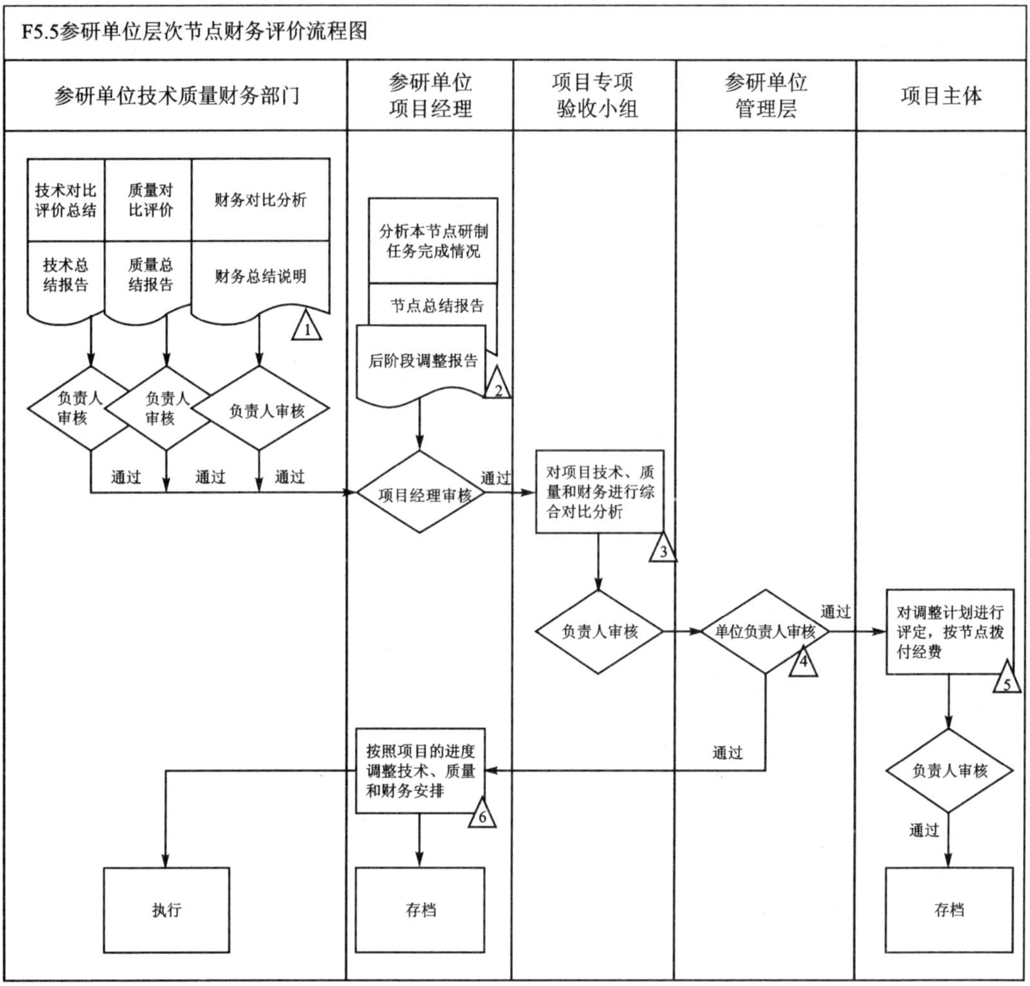

F5.5参研单位层次节点财务评价流程图

参研单位技术质量财务部门	参研单位项目经理	项目专项验收小组	参研单位管理层	项目主体
技术对比评价总结；质量对比评价；财务对比分析	分析本节点研制任务完成情况			
技术总结报告；质量总结报告；财务总结说明 (1)	节点总结报告；后阶段调整报告 (2)			
负责人审核；负责人审核；负责人审核 → 通过	项目经理审核 → 通过	对项目技术、质量和财务进行综合对比分析 (3)		
		负责人审核	单位负责人审核 (4) → 通过	对调整计划进行评定，按节点拨付经费 (5)
	按照项目的进度调整技术、质量和财务安排 (6)		通过	负责人审核 → 通过
执行	存档			存档

图 9－5 参研单位层次节点财务评价流程图

根据流程图总结的风险控制文档如表 9－5 所列。

表 9－5 参研单位层次节点财务评价流程风险控制文档

控制流程名称:参研单位层次节点财务评价流程 **控制流程编号:F5.5**

风险点编号	风险类别					风险描述	控制目标的类型					控制目标具体描述	控制类型（预防性/检验性）	控制时点
	项目决策风险	财务评价不准确	财务评价不全面	财务评价缺乏预见性	资产和信息安全威胁		准确性控制	完整性控制	有效性控制	接触性控制	预见性控制			
1	√	√	√	√		技术、质量、财务总结不全面	√	√	√			对总结报告的内容、形式进行规定，建立全面客观的总结报告标准，保证报告内容真实、可靠	预防性	参研任务重要节点

续表 9－5

风险点编号	风险类别					风险描述	控制目标的类型					控制目标具体描述	控制类型（预防性/检验性）	控制时点
	项目决策风险	财务评价不准确	财务评价不全面	财务评价缺乏预见性	资产和信息安全威胁		准确性控制	完整性控制	有效性控制	接触性控制	预见性控制			
2	√	√	√	√		所报项目进度与实际不符，后阶段调整报告不客观	√	√	√		√	对进度报告编制的人员组成、方法、形式给予规定，保证相关人员的胜任能力、方法的科学性及合理性	预防性	参研任务重要节点
3	√	√	√			未对项目的四个维度进行综合对比分析	√	√			√	建立科学合理的评价方法和体系，并对相关信息的收集、编制过程进行规定，保证相关人员的充分参与	预防性	参研任务重要节点
4	√			√		调整报告未经有效审核	√	√		√	√	确保调整报告经过参研单位管理层以及项目主体的审核，保证决策层对项目进度的掌控	预防性、检验性	参研任务重要节点
5	√	√	√			未按照项目实际进度对参研单位的履约情况进行评定	√	√	√	√	√	对评定人员、评定过程、评定方法进行规定，并严格按照与参研单位签订的研制合同内容评价其履约情况，对其调整方案对项目整体进度的影响进行评价，保证项目按计划进行	预防性、检验性	参研任务重要节点
6	√			√	√	参研单位未根据项目实际进行情况调整资源	√	√	√		√	参研单位应根据自身实际情况，适时调整单位内部资源，保证项目顺利进行	检验性	参研任务重要节点

附录 “适应航空研制项目生命周期的财务控制研究”调研提纲

专题1 生命周期的划分及各阶段财务控制的目标

1. 调查目标

① 了解航空研制项目生命周期阶段的划分方式。

② 了解航空研制项目生命周期各阶段的财务控制活动。

2. 涉及人员和部门

航空集团的财务主管和相关财务人员、民用飞机部相关人员、A商业飞机公司的技术和财务负责人。

3. 调查方法

半结构式访谈。

4. 调查内容

① 航空研制项目生命周期通常可以划分为哪几个阶段?

是划分为“项目论证阶段(包括:项目前期论证阶段、可行性论证阶段、总体方案论证阶段)、预发展阶段(包括:初步设计阶段、详细设计阶段)、工程发展阶段(包括:样机生产、试飞验证)、项目结束阶段”(见附图1),还是划分为“项目前期论证阶段、可行性论证阶段、总体方案论证阶段、型号研制阶段、项目结束阶段”(见附图2)?

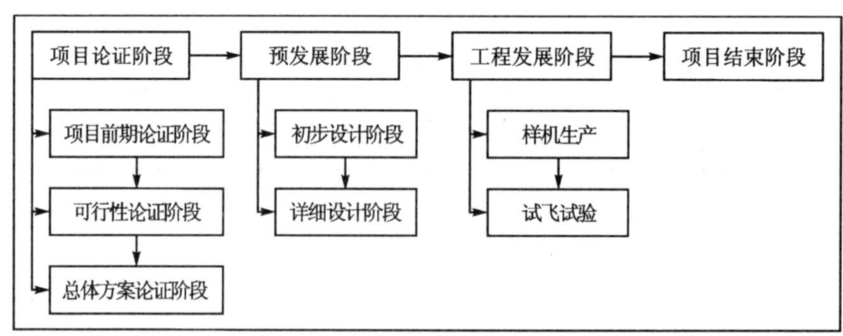

附图1 航空研制项目生命周期划分方法(1)

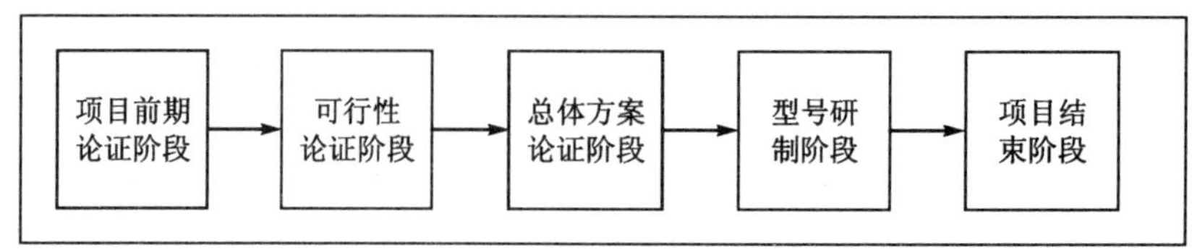

附图2 航空研制项目生命周期划分方法(2)

② 航空研制项目生命周期各阶段项目活动的目标是什么？是否如附表1所述？

附表1 项目活动的目标

生命周期阶段	分解阶段	目 标
项目论证阶段	项目前期论证阶段	在调查研究的基础上形成《项目建议书》，确保《项目建议书》的科学性、完整性、可靠性，力求项目建议能够得到相关负责部门的批准
	可行性论证阶段	对项目进行可行性论证，形成可行性报告，确保可行性论证科学、完整，风险分析透彻、准确
	总体方案论证阶段	建立项目组织，完成总体方案论证，提交《总体方案论证报告》
预发展阶段	初步设计阶段	在总体方案的基础上对前面草拟的飞机设计方案进行修改和补充，使其进一步明确和具体化，最终给出飞机总体设计方案
	详细设计阶段	完成整个系统的详细设计(包括系统各组成部分)和实现计划所需条件的研究，对重要零部件进行技术风险分析
工程发展阶段	样机生产	确定样机生产的制造工艺和最佳生产方式，制造样机
	试飞验证	完成试飞，通过适航审批
项目结束阶段		完成样机的评估验收，确保项目结束的经验与文档得到有效总结，账务清算准确、可靠

③ 航空研制项目生命周期各阶段财务控制的目标是什么？是否如附表2所述？

附表2 财务控制的目标

生命周期阶段	分解阶段	目 标
项目论证阶段	项目前期论证阶段	确保研制总经费初步估算全面、科学；资金来源合乎实际；对经济效益和社会效益的初步估算切实、合理
	可行性论证阶段	确保研制总经费概算全面、合理，收入与成本和生产的经济批量等的预测科学、准确
	总体方案论证阶段	确保研制经费总概算全面、合理，分年度指标与资金投入相匹配，单机成本、销售价格、直接使用费、经济生产批量和盈亏平衡点预测合理，确保项目组织的授权分工与决策体系合理
预发展阶段		确保预算编制的科学性和合理性，执行的有效性；建立设计成本费用数据库，根据研制的进度要求，评价费用、进度匹配是否合理，实现对设计成本的有效控制；规范财务管理制度和会计核算制度
工程发展阶段		加强项目的经费管理，确保预算编制的科学性、合理性、执行的有效性；对生产和采购成本实施有效控制；建立规范的采购流程
项目结束阶段		确保项目结束时账务的清算真实可靠，资产的验收与人员绩效考核等得到有效的管理，确保财务评价体系的建立以及财务评价结论的客观性和有效性

专题2 生命周期各阶段主要财务控制活动

1. 调查目标

了解航空研制项目各阶段的主要财务控制活动。

2. 涉及人员和部门

航空集团的财务主管、A商业飞机公司的财务负责人、参研单位的相关负责人、航空研制项目的总会计师系统。

3. 调查方法

半结构式访谈、现场观察。

4. 调查内容

项目论证阶段财务控制活动的内容如下。

(1) 项目前期论证阶段

① 项目论证阶段的财务控制活动包括哪些内容(如投资估算、资金筹措计划、财务评价等)?

② 是否对研制总经费进行初步估算？考虑了哪些成本项目？是否完整(含研制部门和行业配套部门的科研手段和技术改造、基本建设使用维护等投资)？有无项目经费估算管理制度?

③ 是否有项目投资额的估算和资金筹措的具体计划?

④ 是否对项目进行经济效益和社会效益的初步估算？是否有评估报告？评估报告由谁审批？是否须通过财务、技术负责人审批？可行性研究报告的编制人是否具备专业资格认证?

⑤ 对前期论证阶段的《项目建议书》如何审批？程序是什么?

(2) 技术经济可行性论证阶段

① 是否对项目进行了财务评价(包括投资现金流量预测、投资方案财务评价、融资方案财务评价)？评价流程是什么？由谁审核?

② 财务评价是否全面考虑了项目的财务盈利能力、清偿能力、财务外汇平衡能力和经济效益估算等?

③ 是否对研制经费进行总概算？总概算的形成和批准程序是什么？总概算的主要内容是什么？是否存在概算制度?

④ 是否有收入与成本及经济生产批量的可行性分析？是否有分析报告？分析报告由谁审批?

⑤ 对可行性论证阶段形成的《可行性报告》如何审批？程序是什么?

(3) 总体方案论证阶段

① 是否制定研制经费总预算,提出分年度目标?

② 是否对收入与成本及经济生产批量进行预测？由谁审批？流程是什么?

③ 是否在项目组内设总会计师职位？由谁任命？其职责权利是什么?

④ 是否明确了项目组主要成员及其具体权限与分工？项目公司何时成立?

⑤ 项目组织有哪些部门？项目各部门是否建立了不相容岗位相分离制度?

⑥ 项目财务部门有哪些岗位？不相容的岗位是否进行了明确分离?

⑦ 是否采用招、投标制度确定参研单位？是否建立了项目参研的财务资信评价具体程序？参研单位选择过程中不相容岗位是否分离？

⑧《总体方案报告》由谁审批？程序是什么？

(4) 预发展阶段与工程发展阶段

① 项目公司是否有完善的预算编制制度？

② 预算执行是否实行各参研单位负责人统一领导与分级负责、归口管理相结合？有无相应制度？

③ 是否制定了项目成本费用支出计划，确定支出限额，按进度确定项目的现金需求量？有无现金需求量预测表？

④ 是否有设计和试验费、设计材料费控制制度？如：收集设计费、试验费发生的原始凭证和数据；建立设计、试验成本核算参数体系；建立健全各种材料的收发、领退、保管手续责任制度；根据生产计划、财务成本计划，结合材料库存和供应情况，认真审核材料的供应计划和供应合同，指定材料的采购计划；财务部应参与有关部门制定科学合理的材料定额制度，材料消耗要先进合理，随着生产技术条件的改变及时加以调整、修订，合理节约使用材料；根据项目生产组织的状况和管理方式，指定材料的领用制度。

⑤ 是否有与固定资产使用费相关的控制制度？如：固定资产使用费按企业规定计提；按相关规定将折旧费分摊到相应项目。

⑥ 是否有工资费用的相关控制制度？如：对工资与人力资源业务实行职务分离；控制工资费用的确认与计量；控制工资单的审核和工资的发放。

⑦ 是否有外协费的相关控制制度？如：财会人员对合同约定的外协费支付方式、有关部门提交的价款支付申请及凭证、对审批人的批准意见等进行审查和复核。

⑧ 是否有管理费用的相关控制制度？如：确定管理费的范围；审核费用的发生申请；发生费用单据的审核和审批；确定合理的费用分配方法；办理结算的控制；核算费用并登记入账的控制；审核月终汇总归集的正确性；编制费用报告的控制。

⑨ 是否编制物资采购计划并进行审批？是否对参研单位大额资产采购独立进行审批？

⑩ 是否制定采购招投标制度？

⑪ 是否建立价格变动风险的防范制度？

⑫ 在选择国际供应商时是否有专门的管理程序？如：成立国际采购招标小组，专门负责此项工作。

⑬ 是否建立材料的验收、保管和发放制度？

⑭ 是否建立严格的款项支付制度，明确款项支付期限和限额，以及大额项目款支付的授权审批？

⑮ 是否编制财产清单，及时办理资产过户手续？

⑯ 是否建立往来项目的对账制度，明确账账、账表的核对、勾稽关系？

⑰ 是否建立对实物资产的定期盘点制度，并制定关于盘盈、盘亏、毁损、报废的审批处理制度？

⑱ 是否有应急财务制度以防范设计变更或生产变更对项目投资的影响？

⑲ 是否按照会计制度的要求，定期编制各种会计资料？

(5) 项目结束阶段

① 研制项目结束阶段包括哪些财务控制工作?

② 是否建立严格的资产验收制度以及对验收的审核制度?

③ 财务部门是否建立由财务人员参与的概算、预算的分析考评制度,对投入批量生产后的效益进行分析和预测?

④ 是否建立严格的决算制度?

⑤ 是否对账务进行清算?

⑥ 对项目的成本是否进行审计? 审计的流程是什么?

⑦ 财务人员是否参与项目的后评价,分析项目成本超支原因?

⑧ 是否将项目有关文献进行整理归档和移交?

⑨ 是否建立严格的档案管理制度,规定资料的借阅权限?

⑩ 是否对项目组成员的胜任能力进行评价? 财务数据在业绩评价中有哪些作用?

专题3 组织结构和授权分工

1. 调查目标

① 了解航空工业集团与A商业飞机公司在航空研制项目中的授权决策权限分配。

② 了解航空研制项目公司(A商业飞机公司)的组织结构和分工体系,特别是财务分工体系。

③ 了解A商业飞机公司与参研单位间的财务控制关系。

2. 涉及人员和部门

航空集团财务部和民机部负责人、"A项目"的项目经理(A商业飞机公司经理)、A商业飞机公司财务部负责人、参研单位项目总会计师。

3. 调查方法

半结构式访谈。

4. 调查内容

(1) 航空集团与项目组织之间授权体系

① 项目组织(A商业飞机公司)是在生命周期的哪个阶段成立的? 项目经理的提名和任命程序是什么?

② 项目组织内部有哪些部门? 各部门经理由谁任命?

③ 有哪些重大决策必须由航空集团管理层决定? 哪些决策可以由商业飞机经理决定?

④ 项目组织与航空集团职能部门(民机部)是什么关系? 民机部对项目的主要管理职能是什么?

⑤ 现有管理体制的优点和缺点是什么?

⑥ 项目论证阶段的估算、资金筹措、财务评价和概算由谁进行? 审批决策权在哪儿?

⑦ 项目预算由谁提出? 最高决策权在哪儿?

⑧ 对于参研单位预算的执行情况是由航空集团还是由A商业飞机公司负责审查?

⑨ 对于参研单位提出的预算修改申请,是由A商业飞机公司财务部门进行审查,还是由航空集团进行审查? 最终决策权是在航空集团还是在A商业飞机公司?

⑩ A 商业飞机公司与航空集团系统内参研单位之间合同价格的确定，是以什么为基础的，并经过怎样的调整？航空集团在此的作用是什么？

⑪ 航空集团对项目的控制（资金、进度、质量）是通过 A 商业飞机公司定期地报告，还是通过某种信息平台进行，或是通过派驻人员实时了解？

⑫ 对参研单位资金的拨付权力是归航空集团还是 A 商业飞机公司？

⑬ 当 A 商业飞机公司与其参研单位发生利益冲突时（比如，C 飞机制造公司无法按时向航空集团商飞提供飞机机头，造成航空集团商飞无法按时完成飞机组装及其后续工作），它们之间的矛盾如何协调（主要是对 A 商业飞机公司损失的弥补）？航空集团在此扮演怎样的角色？

⑭ 如何对参研单位进行考评和奖励？标准是什么？由航空集团还是 A 商业飞机公司最终决定？

(2) A 商业飞机公司与参研单位的财务控制关系

① 是否建立了参研单位的财务资信评价具体程序？

② 是否采用招投标的方式选择参研单位？招投标程序是否公开？

③ 参研单位的资质是否符合项目可行性研究的要求？

④ 项目财务人员是否参与了确定项目的参研单位？

⑤ 对参研单位的财务控制风险是否表现为对参研单位的选择不当，对合同的订立和执行控制不力？

⑥ 对参研单位的财务控制风险是否集中发生在项目的预发展阶段和工程发展阶段？

⑦ 是否对于参研单位协商合同价格的过程实施监督？如何监督？

⑧ 对参研单位合同的履行情况，是否设立相应的监督体制？

⑨ 是否设计适当的考核和激励机制，鼓励参研单位按时、按质地完成生产任务？

⑩ 对资金的拨付是以合同为基础还是与项目进度相适应？

⑪ 若以项目进度为基础，负责拨付资金的机构如何保证对项目进度和质量的控制？

⑫ 是否审核对参研单位的拨款时间和金额与合同内容的一致性？

⑬ 对参研单位预算执行情况的审查是由谁负责执行？都包括哪些人员？

⑭ 参研单位是否设立专门财务机构负责 A 项目的资金使用？是否建立了专门的账套？

⑮ A 商业飞机公司是否外派财务人员到参研单位负责加强对项目的财务控制？

⑯ 是否使用某种会计信息平台，用以实时反映各参研单位对项目资源使用的情况？

⑰ 是否对参研单位的成本核算实施有效的控制？参研单位有无出现混淆试制成本和成品成本的现象？

⑱ 是否对参研单位的生产情况实施有效的控制？参研单位有无出现其他生产任务挤占该项目资源、资金，或由该项目分摊其他生产任务成本的现象？

⑲ 是否要求参研单位定期上报成本报表？参研单位是否按照项目公司的规定划分成本章节和归集费用？

⑳ 是否就参研单位的实际成本进行分析和考核？形式是怎样的？由哪些财务人员组成？

㉑ 是否对参研单位的年度研制费用收支情况进行审核？

专题 4 航空研制项目的预算管理

1. 调查目标

① 了解航空研制项目的预算管理模式及其特点。

② 了解航空研制项目预算的编制与审批程序、预算执行、变更与控制以及预算的考核评价程序与具体工作内容。

2. 涉及人员和部门

航空工业集团的相关财务负责人、A 商业飞机负责人和财务部预算负责人、航空研制项目的总会计师系统、参研单位的相关预算负责人。

3. 调查方法

半结构式访谈、现场观察。

4. 调查内容

（1）预算管理模式及其特点

① 项目公司是否制定了预算管理制度？有没有预算执行和分析的报告？

② 航空研制项目预算编制是以成本还是以资本为基础？

③ 预算编制是否自上而下或自下而上，或者上下结合？对参研单位的预算编制、预算执行与分析采用何种流程？

④ 在何种情况下强调弹性预算？在何种情况下强调固定预算？

⑤ 是否按项目生命周期编制滚动预算？年度预算编制如何与项目进展相结合？

（2）预算编制

① 项目公司是否设置预算委员会？如有，由什么成员组成，其职责包括什么，由谁担任总负责人？

② 项目公司由什么机构负责预算的汇总与编制？

③ 预算编制是否须由项目公司权力机构审批？由什么机构负责预算的审批？总负责人是谁？

④ 项目公司编制总预算的过程中是否有技术专家的参与？技术专家的职责是什么？

⑤ 总预算是否在预发展阶段编制？总预算编制是否以项目概算为依据？是否考虑项目各阶段的不确定因素？

⑥ 总预算编制是否考虑汇率风险、利率风险等宏观环境因素？有无资本保值措施？

⑦ 年度总预算编制是否依据由参研单位上报的、经过审核平衡后的参研单位预算汇总编制？

⑧ 如何取得材料耗费率、试验次数、人力成本、工作量、工作所需时间等工程技术数据？如何保证技术数据的准确性？有无专门审核机构？

⑨ 项目公司预算编制人员与审核人员是否职责分离？

（3）设计单位预算编制

① 设计单位是否有专门机构负责本项目的预算编制与预算管理？是否制定本项目的预算编制与管理办法？

② 设计单位预算是否依据项目公司下达的预算目标编制？

③ 设计单位预算编制人员是否包括财务人员和设计人员？各自分工与职责是什么？

④ 设计人员工资由谁制定，由谁审批？

⑤ 设计单位预算中的技术参数是否有专人检查、核实，并签字确认？

⑥ 设计单位预算编制完成后，是否有专人审核？审核内容是否包括：设计费是否按照制度计算？工资费用是否按权限审批？技术参数是否经过审批等？

⑦ 设计单位预算编制人员与审核人员是否职责分离？

(4) 生产单位预算编制

① 生产单位是否有专门机构负责本项目的预算编制与预算管理？是否制定本项目的预算编制与管理办法？

② 生产单位是否按照项目公司下达的目标，以总预算为依据编制样机生产与试飞预算？

③ 是否编制零部件与原材料采购预算？价格如何确定？是否经过审核批准？由谁审批？

④ 是否编制设备采购与折旧预算？价格与折旧方法如何确定？是否经过审批？由谁审批？

⑤ 是否编制外协费预算？是否经过审批？由谁审批？

⑥ 是否编制工资预算？工资如何确定？是否经过审批？由谁审批？

⑦ 是否编制制造费用与期间费用预算？编制依据是什么？是否经过审批？由谁审批？

⑧ 生产单位预算编制人员与预算审核人员是否职责分离？

(5) 试验单位预算编制

① 试验单位是否有专门机构负责本项目的预算编制与预算管理？是否制定本项目的预算编制与管理办法？

② 试验单位是否按照项目公司下达的目标，以总预算为依据编制试验预算？

③ 是否编制设备采购与折旧预算？价格与折旧方法如何确定？由谁审批？

④ 试验成本与试验参数是否依据详细设计形成？试验费用预算由谁负责审核？

⑤ 试验单位编制人员与预算审核人员是否职责分离？

(6) 预算执行

① 项目公司与各参研单位是否统一制定预算执行的办法？

② 项目公司与各参研单位是否有专门机构负责监督预算的执行与控制？由什么机构负责预算的考核？

③ 项目公司是否依据项目生命周期制定每阶段、每年、每季度和每月的资金拨付计划，以保证参研单位能按进度收到拨款？

④ 项目公司与各参研单位是否编制工作分解结构图，对预算指标层层分解，落实到各部门、各岗位？

⑤ 项目公司是否对参研单位的预算执行报告进行审核、批复？由谁审批？

⑥ 参研单位是否对项目经费进行独立核算和管理？

⑦ 预算执行人员是否与预算监督人员职责分离？

(7) 预算变更与控制

① 项目公司是否建立了健全的预算变更制度？

② 对预算变更的原因是否有明确规定？是否在发生以下事件后才作出预算变更？

- 国家相关政策发生重大变化，导致无法执行预算；

- 项目进度企业经营做出重大调整，致使现行预算与实际差距甚远；
- 国内外市场发生重大变化，必须调整产品结构和营销策略预算价格；
- 突发事件及不可抗力的发生；
- 预算管理委员会认为应该调整的研制技术路线的重大变化。

③ 预算变更是否经过申请、审议和批准环节？由什么部门提出申请？如何进行审议？审议人员包括哪些人员？由谁审批？

④ 项目公司是否建立健全的预算控制管理制度？有无记录预算执行过程的档案或文件？

⑤ 项目公司是否对参研单位的经费使用情况进行跟踪管理？是否对参研单位的项目经费核算进行审计或复核？

⑥ 参研单位的经费使用是否建立了健全的审批制度？

(8) 预算考核与评价

① 项目公司是否建立了健全的预算监督评价制度？

② 项目公司是否有专门机构或人员执行监督评价？由谁负责？

③ 各参研单位是否建立了预算分析制度？是否按规定向项目公司上报预算分析报告？

④ 项目结束阶段是否按规定进行决算？是否对决算进行审计？

⑤ 预算考核评价人员是否与预算编制人员、预算执行与预算控制人员职责分离？

专题5 研制费用和研制成本管理

1. 调查目标

① 了解航空研制项目研制费用与研制成本管理的模式。

② 了解航空研制项目“全员、全过程、全封闭”的成本管理原则的内涵及实施情况。

③ 了解设计、生产和实验等不同参研单位的研制成本管理方式。

2. 涉及部门与人员

航空工业集团财务部门相关成本费用管理人员、A商业飞机公司财务部、参与闭环管理的单位、总会计师系统人员。

3. 调查方法

半结构式访谈、现场观察。

4. 调查内容

(1) 成本管理模式及其特点

① 涉及研制成本管理的有哪些管理制度？

② 执行研制成本管理形成哪些书面文件，是否存在针对执行结果的分析报告？

③ 研制成本管理通常采用什么样的管理模式(通过预算管理、定额控制、作业成本管理，还是混合模式)？

④ 是否成立了专门从事研制成本管理的部门，有关研制成本管理的最高决策机构是什么，管理团队通常包括哪些人员？研制成本管理团队内部职责如何设置？如何分工？

⑤ 研制成本管理的原则(全员、全过程、全封闭的原则)如何体现？重大决策的内容包括什么，程序如何？

⑥ 成本计划(即预算)如何形成？由谁制定和审批，修改频率如何，修改依据是什么？

⑦ 成本如何归集，使用现有的成本核算办法是否合适，成本信息如何形成和传递？

⑧ 研制成本的核算与报告的内容和方法是否统一？能否采用统一的软件搭建项目信息化平台并实施收支两条线的资金管理？

⑨ 如何确保参研单位对本项目研制成本进行单独归集与核算？（也就是如何确保参研单位按照闭环管理的要求进行核算？）

⑩ 研制成本的核销与检查如何进行？（总会计师系统如何发挥作用，以及审计的时间和内容等。）

⑪ 研制成本差异分析由谁进行，考核的标准和相应的奖惩制度如何？

⑫ 考核指标如何确定？（是否针对不同性质的单位采用不同的考核形式，分别采用定额成本，或者预算进行考核？）

（2）航空研制项目生命周期各阶段研制成本的管理

① 整个生命周期内是否进行以下工作：

- 是否根据确定的基本技术要求和主要性能指标，估算达到这些要求所需的成本，预测研制周期和进度？
- 进行研制总成本概算时，是否确定研制周期和系统工程网络图，并确定对研制成本产生的影响？
- 是否根据已确定的型号总体参数、总体布局图及发动机、机载设备的主要性能指标，确定对研制成本的影响？

② 如何提出研制经费总概算并预计每年度的研制成本？

③ 如何建立总指挥、总设计师、总会计师、总质量师系统，明确系统之间如何分工、协作和沟通？（建立各阶段工作与成本相关的意识，分析各环节对成本的影响程度，确定影响成本的重大因素并相互协调。）

④ 如何确保全员、全过程、全封闭的研制成本管理实施，针对不同的参研单位，明确成本计划、成本核算、成本报告、成本考核的制度。

⑤ 在设计（初步设计、详细设计）、生产（各标准件或新型零件）、试验（包括试飞）过程中准确核算成本，是否不断评估对研制成本的影响，以及研制成本发生的责任承担主体，及时进行奖惩和考核？

（3）航空研制项目设计参研单位的成本费用管理

① 设计类参研单位有关研制成本管理的有哪些管理制度？

② 设计类参研单位执行研制成本管理形成哪些书面文件，是否存在针对执行结果的分析报告？

③ 设计类参研单位研制成本管理通常采用什么样的管理模式（通过预算管理、定额控制、作业成本管理，还是混合模式）？

④ 该单位是否成立专门从事该项目研制成本管理的组织？

⑤ 在单位内部，研制成本管理的原则（全员、全过程、全封闭的原则）如何体现？成本计划（即预算）如何形成？由谁制定和审批？

⑥ 成本如何归集，使用现有的成本核算办法是否合适，成本信息如何形成和传递？研制成本的核算与报告的内容和方法是否统一？

⑦ 如何确保项目研制成本进行单独归集与核算？

⑧ 研制成本差异分析由谁进行，形成怎样的文件？

(4) 航空研制项目生产参研单位的成本费用管理

① 生产类参研单位有关研制成本管理的有哪些管理制度？

② 生产类参研单位执行研制成本管理形成哪些书面文件，是否存在针对执行结果的分析报告？

③ 生产类参研单位研制成本管理通常采用什么样的管理模式(通过预算管理、定额控制、作业成本管理，还是混合模式)？

④ 该单位是否成立了专门从事研制成本管理的组织？

⑤ 在单位内部，研制成本管理的原则(全员、全过程、全封闭的原则)如何体现？

⑥ 成本计划(即预算)如何形成？由谁制定和审批？

⑦ 成本如何归集，使用现有的成本核算办法是否合适，成本信息如何形成和传递？

⑧ 研制成本的核算与报告的内容和方法是否统一？

⑨ 如何确保项目研制成本进行单独归集与核算？

⑩ 研制成本差异分析由谁进行，形成怎样的文件？

⑪ 是否根据设计，估算生产相关零部件所发生的成本，并做出生产计划？

⑫ 是否每年度提出研制经费预算，预计每年度的研制成本？

⑬ 是否根据全员、全过程、全封闭的研制成本管理办法核算成本？由谁进行核算，谁进行复核，谁进行签字，谁进行成本差异分析？

⑭ 是否按时报送成本核算报表？

⑮ 是否有成本考核的制度？考核的标准是否是按定额？

(5) 航空研制项目试验参研单位的成本费用管理

① 试验参研单位本身涉及研制成本管理的有哪些管理制度，这些制度的形式和相关责任是否明确？

② 试验类参研单位执行研制成本管理形成哪些书面文件，是否存在针对执行结果的分析报告？

③ 试验类参研单位研制成本管理通常采用什么样的管理模式(通过预算管理、定额控制、作业成本管理，还是混合模式)？

④ 该单位是否成立了专门从事研制成本管理的组织？

⑤ 在单位内部，研制成本管理的原则(全员、全过程、全封闭的原则)如何体现？

⑥ 成本计划(即预算)如何形成？由谁制定和审批？

⑦ 成本如何归集，使用现有的成本核算办法是否合适，成本信息如何形成和传递？

⑧ 研制成本的核算与报告的内容和方法是否统一？

⑨ 如何确保项目研制成本进行单独归集与核算？

⑩ 研制成本差异分析由谁进行，形成怎样的文件？

⑪ 是否根据设计，估算试验可能发生的成本，并做出试验计划？

⑫ 是否每年度提出试验经费预算，预计每年度的试验成本？

⑬ 是否根据全员、全过程、全封闭的研制成本管理办法，核算成本？由谁进行核算，谁进行复核，谁进行签字，谁进行成本差异分析？

⑭ 是否按时报送成本核算报表？

⑮ 是否有成本考核的制度？考核的标准是否是按预算或定额？

专题6　采购及付款环节的控制

1. 调查目标

① 了解航空研制项目采购及付款总环节的控制风险和防范措施，发现现有财务控制的缺陷。

② 了解航空研制项目采购及付款环节的供应商管理、合同管理、采购付款等相关财务控制需求。

2. 涉及部门与人员

A航空研制项目管理层、A商业飞机财务部门、采购部门、合同管理部门和存货管理部门的主要负责人员、航空集团负责供应商管理的相关管理人员、参研单位的相关人员。

3. 调查方法

半结构式访谈、现场观察。

4. 调查内容

(1) 请购和预算审核

① 是否有部件采购的预算或计划管理制度？采购的预算和计划管理的流程如何？

② 请购计划由谁制定？请购计划制定是否按照预算进行编制(查看流程)？

③ 是否有成文的请购审批制度？请购由谁审批？请购审批流程如何？对于没有通过审批的请购如何处理？

④ 对于超预算或计划外的采购采用何种流程？超预算或计划的采购由谁审批？如何处理？

⑤ 预算和请购具体是如何结合的？

(2) 供应商管理

① 是否有成文的供应商管理制度？是否对国内参研单位和国外供应商进行区别说明？

② 供应商管理的流程如何？

③ 是否设有专门的部门来管理供应商？什么部门？(如国际采购招标小组之类)在管理时是否区别对待国内和国外供应商？

1) 供应商的选择

① 选择供应商这一环节的流程如何？(具体区分国内参研单位和国外供应商。)

② 在供应商选择过程中如何保证不相容岗位相分离？

③ 根据什么指标来选择国外供应商？其中财务指标有哪些？

④ 选择国外供应商时是否考虑一些特殊指标，如供应商认证，此认证是什么？选择供应商时是否会仅局限于几个曾为知名飞机制造商提供零部件的制造商？

⑤ 是否有专门人员负责向不同的供应商索取价格、质量、付款条件等资料？这些资料是否提交给相关需求部门和人员进行分析和选择？如何根据各指标确定最佳供货来源？(如采用列表打分法。)

⑥ 是否建立国内参研单位的财务资信评价？具体程序是什么？

⑦ 选择供应商是否进行实地考察？考察的内容包括哪些？

⑧ 如何进行供应商档案管理?(如专人负责,档案连续编号等。)

2) 供应商的评价和审核

① 对供应商评价和审核的流程是什么?

② 对供应商评价的标准、原则是什么? 其中财务评价标准有哪些?

③ 是否形成对供应商评价的相关文档,如供应商评价表? 是否对供应商评价表进行审核? 由谁负责审核?(需在流程中查看是否有此控制点。)

④ 是否有专门的人员负责供应商信息录入、维护和更新,并由另一人员负责供应商信息的审核?

3) 供应商的控制、激励和沟通

① 是否设有专门的部门或岗位负责协调与供应商的长期合作? 是什么部门? 其职能是什么?(是否包括制定战略合作计划,进行资本运营,甚至包括财务、人员调动等具体业务工作的安排?)

② 为建立长期伙伴关系,项目采用的"供应商联合定义"和"风险与利益共担"的运作模式在财务方面的影响有哪些?

③ 如何对供应商进行跟踪监督和评价? 如何与供应商进行沟通?(如"定期"召开供应商研讨会,对供应商进行实地的技术指导,在供应商配置项目组的人员,进行人员培训。)

④ 如何对供应商进行激励,鼓励供应商按时、按质完成任务? 是否设有相关的激励考核机制?

⑤ 如何对供应商提供货物的成本和交货时间进行控制?

⑥ 是否采用一些功能强大的数据库、网络平台等工具及技术保持与供应商的沟通?

(3) 招投标控制

① 是否建立招投标制度? 相关的工作程序是什么?

② 是否成立专门的采购委员会或机构负责招投标工作? 什么机构? 在选择小组成员时是否考虑不相容岗位的分离?(由于项目组成员与国内参研单位存在密切联系。)

③ 具有哪些对投标文件专门的规定以保证内容的完整、合规、准确? 招标文件是否经过专门人员审核?

④ 标底与投标报价的编制由谁负责? 如何确定相关人员是否具有管理资格(如选择具有丰富经验和相关专业知识的人员)? 编制的方法是什么?

⑤ 如何对投标人的资质和级别进行审核?(如信用等级、详细的生产组织计划、详细的工程量清单。)

⑥ 评标的程序和标准是什么?

(4) 合同订立和管理

① 是否建立成文的合同管理制度?

② 合同管理的流程是什么?

③ 合同管理由什么机构负责? 是专职管理还是兼职管理? 如何评价合同管理人员的资格?

④ 草拟的合同是否先经过论证和专家的咨询? 如何论证(如提交给哪些部门进行分析? 是否建立合同风险审核评价制度?)

⑤ 由谁负责合同的审核? 谁负责合同的批准? 审核的内容有哪些?(是否涵盖"审核是

否全面、合理、合法,有无遗漏关键性内容,有无不合理的限制性条件,是否明确规定设备和材料供应的责任和质量标准,合同规定的付款和结算方式是否得当等。)

⑥ 合同的订立和审核的人员设置上是否相互分离?

⑦ 合同管理机构是否建立了健全的防范风险管理体系?是否有相关文件的支持?体系是怎样的?

⑧ 合同如需变更,流程是什么?合同变更由谁负责审批?

⑨ 在合同中是否明确违约责任或处罚条款以达到对供应商的合同进行控制的目的?

⑩ 合同资料档案是否由专人保管,及时完整归档?是否有成文规定以明确相关人员的责任?

⑪ 合同谈判过程中在人员的岗位设置上有哪些制约关系?

(5) 采购及付款

① 是否有询价、议价制度?询价、议价的流程是什么?负责询价、议价的岗位是什么部门?询价、议价信息由谁负责审批?

② 是否由专门人员对所购部件的质量、数量、规格等其他相关内容进行检验,并出具相关的检验证明?该专门人员是否与采购人员、请购人员、会计人员相互独立?

③ 是否建立了退货管理制度?退货流程如何?

④ 退货单的编制部门和审批部门是什么?是否相互独立?

⑤ 如何协调采购部门、存货管理部门与会计部门之间的联系,以保证进行相关财务处理?

⑥ 如发生折让,其审批流程是什么?谁负责审批?是否有审批限额的规定?

⑦ 是否有成文的付款授权审批制度?付款审批的标准流程是什么?

⑧ 由谁负责付款的审批?是否有审批金额的限制?限额为多少?大额款项应根据什么流程进行?

⑨ 付款人员和应付账款的管理人员是否相互独立?其他不相容岗位设置是否相互独立?

⑩ 是否对不同的供应商制定不同的付款日期和折扣条件?其制定标准是什么?

⑪ 是否有专人按照约定的付款日期和折扣条件管理应付账款?如何管理?如何保证及时付款?(采用什么软件工具吗?如 ERP 等。)

⑫ 是否有成文的预付账款和定金的授权审批制度,以加强预付账款和定金的管理?

⑬ 是否有成文的关于采用信用证付款的规定?是否有专门人员负责信用证的付款?信用证付款的审批流程是什么?审批金额的限制是多少?

⑭ 在此流程中,除采购单、发票、入库单外,还有哪些特殊的单据?

(6) 仓储和运输

① 是否有成文的验收制度?验收入库的流程是什么?

② 对存货的验收是聘请独立的验收部门进行,还是由项目公司指定专人负责验收?

③ 是否有成文的存货管理制度?对存货发出的审批程序是什么?

④ 对存货管理是项目公司自己管理,还是委托其他专门公司负责存货管理?

⑤ 如果是由项目公司自己管理,是由哪个部门负责?相关人员的权限和职责是什么?不相容岗位是否相互分离、制约、监督?

⑥ 如果是委托其他专门公司负责管理存货,项目公司采用什么样的办法达到对存货控制的目的?

⑦ 项目公司对存货采用哪种盘存方法？是定期实地盘存制，还是永续盘存制？如何进行这种存货盘存方法的选择？

⑧ 是否有成文的关于盘盈、盘亏、毁损、报废的审批处理的规定？其流程是什么？对于在途的部件，项目公司采用什么措施防范部件的毁损？

⑨ 是否设有安全库存量，如何制定安全库存量（利用什么工具制定）？安全库存量为多少？低于安全库存量的情况是否经常发生？如何处理？

⑩ 对于飞机制造部件的库存是否还有其他特殊的规定和要求？（比如由于一些部件属于精密仪器，可能对存储有特殊的规定，这样可能会影响经济订货量、安全储备量、再订货点制定的问题。）

⑪ 对所购的物资是否进行投保？对哪些类物资进行投保？投保的标准是什么？

⑫ 对所购货物的运输是由专门的物流公司负责，还是由供应商负责？如何进行方式的选择？（方式的选择会影响货物运输的效率。）

⑬ 在货物运输时，项目公司是否考虑到物资毁损的赔偿责任，并在相关的合同中体现？

⑭ 在物资的运输和存放环节，是否利用一些地区的优惠条件，如保税区税率的优惠条件？在选择时是否考虑这些优惠因素？

（7）风险防范

① 项目公司建立哪些风险防范制度？

② 采购付款环节中，项目所涉及的风险有哪些？

③ 项目公司如何对风险进行防范？是由项目公司内部的专门人员负责，还是聘请外部的风险管理公司负责？

④ 对于由内部专门人员负责的，是否成立专门部门负责风险管理？什么部门？所采用的风险防范措施有哪些？风险管理的流程是什么？（风险识别、风险评价、风险防范的具体流程分别是什么？）

⑤ 对于聘请外部风险管理公司负责的，如何选择外部风险管理公司？如何对外部风险管理公司进行控制？如何与外部风险管理公司进行沟通？

⑥ 对于具体风险，如汇率风险的防范工具是什么？（如套期保值、期货合同等工具。）

⑦ 对于政策风险的防范，是否采取以下措施？

- 聘请采购地的法律顾问；
- 了解采购地注册税、合同税、所得税等主要税种；
- 了解采购地的经济情况，并对经济情况进行预测等。

⑧ 是否建立各种具体风险的风险评价表，是否有专门人员对风险评价表进行审核？是什么部门的人员？

⑨ 是否利用合同进行风险的防范？如何进行防范？（如在合同中明确对不可抗力的说明等。）

⑩ 如何应对原材料价格（如油价）的持续上涨？（油价是否对其有影响？）

专题7 航空研制项目的固定资产管理

1. 调查目标

① 了解航空研制项目固定资产的核算特点。

② 了解航空研制项目固定资产的管理模式。

2. 涉及部门与人员

A航空研制项目管理层、A商业飞机财务部门、资产管理部门的主要负责人员、航空集团相关管理人员、航空研制项目参研单位的相关人员。

3. 调查方法

半结构式访谈、现场观察。

4. 调查内容

(1) 固定资产的核算

① 项目公司是否制定固定资产核算办法?

② 固定资产是否有明确的确认条件? 固定资产确认是否满足固定资产的定义和确认条件?

③ 固定资产初始成本所包括的费用是否均为达到预定可使用状态前的合理、必要的支出? 有无相关列支标准?

④ 对于外购固定资产,价款支付期限超过正常信用条件的,是否考虑其融资性质,确认相应的财务费用?

⑤ 对于需要安装的或自行建造的固定资产,在建工程与固定资产划分的界限是否明确?

⑥ 固定资产的寿命估计是否可靠? 由谁负责?

⑦ 固定资产的折旧方法选择是否有明确的规定?

⑧ 固定资产的折旧范围是否符合规定?

⑨ 对固定资产修理费的资本化或费用化是否有明确的条件?

⑩ 对固定资产净残值和减值准备的计算与提取是否有明确规定?

⑪ 处置固定资产的核算是否符合规定?

(2) 固定资产的管理

1) 固定资产管理政策

① 项目公司与各参研单位是否制定了严格的资产管理制度?

② 固定资产是否建立了固定资产账卡,并统一编号?

③ 固定资产是否定期清查盘点,保证账账、账卡、账实相符?

④ 固定资产是否有合理的分类标准?

⑤ 固定资产是否实行集中控制、归口管理与统筹安排?

⑥ 固定资产使用与管理的不相容岗位是否职责分离?

2) 固定资产增置

① 固定资产购置是否经过询价流程、填写询价单,并建立或更新供应商档案?

② 固定资产购置合同的签订是否经过适当审批?

③ 固定资产收货过程中,是否有验收部门核实收入固定资产与购置合同条款相符?

④ 财务人员付款时，是否核对供应商发票及发票的单价、数量与金额、购置合同或固定资产增置批复单、送货单和验收单，仅当所有单据一致后才可付款？

⑤ 供应商将固定资产发来后，固定资产管理部门是否核对送货单和购置合同，并按合同中的条款进行质量检查，仅当检查合格后才填写固定资产验收单？

⑥ 财务人员在登录固定资产明细账前，是否核对供应商发票、固定资产购置合同和送货单，仅当三者一致后才登录固定资产明细账？

3) 固定资产使用、经营与维修

① 固定资产使用是否有详细记录？使用是否须经授权？由谁授权？

② 固定资产的转移是否经过审批？有关账务记录是否及时得以调整？

③ 固定资产报废申请是否经过调查与审核，且有关账务记录是否及时得以调整？

④ 有无控制保证出租固定资产是在出租范围之内？

⑤ 固定资产出售是否有严格的审批制度？由谁审批？

⑥ 固定资产是否有专业资格人员负责保管、保养、定期检查和维修？

⑦ 固定资产维修是否得到适当的审批？

专题8　航空研制项目的资金收付管理

1. 调查目标

① 了解航空研制项目资金收付管理的模式。

② 了解航空研制项目资金收付管理的原则。

2. 涉及部门与人员

中航集团财务和审计部门，A商业飞机公司财务部、参与闭环管理的单位、参研单位总会计师。

3. 调查方法

半结构式访谈、现场观察。

4. 调查内容

① 涉及资金收付管理的有哪些管理制度？

② 执行资金收付管理形成哪些书面文件，是否存在执行结果的分析报告？

③ 资金收付管理通常采用什么样的管理模式（通过集权还是分权模式）？哪些资金收付业务是重大的，是否执行特殊的审批程序？

④ 是否建立专门的资金收付管理的组织，有哪些人员？付款的审批授权如何？针对不同规模和业务范围的参研单位是否有不同的授权？

⑤ 资金收付的出纳、审核，与记录的职务是否相互分开？

⑥ 如何按预算和合同进度对参研单位和供应商付款，付款的流程是什么？

⑦ 是否建立价款支付环节的控制，对价款支付的条件、方式、会计核算程序，以及大额项目款支付的授权审批做出明确规定？

⑧ 会计人员是否对合同规定的价款支付方式、有关部门提交的价款支付申请及凭证、审批人的批准意见等进行审查和复核？审核中如发现异常情况，是否及时报告？

⑨ 付款凭证是否按照规定进行了审批，是否合法、齐全？

⑩ 是否确保价款支付及时、正确？合同价款支付有无违规多付的情况？

⑪ 设计变更造成价款支付方式和金额变动时，是否提供完整的书面文件，由会计人员审核变更款项的支付？

⑫ 是否编制现金流量表，报告资金收付情况？呈报的形式、时间、内容以及现金流量表的作用是什么？现金流量表由谁编制，由谁审核，由谁进行分析？

⑬ 如何对参研单位的资金收付业务进行审查？（审计人员、时间、内容。）

专题9　航空研制项目的会计信息控制

1. 调查目标

① 了解航空研制项目会计核算办法、核算流程的特点以及财务报告编制环节的控制。

② 了解航空研制项目选择财务软件的原则以及会计信息系统的安全控制及风险防范措施。

③ 了解航空研制项目会计信息的呈报方式及特点。

2. 涉及人员和部门

中航集团财务和审计部门、A商业飞机公司财务部、参与闭环管理的单位、参研单位总会计师。

3. 调查方法

半结构式访谈、现场观察。

4. 调查内容

(1) 会计核算制度及核算流程

① 是否根据《会计法》和《企业会计制度》，制定航空研制项目公司统一的《会计核算制度与办法》？

②《企业会计制度与办法》是否包括了以下内容？

- 规定了公司统一的会计政策、会计原则。
- 根据公司的实际需要和行业特点增加相应的会计科目，比如“航材消耗件”、“高价周转件”等。
- 根据公司的实际需要对企业会计制度中的一般通用会计科目做了补充规定。

③ 对增设的会计科目的使用是否有补充说明？

④ 是否对记账方法有明确规定？

⑤ 是否有财务报告及分析制度？比如：

- 对财务报告的编制程序、方法、权限等有明确规定。
- 对财务报告的呈报时间、期限等有明确的规定。
- 对会计档案管理有明确的规定。

(2) 会计信息化平台的搭建及安全控制

1) 会计信息化平台的搭建

① 航空研制项目公司是否搭建信息化平台？

② 是否采用了统一的会计核算软件对项目公司和参研单位的项目核算实施统一管理？

③ 基于航空研制项目的特殊性，选择财务软件时，有哪些特殊的考虑？例如：

- 选择面向大众的价格适中的商品化软件还是选择满足个性化要求而价格不菲的定制软件?
- 选择设计比较完善成熟的国际化软件还是比较符合国情的本土化软件?

④ 航空研制项目公司对参研单位是否直接派遣财务人员?

⑤ 参研单位的董事会对其提供的会计信息是否负有责任?

⑥ 航空研制项目公司是否定期对参研单位提供的会计信息进行审计或聘请外部力量对其进行审计?

⑦ 会计数据如何在航空研制项目公司和参研单位生成和传递?

2) 会计信息系统安全控制

① 是否建立岗位责任制?

② 是否有操作管理制度,即操作权限和操作规程?

③ 是否有硬件、软件维护制度?

④ 是否有会计档案管理制度?

⑤ 是否有网络安全控制技术?(防火墙技术、反病毒技术等。)

⑥ 是否建立会计数据保密控制制度?

⑦ 是否建立监查控制制度以控制会计信息系统的安全?

(3) 财务报告编制

① 是否建立财务报告编制的岗位责任制? 参研单位是否设有专门岗位负责项目会计信息的处理?

② 财务报告的编制与审核是否相互分离、相互制约与监督?

③ 会计凭证的编制与审核是否相互分离?

④ 分类账簿的编制和审核是否相互分离?

⑤ 是否制定年度财务报告编制方案,明确年度财务报告的编制方法、会计调整政策及报告的时间要求?

⑥ 年度财务报告编制方案是否经总会计师核准后签发参研单位?

(4) 航空研制项目会计信息呈报特点

① 是否于规定日前向董事会、集团财务部门提交月度、季度、半年度或年度财务报告?

② 是否经总会计师和总经理审批签字后报送财务报告?

③ 是否有专人对编制的报表进行复核并盖章?

参考文献

[1] 应唯，袁敏. 企业内部控制制度设计——理论与实践[M]. 上海：上海财经大学出版社，2005.

[2] 纪燕萍. 项目管理实战手册[M]. 北京：人民邮电出版社，2002：15-16.

[3] 邓春华. 企业内部控制：发展及现状[J]. 审计研究，2007(3)：52-55.

[4] 美国注册会计师协会. 审计准则暂行公告[M]. 美国注册会计师协会，1947：14-41.

[5] 美国审计准则委员会. 审计准则 55 号公告[M]. 美国审计准则委员会，1988：6-7.

[6] Steven J Root. 超越 COSO 加强公司治理的内部控制[M]. 北京：清华大学出版社，2004：65-66.

[7] 朱荣恩，贺欣. 内部控制框架的新发展——企业风险管理框架——COSO 委员会新报告(企业风险管理框架)简介[J]. 审计研究，2003(6)：75.

[8] 张砚，杨雄胜. 内部控制理论研究的回顾和展望[J]. 审计研究，2007(1)：37-43.

[9] 阎达五，杨有红. 内部控制框架的构建[J]. 会计研究，2001(6)：18-22.

[10] 吴水澎，邵贤弟，赵汉文. 企业内部控制理论的发展与启示[J]. 会计研究，2000(5)：25-26.

[11] 朱荣恩. 内部控制的方式[J]. 中国审计，2002(1)：7-10.

[12] 国资委. 中央企业内部审计管理暂行办法[M]. 北京：国资委，2004：5-7.

[13] 中国证监会. 公开发行证券公司信息披露编报规则[M]. 北京：证监会，2000：10-13.

[14] 财政部，证监会，审计署，银监会，保监会. 企业内部控制基本规范[M]. 北京：财政部，等，2008：4-9.

[15] 程心声. 公司治理中的审计机制研究[M]. 北京：高等教育出版社，2005：44-47.

[16] 蒋顺才，刘雪辉，刘迎新. 上市公司信息披露[M]. 北京：清华大学出版社，2004：61-63.

[17] 蔡春，黄益建. 公司治理论[M]. 北京：时代出版社，2006：45-48.

[18] 刘安兵. 公司治理、内部控制与会计信息质量[D]. 武汉：武汉大学，2005：57-59.

[19] 陈铃. 关于我国内部控制规范建设的思考. 会计研究[J]，2001(8)：51-53.

[20] 张楠. 企业内部控制的研究[D]. 大连：东北财经大学，2003.

[21] 冯浩. 从萨班斯法案的执行谈美国大型公司的内部控制治理[D]. 成都：西南财经大学，2003.

[22] 刘玉廷. 内部会计控制规范：新形势下加强单位内部会计监督的里程碑[J]. 会计研究，2001(9)：3-9.

[23] 林钟高，魏立江. 会计再造[M]. 北京：经济管理出版社，2004(4)：1.

[24] 财政部会计司. 对美国财务报告采用以原则为基础的会计体系的研究[M]. 北京：中国财政经济出版社，2003：34-38.

[25] 李凤鸣. 内部控制学[M]. 北京：北京大学出版社，2002：57-60.

[26] 阎达五，杨有红. 内部控制框架的构建[J]. 会计研究，2001(2)：9-15.

[27] 朱荣恩. 关于企业内部会计控制应用效果的问卷调查[J]. 会计研究，2004(10)：19-24.

[28] 金或昉，李若山. COSO 报告下的内部控制新发展——从中航油事件看企业风险管理[J]. 会计研究，2005(2)：33-36.

[29] 张宜霞，舒惠好. 内部控制国际比较研究[M]. 北京：中国财政经济出版社，2006：31-56.

[30] 刘明辉，张宜霞. 内部控制整体框架的新认识[J]. 财政监察，2001(10)：10-13.

[31] 郑石桥. 内部控制实证研究[M]. 北京：经济科学出版社，2006：6-25.

[32] 张宜霞. 内部控制——基于企业本质的研究[M]. 北京：中国财政经济出版社，2004：62-88.

[33] 深圳证券交易所. 上市公司内部控制指引[EB]. http://www.szse.cn，2006.

[34] 余宪耀，邱国娟. 技改工程应用现代项目管理理论[J]. 化肥设计，2005，43(2)：59.

[35] 宋玉贤. 项目经理成功把握项目管理艺术[M]. 北京：机械工业出版社，2006：51-73.

[36] 王永海. 试论公司治理和内部财务控制[J]. 审计研究，2000(3)：23-24.

[37] 刘明辉，张宜霞. 内部控制的经济学思考[J]. 会计研究，2002(7)：31-32.

[38] 杨有红，胡燕. 试论公司治理与内部控制对接[J]. 会计研究，2004(4)：10-11.

[39] 李连华.公司治理结构与内部控制的联结和互动[J].会计研究，2005(2)：64-69.
[40] 刘晓红.基于公司治理结构下的内部控制再思考[J].集团经济研究，2006(10)：7-9.
[41] 程新生.公司治理、内部控制、组织结构互动关系研究[J].会计研究，2004(4)：14-18.
[42] 中华人民共和国财政部.企业内部控制规范——基本规范(征求意见稿)[M].北京：财政部，2002：15-18.
[43] 张炎兴.公司治理结构和会计控制观[J].会计研究，2001(9)：52-55.
[44] 唐予华，李明辉，詹胜兰.公司治理与内部会计控制[J].上海会计，2002(6)：22-25.
[45] 袁学锋.内部审计与内部控制关系分析[J].武汉冶金管理干部学院学报，2003(6)：15-17.
[46] 蒋燕辉.现代内部审计学[M].北京：中国财政经济出版社，2002：71-77.
[47] 李凤鸣.审计学原理[M].北京：中国审计出版社，2000：110-111.
[48] 刘金文.内部控制基本理论研究[M].北京：中国财政经济出版社，2002：147-149.
[49] 中国内部审计协会.内部审计理论与实务[M].北京：中国审计出版社，2005：214-218.
[50] 课题组.内部控制测试研究[M].北京：中信出版社，2007：222-265.
[51] 黄双喜，范玉顺.飞机产品生命周期管理[J].航空制造技术，2003(2)：16-17.
[52] 翟潇璐.航空工业项目会计控制风险及防范研究[D].北京：北京航空航天大学，2008：13-17.
[53] 张守忠.航空项目风险评估技术研究[D].西安：西北工业大学，2006：44-51.
[54] 郭鹏.基于全寿命周期的航空武器装备风险识别研究[J].西北工业大学学报，2003(4)：33-35.
[55] 郑洪涛，张颖.企业内部控制暨全面风险管理设计操作指南[M].北京：中国财政经济出版社，2007：174-177.
[56] 赵振洋.作业成本法在我国的发展应用研究[D].大连：东北财经大学，2007.
[57] 葛树国.IE(工业工程)在企业技术改造中的应用[J].工业技术进步，2001(3)：33-34.
[58] 魏法杰，张人千，王丹.现代飞机制造成本控制方法研究[J].航空学报，2000(1)：38-42.
[59] 万祥水.建筑工程项目成本管理研究[D].北京：北京交通大学，2007.
[60] 彭佑元，张克勇.价值工程在我国企业中应用调查分析[J].科技情报开发与经济，2004(7)：245-246.
[61] 吴炎太.项目制造成本管理研究(基于项目制造的成本管理研究)[D].南京：南京理工大学，2003.
[62] 万寿义.现代企业制度下企业成本管理问题研究[D].大连：东北财经大学，2000.
[63] 栾庆伟.成本管理新模式研究[D].大连：大连理工大学，2000.
[64] 刘俊.企业预算管理历史分析及未来展望[D].厦门：厦门大学，2006.
[65] 许云.预算管理研究：历史、本质与预算松弛[D].厦门：厦门大学，2006.
[66] 肖兴庆.基于平衡记分卡的全面预算管理[D].重庆：重庆大学，2007.
[67] 邹竹."超越预算"管理理念及其对全面预算管理的改良[D].成都：四川大学，2007.
[68] 南京大学会计学系课题组.中国企业预算管理现状的判断及其评价[J].会计研究，2001(4)：15-29.
[69] 管理会计应用与发展典型案例研究课题组.我国集团公司预算管理运行体系的新模式——中原石油勘探局案例研究[J].会计研究，2001(8)：32-43.
[70] 于增彪，袁光华，刘桂英，等.关于集团公司预算管理系统的框架研究[J].会计研究，2004(8)：22-29.
[71] 潘飞，郭秀娟.作业预算研究[J].会计研究，2004(11)：48-52.
[72] 陈缨.宝钢股份以战略目标为导向的滚动预算管理[J].财务与会计，2004(4)：18-20.
[73] 毛景立，李鸣.航空工业企业的基本特点研究[J].航空工业经济研究，2005(4)：46-48.
[74] 姚珊珊，魏法杰.飞机全寿命周期成本工程及发展趋势初探[J].企业经济，2007(7)：100-102.
[75] 杨立红.面向全寿命周期的航空武器装备项目风险识别研究[D].西安：西北工业大学，2004.
[76] 李伟.航空型号研制项目内部会计控制框架的构建[D].北京：北京航空航天大学，2008：22-27.
[77] 刘日韦.航空型号研制项目管理信息系统研究[D].西安：西北工业大学，2006.
[78] 舒湘沅.飞机型号研制项目管理知识体系研究[D].西安：西北工业大学，2004.

[79] 应尚军，王炎.项目管理的研究现状与研究前景[J].科技进步与对策，2005(11)：131-133.
[80] 邵志光，赵红涛.项目管理的历史与现实解析[J].企业改革与管理，2006(2)：24-25.
[81] 刘玉廷.内部控制规范：单位内部会计监督的里程碑[J].上海会计，2001(9)：55.
[82] 涂晓民.航空工业发展战略之我见[J].中国军转民，2005(11)：54-57.
[83] 方莲润.浅议军品科研费内部控制制度评审[J].航天工业管理，1999(7)：34-35.
[84] 郭励弘.中国航空工业：需要以整合取代拆分[J].航空工业经济研究，2006(1)：4-8.
[85] 王永超.航空多型号项目计划与协调控制技术研究[D].西安：西北工业大学，2007.
[86] 李正兰.航空项目过程监控技术研究[D].西安：西北工业大学，2006.
[87] 申龙青.航空产品项目计划工期-费用优化研究[D].西安：西北工业大学，2005.
[88] 杨德林，刘方，杨俊波.中国航空工业企业技术创新能力评价[J].清华大学学报(哲学社会科学版)，2004(4)：77-83.
[89] 田广明.航空项目运行过程中的风险识别及应对[D].西安：西北工业大学，2005.
[90] 沈颖.质量成本管理在飞行自控研究所的应用研究[D].西安：西北工业大学，2002.
[91] 胡晓峰.寻梦大飞机(中国航空工业管理实践随笔)[M].北京：航空工业出版社，2007：23-27.
[92] 云倩.现代项目管理在中国的应用研究[D].北京：对外经济贸易大学，2003.
[93] 陈洁.项目管理的应用与实践研究[D].天津：天津大学，2004.
[94] 施宁.中国航天型号工程项目管理若干问题研究[D].北京：对外经济贸易大学，2003.
[95] 刘向阳.兵工企业项目管理问题分析与改进措施[D].北京：清华大学，2004.
[96] 马士华，林勇.供应链管理[M].北京：机械工业出版社，2000：213-227.
[97] 蒋洪伟，韩文秀.供应商选择准则与方法[J].科技管理，2001(6)：69-71.
[98] 刘长利，孙宏英，黄坷.合作伙伴关系的风险分析及规避[J].物流科技，2006(6)：18-21.
[99] 战书彬.从供应链的角度探讨我国零售业的发展[J].宏观经济管理，2003(8)：5-9.
[100] 张秀萍，孙洁.供应链战略联盟关系研究[J].开发研究，2004(3)：30-32.
[101] 马新安，张列平，冯芸.供应链合作伙伴关系与合作伙伴选择[J].工业工程与管理，2000(4)：34-36.
[102] 甘凯，王瑞，方咏.供应链企业竞争合作关系研究[J].商场现代化，2006，18(6)：124-125.
[103] 刘昌贵，但斌.供应链战略合作伙伴关系的建立与稳定问题[J].软科学，2006(3)：60-62.
[104] 程作君.造船供应链合作风险类别和特性研究[J].江苏科技大学学报，2006(6)：31-35.
[105] 刘长利，孙宏英，黄坷.合作伙伴关系的风险分析及规避[J].物流科技，2006(6)：28-32.
[106] 罗斌.基于风险角度的供应联盟分析[J].价值工程，2005(4)：34-37.
[107] 段圣贤.供应链的风险探源及对策研究[J].市场论坛，2006(4)：25-29.
[108] 胡松评.企业采购与供应商管理七大实战技能[M].北京：北京大学出版社，2003：86-113.
[109] 吴洲，梁浩.模糊决策在供应链伙伴企业选择中的应用[J].计算机工程与应用，2001，18：165-167.
[110] 马鹏举，朱东波，丁玉成.基于模糊层次分析法的盟友优化选择方法[J].西安交通大学学报，1993(3)：108-110.
[111] 李宝家，黄小原.供应链合作伙伴选择及备件订货问题研究[J].管理工程学报，2005(2)：31-35.
[112] 徐征，梁浩.基于遗传神经元网络的供应链伙伴企业选择方法的研究[J].微型电脑应用，2005(3)：5-7.
[113] 路风.我国大型飞机发展战略报告研究[J].商务周刊，2005(11)：41-42.
[114] 黄强.中国民机产业崛起之探索[M].北京：航空工业出版社，2007：52-83.
[115] 郭定刚.基于遗传算法的航空项目资源优化技术研究[D].西安：西北工业大学，2004.
[116]朱松岭.航空项目风险量化方法研究[D].西安：西北工业大学，2005.
[117] 孙建玲.基于 Petri 网的航空项目数据动态管理模型研究[D].西安：西北工业大学，2005.
[118] 张杰.航空项目集成进度控制技术研究[D].西安：西北工业大学，2006.

[119] 冯之楹，何永春，廖仁兴. 项目采购管理[M]. 北京：清华大学出版社，2000：1-45.

[120] 田广明，韩毅，李原. 面向航空项目的风险识别技术研究[J]. 工业工程与管理，2004(3)：21-24.

[121] 毛远英，欧立雄. 国防型号研制项目的全面风险管理[J]. 航空科学技术，2004(6)：17-19.

[122] The Committee of Sponsoring. Organizations of the Tread way Commission: Internal Control Integrated Framework[R]. COSO report, 1992.

[123] John Farrell. Internal Controls and Managing Enterprise - Wide Risks [J]. The CPA Journal. New York: Aug 2004(74): 11-13.

[124] Steven J Berkowitz. Assessing and Documenting Internal Controls over Financial Reporting[J]. The Journal of Government Financial Management. Alexandria: 2005, 54(4): 2-49.

[125] AICPA. Internal Control: Elements of Coordinated System and its Importance to Management and the Independent Public Account[M]. AICPA , 1949: 14-16.

[126] COSO. The Committee of Sponsoring Organizations of the Tread way Commission: Internal Control Integrated Framework (the COSO report)[M]. COSO, 1992: 4-6.

[127] COSO. Fraudulent Financial Reporting: 1987—1997 An Analysis of US Public Companies [R]. COSO report, 1999.

[128] COSO. Enterprise Risk Management - Integrated Framework [R]. COSO report, 2004.

[129] Robert Moeller. Sarbanes - Oxley and the new internal auditing rules [M]. Boston: Wiley & Sons, 2004: 48-49.

[130] Assocition of Chartered Certified Accountants. Cadbury Report[M]. Britain: ACCA, 1992: 7-9.

[131] Assocition of Chartered Certified Accountants. Hampel Report[M]. Britain: ACCA, 1998: 8-10.

[132] The Institute of Charted Accountant in England and Wales. Turnbull Report [M]. Britain: The Institute of Charted Accountant in England and Wales, 1999: 5-15.

[133] KPMG. Sarbanes - Oxley section 404: Management of internal control and the proposed auditing standards [M]. America: KPMG, 2002: 6-9.

[134] Schick Allen. The Road to PPB: The Stages of Budget Reform [J]. Public Administration Review, 1966, 26 (12) : 243-258.

[135] Key O. The lack of budgetary theory [J] . American Political Science Review, 1940, 34 (12) : 1137-1144.

[136] Kornai J Maskin, E Roland G. Understanding the Soft Budget Constraint [J]. Journal of Economic Literature, 2003, 41 : 1095-1136.

[137] Robert SKaplan, David P Norton. The Strategy-focused Organization [J]. Harvard Business School Press, 2001.

[138] Kathy Schwalbe. Information Technology Project Management[J]. Course Technology, 2006: 18-25.

[139] Rita Mulcahy, Risk Management. Tricks of the Trade for Project Managers[M]. RMC Publications, 2005: 56-58.

[140] Weber C A, Current J R, Benton W C. Vendor selection criteria and methods[J]. European Journal of Operational Research, 1991 (50): 15-17.

[141] Yahya S, Kingsman B. Development program: Vendor rating for case study using the entrepreneur analytic hierarchy process method[J]. Journal of Operational Research Society, 1999(50): 30-53.